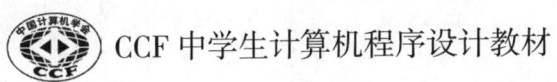
CCF 中学生计算机程序设计教材

CCF 中学生计算机程序设计提高篇

中国计算机学会　组编

徐先友　朱全民　主编

科学出版社

北　京

内 容 简 介

本书由CCF组织富有程序设计教学经验的钻石教练编写。通过详实的例题，循序渐进地介绍中学生计算机程序设计的各种知识及其应用，内容包括树及其应用、二叉树及其应用、集合与并查集、图及其应用、二分图及其应用、散列表及其应用、排序及其应用、基础算法及其应用、动态程序设计、数学在程序设计中的应用等，旨在普及计算机科学教育，培养中学生的计算思维能力。

本书可作为中学生计算机程序设计教材，也可供广大计算机编程爱好者参考。

图书在版编目（CIP）数据

CCF中学生计算机程序设计.提高篇/中国计算机学会组编；徐先友，朱全民主编. —北京：科学出版社，2019.9（2026.1重印）
（CCF中学生计算机程序设计教材）
ISBN 978-7-03-062244-0

Ⅰ.①C… Ⅱ.①中… ②徐… ③朱… Ⅲ.①程序设计-中学-教材 Ⅳ.①G634.671

中国版本图书馆CIP数据核字（2019）第192121号

责任编辑：杨 凯 / 责任制作：魏 谨
责任印制：霍 兵 / 封面制作：杨安安

科学出版社出版
北京东黄城根北街16号
邮政编码：100717
http://www.sciencep.com

天津市新科印刷有限公司印刷
科学出版社发行 各地新华书店经销

*

2019年9月第 一 版　开本：720×1000 1/16
2026年1月第十次印刷　印张：19 1/2
　　　　　字数：315 000
定价：45.00元
（如有印装质量问题，我社负责调换）

CCF 中学生计算机程序设计教材
编委会名单

主　编　杜子德

主　审　吴文虎

副主编　王　宏　尹宝林　朱全民　陈　颖

编　委　（按姓氏笔画排序）

　　　　　江　涛　汪星明　邱桂香　宋新波

　　　　　屈运华　徐先友　廖晓刚

序

由中国计算机学会（CCF）组编的"CCF中学生计算机程序设计教材"面世了。

早在1984年，邓小平就提出"计算机的普及要从娃娃抓起"。这很有先见之明，但这里的"计算机普及"是泛指，并未明确普及哪些内容。在过去的三十多年中，中小学广泛开展了计算机普及活动，2000年教育部也曾发文，要在全国中小学开展信息技术教育。但事实上，现有的所谓"普及"大多成了对计算机工具的认识，而不是对中小学生智力的开发和思维的训练，因而效果不佳。CCF早在1984年就创办了"青少年信息学奥林匹克竞赛NOI"，这是面向那些学有余力的中学生的一项计算机科学（CS）教育活动，但具备开展这项活动的学校并不很多，每年参加NOI联赛的学生不过七八万，比例很小，因而普及的面并不大。

计算机科学教育的核心是算法设计和编程，这要求学生面对一个给定的现实问题要能够找到一个正确和高效的办法（算法）并将其变成计算机能理解的语言（程序设计语言），进而让计算机计算出人们需要的结果来。像快递员最佳路径算法就是一个典型的现实问题。这个过程并不容易，因为将一个问题抽象并构造一个模型，需要一定的数学基础，还得理解计算机的特点，"指挥"计算机干活。这还涉及欲求解问题的"可计算性"，因为并不是任何问题都可以由计算机求解的。计算机也并不知道什么是"问题"，是人告诉计算机，如何按照一步一步的程序求解。这个过程，就会训练一个人求解问题的能力，相应地，其具备的让计算机做事的思维能力称之为"计算思维"（Computational Thinking）。我们平常操作计算机（包括手机这些终端设备）仅仅像开关电灯那样简单，并不会使我们具备计算思维能力，而只有通过上述步骤才能训练这样的能力。随着计算机和网络的发展，未来越来越多的工作将和计算（机）有关（据美国政府的统计是51%以上）。我们必须知道如何让计算机做事，起码知道计算机是如何做事的，这就要求普及计算机科学教育（注意：不是计算机教育，也不是信息技术教育）。

序

美国政府已经把在中小学普及计算机科学当成一种国策（CS for All，每一个人学习计算机科学），并投入40亿美元落实这一项目。奥巴马总统说"在新经济形态中，计算机科学已不再是可选技能，而是同阅读、写作和算术一样的基础技能……因此，我制定了一项计划，以确保所有孩子都有机会学习计算机科学。"美国政府已明确把计算机教育列入（从幼儿园到12年级）教育体系K12中。英国从2014年起，对中小学的计算机课程进行重大改革，5岁的儿童就开始学写程序。英国教育部启动了"计算机在学校"（Computing at School, CAS）项目。新西兰等国也把计算机编程课当做中学的必修课，并为此投入资金培训教师。未来的竞争不是资源的竞争，而是人才的竞争，如果不具有计算素养和技能，则在未来的社会中处于被动地位。

CCF作为一个负责任的学术社会组织，应该勇于承担起CS普及的任务，这比NOI更加艰巨，更难。不过有NOI三十多年发展的基础，会对未来CS的普及提供有益的经验。

普及计算机科学教育的难点在于师资，而培训师资需要合适的教材。CCF组织富有程序设计教学经验的中学老师编写了"CCF中学生计算机程序设计教材"，分为入门篇、基础篇、提高篇和专业篇，只要有一定数学基础的老师，均可从入门篇修起。学习编程并不像人们想象的那么困难，只要从现实中遇到的（简单）问题出发，循序渐进，通过和计算机的互动，一旦入门就好办了，以后就可以逐步深入下去。

感谢朱全民、陈颖、徐先友、江涛、邱桂香、宋新波、汪星明、屈运华、廖晓刚等老师的贡献，他们花了数年时间写成了这套教材。感谢吴文虎教授、王宏博士审阅本书，在此向他们表示感谢。

杜子德
中国计算机学会秘书长

前　言

　　期盼四年的《CCF中学生计算机程序设计提高篇》（简称提高篇）终于和大家见面了。提高篇是基于入门篇和基础篇之上的系列教材，以数据结构和基础算法为核心，同时加入了竞赛中的常用数学知识。

　　本书在内容构架方面，取自作者二十多年从事信息学奥赛的教学实践经验，紧紧围绕信息学奥赛中常用、常考的知识展开。在写作风格方面，没有采用平铺直述介绍知识的写作风格，而是采取从问题中来，到问题中去的写作手法。先抛出生活中实际问题，从中抽出或剥离所需的知识，然后对相关知识进行详细介绍解决当前问题，最后再以竞赛实例为案例，进一步体会和内化相关知识的应用。

　　在作者的教学中发现，很多学生学会了相关知识后，在解决问题过程中编程实现是一个难点。因此本书以C++为版本，对知识点的实现或竞赛实例都提供了参考程序，目的是让读者体会相关知识的实现手段和方法，加快学习进程。

　　本书由杭州学军中学徐先友老师和长沙市雅礼中学朱全民老师整体构架和编审，凝结了两位正高级教师、NOI全国钻石教练的教学结晶，同时汇聚了学军信友队优秀选手的贡献，他们在协助收集材料、文字整理、程序调试、统稿校对等方面做了大量工作，在此向他们表示衷心感谢！

2019年8月25日

目 录

第 1 章　树及其应用
1.1　树的相关概念及其性质 ·· 1
1.2　树的存储及遍历法 ·· 3
1.3　最近公共祖先（LCA） ·· 9
1.4　树的简单应用 ·· 14
1.5　树的统计 ·· 21
1.6　树的应用实例 ·· 24
本章小结 ·· 32

第 2 章　二叉树及其应用
2.1　二叉树的概念及其性质 ·· 33
2.2　二叉树的存储方法 ·· 35
2.3　二叉树的遍历 ·· 35
2.4　树、森林与二叉树的转化 ······································ 39
2.5　哈夫曼树及其应用 ·· 41
2.6　二叉堆及其应用 ·· 45
2.7　二叉排序树及其应用 ·· 52
本章小结 ·· 57

第 3 章　集合与并查集
3.1　集合与并查集 ·· 59
3.2　并查集的基本操作 ·· 61
3.3　并查集的应用 ·· 62
本章小结 ·· 71

第 4 章　图及其应用
4.1　图的基本概念 ·· 73
4.2　图的存储方法 ·· 75
4.3　图的遍历 ·· 78
4.4　图的连性问题 ·· 86
4.5　无向图的生成树 ·· 96

目录

    4.6 最短路径 ·· 102
    4.7 有向图的基本应用 ······································ 114
    本章小结 ··· 124

第 5 章　二分图及其应用

    5.1 二分图的判定 ·· 125
    5.2 二分图的匹配 ·· 131
    5.3 二分图的最大匹配 ····································· 133
    5.4 二分图的最佳匹配 ····································· 136
    5.5 二分图的应用 ·· 139
    本章小结 ··· 143

第 6 章　哈希表及其应用

    6.1 数值的哈希 ··· 145
    6.2 冲突的处理 ··· 146
    6.3 字符串的哈希 ·· 154
    6.4 排列的哈希 ··· 159
    6.5 数据结构的哈希 ··· 161
    本章小结 ··· 164

第 7 章　排序及其应用

    7.1 桶排序 ·· 165
    7.2 插入排序 ··· 166
    7.3 选择排序 ··· 168
    7.4 分治思想排序 ·· 168
    7.5 基数排序 ··· 176
    7.6 拓扑排序 ··· 178
    本章小结 ··· 181

第 8 章　基础算法及其应用

    8.1 贪心算法 ··· 183
    8.2 递推算法 ··· 189
    8.3 分治算法 ··· 193
    8.4 深度优先搜索的优化 ·································· 202

8.5　宽度优先搜索的优化 …………………………………………………… 211
本章小结 ………………………………………………………………………… 219

第 9 章　动态规划

9.1　动态规划的基本原理 …………………………………………………… 221
9.2　线形动态规划 …………………………………………………………… 224
9.3　背包类型动态规划 ……………………………………………………… 231
9.4　区间类型动态规划 ……………………………………………………… 238
9.5　矩阵类型动态规划 ……………………………………………………… 241
9.6　状态压缩类型动态规划 ………………………………………………… 245
9.7　树形动态规划 …………………………………………………………… 250
9.8　动态规划的状态分析 …………………………………………………… 252
本章小结 ………………………………………………………………………… 254

第 10 章　数学在程序设计中的应用

10.1　函数单调性的应用 ……………………………………………………… 255
10.2　矩阵的应用 ……………………………………………………………… 258
10.3　线性方程组 ……………………………………………………………… 262
10.4　矩阵的快速幂 …………………………………………………………… 268
10.5　模线性方程 ……………………………………………………………… 271
10.6　模线性方程组 …………………………………………………………… 274
10.7　概率及期望 ……………………………………………………………… 277
10.8　排列与组合 ……………………………………………………………… 281
10.9　容斥原理 ………………………………………………………………… 284
10.10　鸽巢原理 ……………………………………………………………… 289
10.11　矢量基础运算 ………………………………………………………… 289
本章小结 ………………………………………………………………………… 297

第1章 树及其应用

在现实生活中常常会遇到这样一些结构模型,比如公司的组织结构,最高领导层为总经理,下面是若干副总经理,再下面每个副总经理下面管理若干个部门,比如业务部、财务部、技术部、投资部等。

公司的管理结构如图 1.1 所示,自上而下形成了一种层次结构,从上往下看,类似一棵倒着生长的树,最上面是树根,最下面是树叶,而且整个结构图没有形成闭环,这样的结构,我们称之为树。树结构在现实生活中十分常见,比如家族的族谱、行政管理结构等。

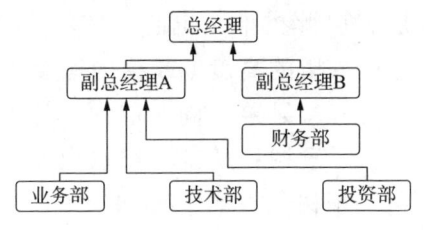

图1.1 公司管理结构图

在处理数据之间关系时,常常会用到树这一结构。树是由 $n(n \geq 1)$ 个有限结点组成的一个非线性、具有层次关系的集合,并具有如下特点:

(1)树有且仅有一个特定的称为根的结点。

(2)除了根结点外,其余结点可以分为多个不相交子树。

1.1 树的相关概念及其性质

1.1.1 树的概念

我们现在所提到的所谓"树",是数据结构中的一种。树可以分为有根树与无根树两种:有根树有一个确定的根结点;无根树的根不确定,也就是说任何一个点都可以作为该树的根。

对于有根树,必须明确树的根,"总经理"就是图 1.1 的"**根**"。树根是整棵树的起点,从树根开始,通过树枝(称为**树边**)向下可以逐步扩展出很多其他的**子结点**,其中有些子结点还能继续向下扩展延伸,这些结点成为树的"**中间结点**",例如图 1.1 中的"副总经理 A"。有些子结点不能再向下扩展了,我们称为树的"**叶结点**"或简称"**叶子**",例如图 1.1 中的"技术部"等。

无根树的例子也很多。例如,$n-1$ 条公路将 n 个城市联通在一起,若将城市看成点，将公路看成边，则这个城市公路网络就是一棵树，但是这棵树没有明确根，因此它是一棵无根树。

对于有根树而言，除了根、叶子等，还有如下一些概念：

· **父亲和儿子**：父亲和儿子是相对的，若某结点能往下生成一些结点，则该结点为父亲，被产生的结点为儿子。

· **祖先**：从某结点出发，顺着某条路径往上走到根结点，这条路径上经过的所有结点，都是该结点的祖先。

· **兄弟**：具有相同父亲的所有结点，互相称为兄弟。

· **结点的度**：结点儿子的个数，称为结点的度。显然，叶子的度为0。

· **结点层次（或结点深度）**：根结点处在第1层，根的子结点则为第2层，以此类推。也有一些场合为了方便会把根的深度定义为0。

· **树的高度（或树的深度）**：叶结点的最大深度为树的高度（或深度）。

· **堂兄弟**：同一层次的所有结点，互相称为堂兄弟。

· **子树**：从某个结点出发，往下扩展所产生的图，称为该结点为根的子树。子树结点的个数称为子树的大小。下面的图1.2就是图1.1的一个子树。

· **森林**：独木不成林，两棵以上的树组成的集合称为森林。

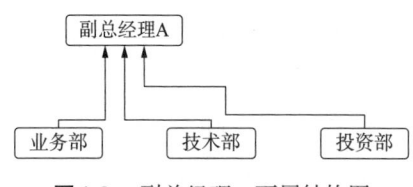

图1.2　副总经理A下属结构图

容易发现，大量定义都是针对有根树的。为了便于分析，很多时候我们遇到无根树问题时，都会任意选择一个结点（一般选择编号为1的点）当成有根树来方便讨论。

1.1.2　树的性质

（1）对于有根树，除根结点外，其余结点有且仅有一个父结点。

（2）n个结点的树有且仅有$n-1$条边。

（3）树是不存在环的连通图。

（4）树中任意两个结点之间有且仅有一条简单路径。

因此，我们可以利用树的基本性质来判断某问题的数据结构是不是一棵树结构。

【例1.1】求树中每个点的儿子个数，假设结点1为树的根。

输入格式：

第1行，一个整数n，表示树的结点个数。

$n-1$行，每行两个整数x、y，表示x为y的父结点。

输出格式：

n 个整数，第 i 个整数为结点 i 的儿子个数。

分析： x 是 y 的父亲，则对 x 的儿子加 1，简单统计即可。

```
scanf("%d",&n);
for(int i=1,x,y;i<n;++i)
{
   scanf("%d%d",&x,&y);
   ++cnt[x];
}
for(int i=1;i<=n;++i)printf("%d",cnt[i]);
```

【例 1.2】 求树中每个点的儿子个数，假设结点 1 为树的根。

输入格式：

第 1 行，一个整数 n，表示树的结点个数。

$n-1$ 行，每行两个整数 x，y，表示 x 和 y 结点之间有一条边，但不保证 x 是 y 的父亲。

输出格式：

n 个整数，第 i 个整数为结点 i 的儿子个数。

解法： 若某个结点有一条边相连，则先对儿子个数加 1，最后，树中每个结点（根结点除外）的儿子数等于与它相连的边数减 1。

```
scanf("%d",&n);
for(int i=1,x,y;i<n;++i)
{
   scanf("%d%d",&x,&y);
   ++cnt[x];++cnt[y];
}
++cnt[1];                                    // 根结点特殊处理
for(int i=1;i<=n;++i)printf("%d",cnt[i]-1);
```

1.2　树的存储及遍历法

1.2.1　有根树的父亲表示法

除根结点以外其他结点有且只有一个父结点，因此，我们可以把每一条树边存储在其子结点上，记录形式为：i 结点的父亲是 j 结点，如图 1.3 所示。

上述存储含义为：

father[a]=-1（表示不存在）

```
father[b]=a
father[b]=a
father[c]=b
……
```

父亲表示法存储结构的实现代码如下：

```
int fa[MAXN];
void link(int x,int y)                          //y是x的父亲
{
   fa[x]=y;
}
```

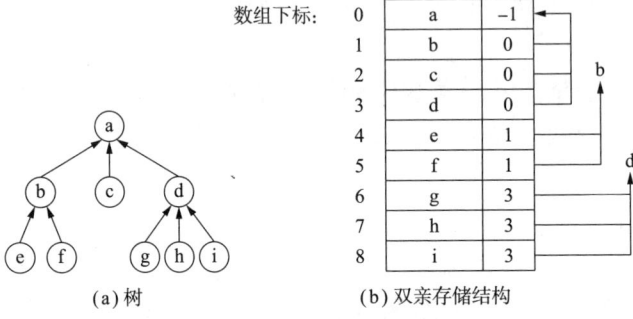

图1.3　树的父亲表示法存储示意图

1.2.2　有根树的图存储法

树其实是一种特殊的图，可以把一条树边看作一条父亲指向儿子（或者儿子指向父亲）的有向边。我们采用邻接矩阵或邻接表来存储这棵树。具体做法在第4章将会有详细介绍，这里只做简单说明。

邻接矩阵：我们可以使用一个 $n \times n$ 的 bool 数组 mp，mp$[x][y]$ 为 true 则表示 x 到 y 存在有向边，为 false 则表示 x 到 y 不存在有向边。

邻接矩阵存储代码如下：

```
bool mp[MAXN][MAXN];
void link(int x,int y)                          // 连一条由 x 指向 y 的边
{
   mp[x][y]=1;
}
```

邻接表：同样，我们可以采用邻接表来存储一个点连出的多条树边，如图1.4所示。

图1.4表示下标为0的a结点，有指向b、c、d三个结点（编号为1，2，3）的边，这三条边通过链表来存储。其他结点类似。

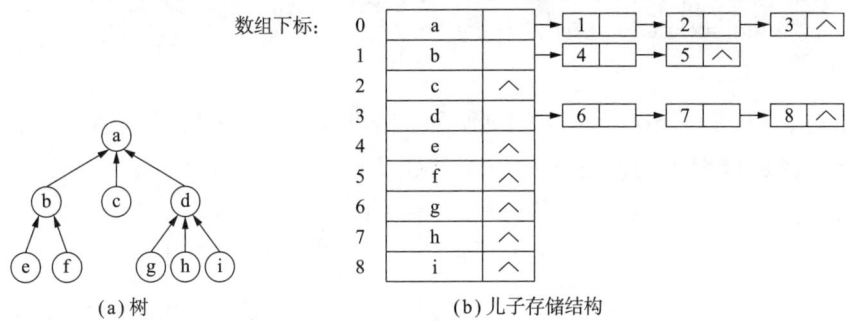

(a) 树　　　　　　　　　　(b) 儿子存储结构

图1.4 树的邻接表存储示意图

邻接表存储代码如下：

```
int m,;
int fi[MAXN];                         //fi存储结点的儿子个数
int to[MAXN];                         //to存储结点的具体每个儿子
int ne[MAXN];                         //ne是结点儿子的链接，指向
                                      //该结点的下一个儿子
void link(int x,int y)                //连一条由x指向y的边
{
  to[++m]=y;ne[m]=fi[x];fi[x]=m;
}
```

使用C++的模板std::vector<int>，我们可以更方便地存储。
实现代码如下：

```
vector<int>g[MAXN];
void link(int x,int y)                //连一条由x指向y的边
{
  g[x].push_back(y);
}
```

1.2.3　无根树的图存储法

因为无根树没有确定的根，所以一条边相连的两个点也没有明确的父子之分。我们可以用类似存储有根树的图存储法来存储无根树，与有根树不同的是，每连接一条边，我们要存相应的两条边，如图1.5所示。

邻接表存储结构的实现代码如下：

```
int m,fi[MAXN],to[MAXN*2],ne[MAXN*2];
```

```
void link(int x,int y)
{
  to[++m]=y;ne[m]=fi[x];fi[x]=m;
  to[++m]=x;ne[m]=fi[y];fi[y]=m;
}
```

注意： 我们的 to 和 ne 数组开了两倍的空间，这是因为边数实际上为 $2(n-1)$，这是处理树的问题中的一个易错点。

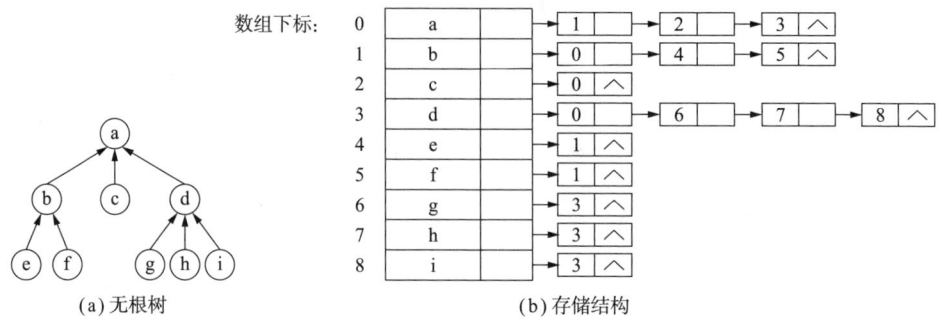

图1.5 无根树的邻接表存储示意图

1.2.4 树的深度优先遍历

遍历就是按某种顺序依次访问图中的每一个结点。深度优先遍历是遍历的一种方法，对树的深度优先遍历方法是：访问当前结点→深度遍历当前结点的第一个儿子→深度遍历当前结点的下一个儿子，直到所有结点都访问为止。

图1.6标识了深度优先遍历的过程，具体遍历路径如下：

（1）先访问根结点a。

（2）沿着a存储的第一条边（因为是链表存储，所以是读入的最后一条边）走到d，访问d。

（3）沿着d的父子边遍历i，访问i。

（4）i没有儿子，则i遍历完毕，返回到d。

（5）沿着d的父子边遍历h，访问h。

（6）h没有儿子，则h遍历完毕，返回到d。

（7）沿着d的父子边遍历g，访问g。

（8）g没有儿子，则g遍历完毕，返回到d。

（9）d的所有儿子均已遍历，则d遍历完成，返回到a。

（10）……以此类推，遍历以c为根的子树，返回到a。

(11)……以此类推，遍历以 b 为根的子树，返回到 a。
(12) a 的所有儿子均已遍历，树遍历完成。

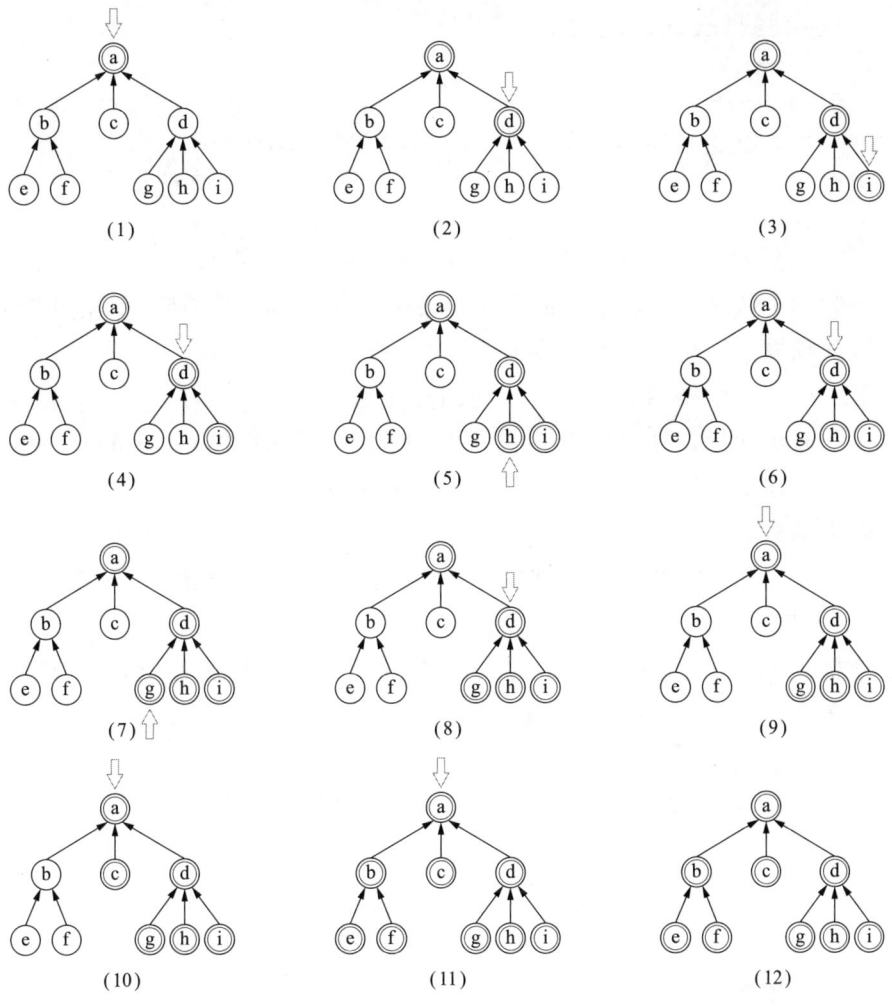

图1.6 树的深度优先遍历过程

有根树的深度优先遍历代码如下：

```
int m,fi[MAXN],to[MAXN*2],ne[MAXN*2];
void dfs(int x)
{
  visit(x);                              // 在访问 x 的儿子前做一些事
  for(int i=fi[x];i;i=ne[i])dfs(to[i]);// 访问 x 的儿子
  ....                                   // 在访问 x 的儿子后做一些事
}
```

```
dfs(root);                              // 主程序调用
```

无根树的深度优先遍历代码如下:

```
void dfs(int x,int fa)
{
  visit(x);                             // 在访问 x 的儿子前做一些事
  for(int i=fi[x];i;i=ne[i])if(to[i]!=fa)dfs(to[i],x)
  ....                                  // 在访问 x 的儿子后做一些事
}
dfs(root,0)// 主程序调用,一般我们将根的父亲设置为 0 或 -1
```

【例1.3】求树中每棵子树的大小以及每个结点的深度(假设结点1为根)。

输入格式:

第1行,一个整数 n,表示树的结点个数。

接下来 $n-1$ 行,每行两个整数 x 和 y,表示结点 x 和结点 y 之间有一条边,但不保证 x 是 y 的父亲。

输出格式:

共 n 行,第 i 行为两个正整数,分别表示以结点 i 为根的子树大小和该结点 i 的深度。

分析:每个点的子树大小为它的所有儿子的子树大小之和再加1。每个点的深度为它父亲的深度再加1。

```
int n,si[MAXN],de[MAXN];
int tot,fi[MAXN],to[MAXN*2],ne[MAXN*2];
void link(int x,int y)
{
  to[++tot]=y;ne[tot]=fi[x];fi[x]=tot;
}
void getsi(int x,int fa)
{
  si[x]=1;de[x]=de[fa]+1;
  for(int i=fi[x];i;i=ne[i])
      if(to[i]!=fa)dfs(to[i],x),si[x]+=si[to[i]];
}
int main()
{
  scanf("%d",&n);
  for(int i=1,x,y;i<n;++i)
  {
```

```
        scanf("%d%d",&x,&y);
        link(x,y);link(y,x);
    }
    getsi(1,0);
    for(int i=1;i<=n;++i)printf("%d%d\n",si[i],de[i]);
    return 0;
}
```

树的几种存储方式的优缺点比较如表 1.1 所示（主要针对 C++）。

表 1.1 树的几种存储方式的优缺点比较

	双亲表示法	邻接矩阵	邻接表	vector
优点	理解容易，实现简单，存储消耗空间最小	容易理解，实现简单	消耗空间小	实现简单，消耗空间较小
缺点	储存的信息量太少，很多操作无法完成	消耗空间大，$n-1$ 条边却使用了 n^2 的空间，浪费明显，大部分题目无法接受	较难理解，实践中在特定情况下相比 vector 速度较慢	如果要熟练运用需要深入了解 C++STL 的实现

在程序设计竞赛中，对树的存储通常采取后两种方法。若没有特殊说明，下文默认使用邻接表存储结构。

1.3 最近公共祖先（LCA）

我们之前了解到"祖先"概念，若两个结点的祖先相同，则叫该结点的**公共祖先**。距离两个结点最近的公共祖先称为**最近公共祖先**（Lowest Common Ancestor），简称 LCA。

显然，两个点的 LCA 只有一个，且一定是两个点到根的路径中重复部分最下端的点。

算法一：采取两个点逐渐向根移动的方法，求出 LCA。

具体步骤如下：

（1）求出每个结点的深度。

（2）询问两个结点是否重合，若重合，则 LCA 已求出。

（3）否则，选择两个点中深度较大一个，并移动到它的父亲。

重复执行（2）、（3）步。

图 1.7 展示了算法一的执行流程。

执行流程如下：

（1）两个指针位于 3 号结点与 9 号结点。

(2)此时9号结点深度较大,向上移动到它的父亲7号结点。

(3)此时两个结点深度一样,移动3号结点的指针到它的父亲1号结点。

(4)此时7号结点深度较大,向上移动到5号结点。

(5)此时两个结点深度一样,移动1号结点到根结点0号结点。

(6)此时5号结点深度较大,向上移动到0号结点,两个指针重合,0号点为LCA。

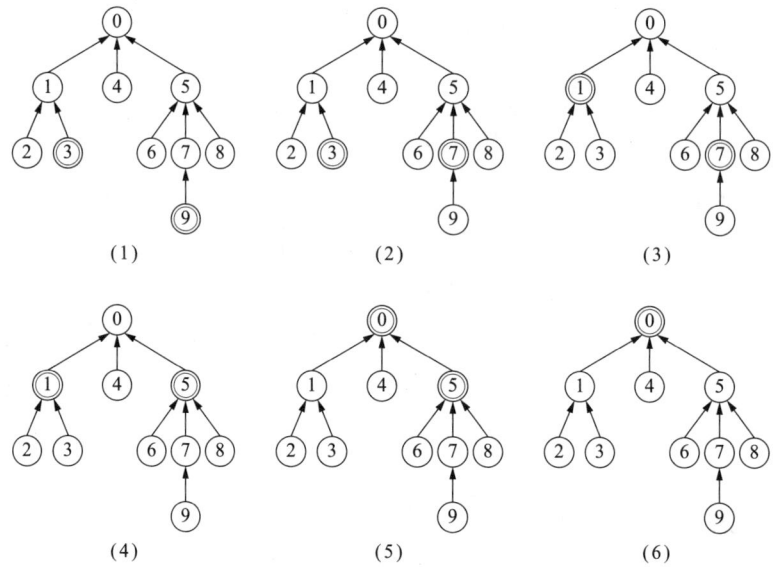

图1.7 算法一求LCA示意图

算法代码如下:

```
int de[MAXN],fa[MAXN];
void dfs(int x,int fath)// 遍历这棵树并求出每个点的深度和每个点的父亲
{
  fa[x]=fath;de[x]=de[fath]+1;
  for(int i=fi[x];i;i=ne[i])
  if(to[i]!=fath)dfs(to[i],x);
}
int getlca(int x,int y)                    // 求LCA
{
  while(x!=y)
  {
    if(de[x]>=de[y])x=fa[x];
    else y=fa[y];                          // 将深度较大的点的指针上移
  }
```

```
    return x;
}
```

采用算法一求LCA的时间复杂度与两点间的距离有关，极限情况可达到$O(n)$。虽然该算法时间复杂度较高，但该算法也是有一定的应用价值的：

（1）它实现简单，可在算法竞赛快速和正确的程序对拍。

（2）随机产生的树的高度期望是$O(\log_2 n)$级别的，有些时候树是随机的或者树的深度不大，我们也可以使用该算法。

（3）这个算法允许树动态改变。我们只需要知道每个点的父亲和深度，就可以方便地求出两个点的LCA（当然如果更进一步地我们不知道点的深度，也可以先从一个点走到根，把路径上的点都标记了，再从另一个点向根走，走到标记的点为止）。另一个可以处理动态情况的数据结构是**动态树**，但它实现复杂而且常数因子较大。所以在这个特定情况下，该算法具有不可替代的作用。

算法二：倍增法求LCA。本算法是对算法一中一步步走的改进，核心实质是让两个结点每次向上走2的幂次步，具体操作如下：

第一步：求出倍增数组 anc[MAXN][MAXLOG]。其中 MAXLOG 是最小的满足 $2^x \geqslant$ MaxDeep（最深结点深度）的 x，anc[i][j] 为结点 i 向上走 2^j 步后能走到的结点。我们规定根结点的父亲是它自己，这样根结点往上走还是在根结点。对于$j=0$，anc[i][j] 就是结点 i 的父亲。对于 $j>0$，anc[i][j] 等于 anc[anc[i][$j-1$]][$j-1$]（即结点 i 往上走 2^{j-1} 步后再往上走 2^{j-1} 步）。

第二步：把两个点移到同一深度。假设要求LCA(x，y)不失一般性，令 de[x] $\geqslant$ de[y]（否则我们交换 x，y），先让 x 往上走 de[x]-de[y] 步。我们将这个差表示成二进制，就可以通过倍增数组往上走2的幂次步（即对于二进制为1的第 i 位[1]）。要往上走 2^i 步，即调用 x=anc[x][i]），那么可以在 $O(\log_2 n)$ 的时间复杂度内到达目标深度。或者说，类似的，我们也可以从大往小扫描 i，如果每次 anc[x][i] 深度不小于 y，我们就跳 x。两种做法效果是一样的，读者可以根据自己的喜好选择。

第三步：求出LCA。假设 x 与 y 向上走最小的 L 步后是同一结点，也就意味着，x 与 y 向上走最大的 $L-1$ 步，也是不同的结点。我们可以从大到小枚举往上走 2^i 步，如果当前 x 与 y 向上走 2^i 步后为同一点，则停止，否则一

[1）二进制数最左边为第0位。

起往上走。这样，我们就能在log的时间复杂度内使 x 与 y 都向上走 $L-1$ 步。根据倍增数组是 2 的幂次这个特性，这样的做法可以看成一个通过二分法来求解走最大 $L-1$ 步的过程。用这样的方法从大到小决策 MAXLOG 次，直到完全不能向上走了为止，我们再让 x 与 y 各向上走一步，则为 LCA。

算法代码如下：

```
int de[MAXN],anc[MAXN][MAXLOG];
void dfs(int x,int fa)
{
  de[x]=de[fa]+1;anc[x][0]=fa;
  for(int i=1;i<MAXLOG;++i)anc[x][i]=anc[anc[x][i-1]][i-1];
  for(int i=fi[x];i;i=ne[i])if(to[i]!=fa)dfs(to[i],x);
}
int getlca(int x,int y)
{
  if(de[x]<de[y])swap(x,y);
  for(int i=MAXLOG-1;~i;--i)
    if(de[anc[x][i]]>=de[y])x=anc[x][i];
  if(x==y)return x;
  for(int i=MAXLOG-1;~i;--i)
    if(anc[x][i]!=anc[y][i])x=anc[x][i],y=anc[y][i];
  return anc[x][0];
}
```

算法三：转化为欧拉序列上的 RMQ 问题，采用 ST 算法。

欧拉序列：每经过一次结点，都进行一次统计产生的 DFS 序列。

RMQ：指一类查询连续区间最小（大）值的问题。

ST 算法：用来求解 RMQ 问题的快速方法。

分析：±1RMQ LCA 转化而来的 RMQ 问题其实是个特殊的 ±1RMQ 问题，有 $O(n)$-$O(1)$ 种算法，但是因为常数巨大在竞赛中一般不用，其理论价值大于实际价值。

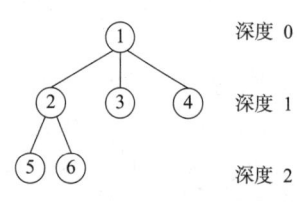

图 1.8 求树的欧拉序列示例图

图 1.8 所示的树的欧拉序列和深度序列分别为：
· 欧拉序列　1 2 5 2 6 2 1 3 1 4 1
· 深度序列　0 1 2 1 2 1 0 1 0 1 0

每次求 LCA(x, y) 时，只要知道它们在欧拉序列中的位置，假设分别为 pos[x]，pos[y]，那么它们的 LCA 就是 [pos[x]，pos[y]] 区间中深度最小的点。只要在深度序列上用 ST 算法做 RMQ 即可快速求出。假如 x, y 在欧拉序列上不止出现一次，只要任选其中一次来计算即可，因为 [pos[x], pos[y]] 区间中的点即使不在 x 到 y 的路径上，也一定在 x 子树或者 y 子树内，深度大于 x，y 的深度，不影响结果。树的欧拉序列中每条边出现两次（从上往下一次，从下往上一次），所以时间复杂度为 $O(n)$。

该算法效率：预处理时间复杂度为 $O(n\log_2 n)$，单次询问时间复杂度为 $O(1)$，总时间复杂度为 $O(n\log_2 n+q)$，空间复杂度为 $O(n\log_2 n)$。

算法四：Tarjan 算法。

（1）DFS 整棵树。每个结点 x 一开始属于只有该结点本身的集合 S_x（并查集）。

（2）DFS(x) 时，每次访问完子树 y 时，把 S_y 合并到 S_x。

（3）x 的所有子结点访问完，标记 x 为已经访问。

（4）遍历所有关于 x 的询问 (x, y)，如果 y 已被访问，则这个询问的答案为并查集中的 Find(y)。

算法的程序实现如下：

```
void dfs(int x)
{
  for(int i=0;i<g[x].size();i++)
    dfs(g[x][i]), union(g[x][i],x);
  vis[x]=1;
  for(int i=0;i<query[x].size();i++)
  {
    int y=query[x][i];
    if(vis[y]) ans[x][y]=find(y);
  }
}
```

算法时间复杂度为 $O((n+q)\alpha(n))$。这是一个离线算法，仅用于时间限制极其严格、倍增算法会超时的情况。

并查集的实现在第 3 章讲述，因此这里不做详细描述，操作时，需要小心栈溢出。

【**例 1.4**】求树上两个点之间的距离。距离定义为树上两个点之间唯一简单路径上边的条数。

分析：可以先求出这两个点的 LCA，距离等于 de[x]+de[y]−2de[LCA]。

算法代码如下：

```
int getdis(int x,int y)
{
```

```
        return de[x]+de[y]-2*de[getlca(x,y)];
}
```

求LCA算法的优缺点比较（主要针对C++，默认n个点，q次询问）如表1.2所示。

表1.2　求LCA算法的优缺点比较

	暴力法	倍增法	转RMQ问题	Tarjan
时间复杂度	$O(nq)$	$O((n+q)\log_2 n)$	$O(n\log_2 n+q)$	$O(n+q)$
优　点	容易理解和实现，存储空间小。支持动态的树	容易理解和实现，支持动态的树（增加叶子）。询问次数少的情况下，比较适合	单次询问是$O(1)$的。在询问次数多时，该算法较好	时间复杂度最优。一般适用离线情况
缺　点	最坏情况下时间复杂度很高	占用空间较大。时间复杂度直接与询问次数相关	占用空间较大。算术实现相比倍增法略复杂	算法常数因子大，不适用在线询问。实现也不易，几乎完全被替代

1.4　树的简单应用

1.4.1　括号序列与树结构的相互转化

观察以下这个括号序列：(((）()）()(()()()))。

在这个括号序列中，左右括号一一对应。

括号层层嵌套，如果把一对括号看成一个结点，其直接套住的括号对看作是其子结点，则这个结构就是一棵树。

上面的括号序列在层次上表示为：

```
0 1 22 33 1 44 5 66 77 88 5 0
( ( ( ) ( ) ) ( ) ( ( ) ( ) ( ) ) )
```

那么，对应到树结构上，则如图1.9所示。

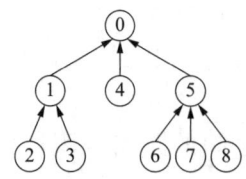

图1.9　括号序列转化为树的结构图

分析：我们可以根据读取括号序列，用递归的方法把它转化为树。

相关代码如下：

```
int f[MAXN],now;
```

```
char s[MAXN*2];
void solve(int fa)
{
  while(s[now]!=')')// 扫过这层括号所嵌套的内容，直到遇到右括号为止
  {
    ++now;                  // 发现了新的一层括号
    link(fa,++n);           // 建立树边
    solve(n);               // 递归处理新的一层括号的内容
  }
  ++now;
}
```

同样，我们也能通过深度优先遍历输出一棵树的括号序列。

每向下遍历到一个结点，就在序列末端增加一个左括号（表示开始进入这个结点子树的范围）。当访问完一个结点的子树，在回溯到它的父亲结点前，在序列末端加上一个右括号（表示这个结点的子树的范围已完成）。

相关代码如下：

```
void dfs(int x)
{
  putchar('(');                            // 开始进入结点的子树的范围
  for(int i=fi[x];i;i=ne[i])
    dfs(to[i]);                            // 递归遍历
  putchar(')');                            // 结束该结点子树的范围
}
```

1.4.2 求树的直径

树中两点间的不重复经过的边和点道路称为两点的路径，路径的长度（路径上所经边的长度和）称为两点的距离。

我们知道圆的直径是一个圆的最长的一条弦。那么，树的直径是树中两点间的最长路径。通常，我们用一个无序点对(x, y)表示一条树的直径。树的直径可能有很多条。

树的直径满足如下性质：

（1）若有多条直径，则所有的直径之间皆有公共点。

证明：如果存在两条直径没有公共点，我们一定可以用这两条直径的四个端点中的某两个构造出一条更长的直径。

（2）直径的两个端点一定是叶子。

证明：如果存在一个端点不是叶子，我们可以取那个端点的子结点，代替那个当前点作为直径，则可构造出一条更长的直径。

（3）树中距离某一直径端点最远的点，至少有一个是该直径的另一个端点。

证明：如果不是，那么我们一定可以用与之距离最远的点更新直径。

（4）对树上任意一个点，与之距离最远的每一个点，至少有一个直径的端点。

证明：设与之距离最远的点为 x，任取一条直径 (u, v)，则易证 (u, x) 或 (v, x) 必定至少有一个是直径。

解法一：通过两次遍历找出树的一条直径。

第一次遍历，找出距离某个结点（例如根结点）最远的一个点 x。

第二次遍历，找出距离结点 x 最远的一个点 y。

x 到 y 的简单路径，即为树的一条直径。

注意：为了找出距离某个点最远的点，这棵树应该看作无根树，一个结点连向父亲的边也要存入邻接表中！

求图 1.10 这棵树的一条直径。步骤如下：

（1）先找到距离根结点 0 最远的点（之一），即 9 号结点。

（2）找到距离 9 号结点最远的点（之一），即 2 号结点，2 到 9 的路径即为直径。

直径为 2-1-0-5-7-9，一般情况下，我们只要记录下直径的两个端点即可。

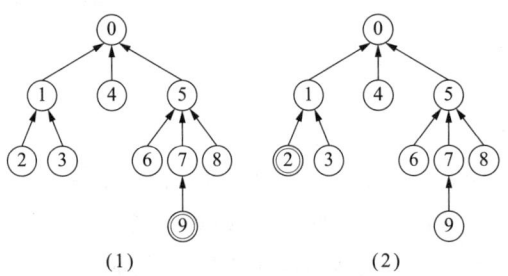

图 1.10　求树的直径示例图

相关代码如下：

```
int x,y,de[N];
void getde(int x,int fa)
{
   de[x]=de[fa]+1;
   for(int i=fi[x];i;i=ne[i])if(to[i]!=fa)getde(to[i],x);
```

```
}
void work()
{
  getde(1,0);
  x=1;for(int i=2;i<=n;++i)if(de[i]>de[x])x=i;
  getde(x,0);
  y=1;for(int i=2;i<=n;++i)if(de[i]>de[y])y=i;
  printf("%d %d\n",x,y);
  printf("%d\n",de[y]);
}
```

解法二：通过求LCA，找出树的一条直径。

显然，一条直径上的所有点有一个共同的LCA。在DFS的过程中对于每一个点，我们考虑以它为LCA的可能的直径。即，我们只需要维护出以每个点为顶端的最长链和次长链，然后用最长链加上次长链更新直径即可。

相关代码如下：

```
int len=0;
int dfs(int x,int fa)
{
  int mx=0,mmx=0;
  for(int i=fi[x];i;i=ne[i])if(to[i]!=fa)
  {
    int tmp=dfs(to[i],x);
    if(tmp>mx)mmx=mx,mx=tmp;
    else if(tmp>mmx)mmx=tmp;
  }
  len=max(len,mmx+mx);
  return mx;
}
```

【例1.5】 给定一棵树，对于每一个点，输出离它最远的点到它的距离。

分析：根据直径的性质4，我们只要求出任意一条直径，对于每个点，比较两个端点哪个距离该点较远即可。

【例1.6】 给定一棵树，动态加入叶子，输出每次加入叶子以后树的直径长度，$n \leqslant 10^5$。

分析：使用求LCA的倍增法。容易发现，加入叶子的时候，我们可以方便地维护出anc数组和de数组。也就是说，我们可以在$O(\log_2 n)$的复杂度内求出两点间的距离。根据直径的性质3，我们维护加入叶子前的任意

一条直径 (x, y)。每当加入叶子之后，新产生的距离最远的点对间的距离不会超过 $\max(\text{dis}(x, \text{new\_leaf}), \text{dis}(y, \text{new\_leaf}))$。亦即，我们只需要用 $(x, \text{new\_leaf})$、$(y, \text{new\_leaf})$ 去更新 (x, y) 即可。

1.4.3 求树的中心

圆的中心就是圆心，树的中心是什么呢？

树的中心类似于圆的圆心，树的中心是该点到树中其他点的距离，最远距离最小。同样，树的中心可能有多个。

树的中心满足如下性质：

（1）它一定在某条树的直径上，并且到直径两端的距离差不超过1。

（2）即使树有多条直径，但是树的中心至多有两个，且均为直径的中点。

在求出了结点深度、直径的两个端点 x、y，以及 x 与 y 的最近公共祖先 z 之后，我们可以利用树的直径求树的中心。

设直径长度为 R，我们要在 x 到 y 的路径上找到与 x 点距离为 $R/2$ 的点。

假如 $R/2$ 小于 x 到 z 的距离，则该点在 x 到 z 的路径上（我们可以从 x 往 z 找），否则在 z 到 y 的路径上（我们可以从 z 往 y 找）。

相关代码如下：

```
int work()
{
  int len=de[x]+de[y]-2*de[z];
  if(de[x]-de[z]>len/2)
  {
    for(int i=1;i<=len/2;++i)x=fa[x];
    return x;
  }
  for(int i=1;i<=len-len/2;++i)y=fa[y];
  return y;
}
```

1.4.4 求树的重心

一棵具有 n 个结点的无根树，若以某个结点为整棵树的根，它的每个儿子的子树大小都小于等于 $n/2$，则称这个点为该树的重心。

我们可以先给无根树确定一个根（如结点1），求出以每个点为根的子树的大小。

这样，我们枚举每一个结点，看看它往下的子树（即以它的每个儿子为根的子树）与往上的子树（即整棵树去除以其为根的子树的部分）的大小是否都小于等于$n/2$。

如图1.11所示，定0号点为无根树的根，枚举5号结点，虚线框出的部分为向下的子树，实线框出的部分为向上的子树。

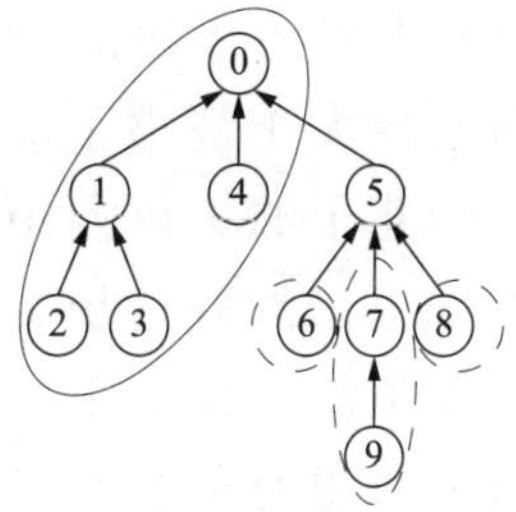

相关代码如下：

图1.11 求树的重心示例图

```
int si[MAXN];
int getsi(int x)                        // 求初次定根后的子树大小
{
  si[x]=1;
  for(int i=fi[x];i;i=ne[i])if(to[i]!=fa[i])
  {
    fa[to[i]]=x;
    si[x]+=getsi(to[i]);
  }
  return si[x];
}
bool check(int x)                       // 检验是否是树的重心
{
  if(n-si[x]>n/2)return 0;
  for(int i=fi[x];i;i=ne[i])
  if((fa[to[i]]==x)&&(si[to[i]]>n/2))
    return 0;
  return 1;
}
```

树的重心具有如下性质：

（1）若求树中某个点到其他点的距离之和，则重心到其他点的距离和最小，如果有两个重心，则它们的距离和一样。

（2）一棵树添加或者删除一个结点，树的重心最多只移动一条边的位置。

（3）把两棵树通过某一点相连得到一棵新的树，新树的重心必然在连接原来两棵树重心的路径上。

【例1.7】给出一棵有根树，求出每棵子树的重心（各求一个即可）。

分析：如果直接暴力求每棵子树的重心，时间复杂度为$O(n^2)$，需要优化。根据树的重心的性质，我们可以从下往上对子树求解。假设现在要求以u为根的子树的重心，我们先求出u的每个子结点的子树重心。显然，

以 u 为根的子树的重心位于 u 点到这些子树重心的路径上。假如每个儿子的子树大小都小于等于 si[u] 的一半，则 u 点可以作为重心；否则，至多有一个儿子的子树大小大于 si[u] 的一半，重心显然不可能在其他子树中（否则分出来的联通块大小就一定会大于 si[u] 的一半），所以，重心一定在这个儿子的子树的重心到 u 点的路径上，我们只要从下往上枚举检验就行了。因为对重心的枚举一直是从下向上的，且不会重复枚举一个已经被判定为不是重心的点，所以每个点只会被淘汰（即被检验为非重心结点）1 次；而对于每一棵子树，只会将一个点检验为重心（因为找到重心就停止向上枚举了），时间复杂度降为 $O(n)$。

相关代码如下：

```
bool check(int x,int y)                    //检验是否是子树 y 的重心
{
  if(si[y]-si[x]>si[y]/2)return 0;
  for(int i=fi[x];i;i=ne[i])
    if(si[to[i]]>si[y]/2)
      return 0;
  return 1;
}
void getbaryct(int x)                      //求每棵子树的重心
{
  int p=-1;
  for(int i=fi[x];i;i=ne[i])
  {
    getbaryct(to[i]);
    if(si[to[i]]>si[x]/2)p=to[i];
  }
  if(p==-1)baryct[x]=x;else baryct[x]=baryct[p];
  while(!check(baryct[x],x))baryct[x]=fa[baryct[x]];
}
```

1.4.5　树形动态规划的一类经典问题

树形动态规划（树形 DP）是一类经典问题。一般的 DP 都是出现在序列上的，但是也有不少序列上 DP 可以被拓展到树上。树形 DP 一般就是在树的 DFS 遍历中维护了一些信息。

因为 DP 将在后面的章节中详细学习，这里我们只简略地提出一类经典问题。对于每个点的状态数等于这个点的 size 的一类树形 DP，一个很重要

的思考方向在于 DFS 序的应用，下面算法的时间复杂度其实是 $O(n^2)$，其原因是任意一对点只会被枚举到一次。通过这个思路，我们可以解决很多（几乎所有）类似的树形 DP 问题。

相关代码如下：

```
void dfs(int x,int fa)
{
  si[x]=1;
  for(int i=fi[x];i;i=ne[i])if(to[i]!=fa)
  {
    dfs(to[i],x);
    for(int u=0;u<=si[x];++u)
      for(int v=0;v<=si[to[i]];++v)
        状态 f[x][u+v] 根据问题实际情况进行转移；
    si[x]+=si[to[i]];
  }
}
```

1.5 树的统计

【例 1.8】统计树上所有无序点对之间的距离和。x,y 的距离定义为 x 到 y 路径上所有边的边权和。点数不超过 10^5，边权为 1。

解法一：暴力枚举一个点，以它为根 DFS 一遍，把每个点离根的距离累加到答案上，复杂度为 $O(n^2)$。

解法二：考虑对每一条边的贡献。一条边 (a,b) 会被经过的次数等于以 b 为根的子树 a 的大小乘上以 a 为根的子树 b 的大小，复杂度为 $O(n)$。

算法实现如下：

```
int ans=0;
void dfs(int x,int fa)
{
  ans+=si[x]*(n-si[x]);
  for(int i=fi[x];i;i=ne[i])
    if(to[i]!=fa)dfs(to[i],x);
}
```

本题可以把贡献拆开来计算，所以我们仅仅使用了两行简洁的代码就完成了它。可是大多数时候，我们面对的是更为复杂的统计问题。

【例 1.9】一棵以结点 1 为根的树，每个点有一个颜色 col[x]。对每个

点 x，有一个询问 query[x]，表示你需要求出以 x 为根的子树中有多少个颜色为 query[x] 的点。点数不超过 10^5。

提示：在思考这道例题之前，我们先来考虑这样一个基本问题。有 n 个集合，每个集合大小为 1。执行 $n-1$ 次操作，每次操作任意指定两个大小分别为 a，b 的集合，**花费 $\min(a, b)$ 的代价合并 a、b 集合，即删去 a、b 集合，并加入大小为 $a+b$ 的集合**。显然，$n-1$ 次操作后只会剩下一个集合。那么这些操作的代价和最大是多少呢？

提示分析：显然每次操作的代价不会超过 n，所以总代价不会超过 n^2。但实际我们有更优秀的一个上界 $O(n\log_2 n)$。当合并大小为 a，$b(a \leqslant b)$ 的集合时，我们说 a 被合并了。对于任意一个元素，每当它被合并了时，它所在的集合大小都至少乘了 2。而最终集合大小为 n，也就是说每个元素会被合并不超过 $\log_2 n$ 次。那么总共就会花费不超过 $n\log_2 n$ 的代价。

原题分析：如果你已经对基本问题有了一定的思考，就会发现，其实集合的合并过程可以看成一棵树的生成过程，而一棵树也可以看成是一个集合的合并过程。于是不难想到，如果我们尝试把之前的复杂度分析套用到树上，或许就可以在 $n\log_2 n$ 的时间内解出这道题。

对于每个结点，它的信息是由其所有的子树信息（集合）合并起来再加上自己的信息。它所代表的集合的大小可以看作是它子树的大小。所以我们直接在 DFS 的过程中把一个点的所有儿子的信息合并到它自身上即可。

代码实现如下：

```
unordered_map<int,int>mp[MAXN];
void merge(int x,int y)
{
  if(mp[x].size()<mp[y].size())mp[x].swap(mp[y]);
  for(auto u:mp[y])mp[x][u.first]+=u.second;
}
void dfs(int x,int fa)
{
  ++mp[x][col[x]];
  for(int i=fi[x];i;i=ne[i])
    if(to[i]!=fa)dfs(to[i],x),merge(x,to[i]);
  ans[x]=mp[x][query[x]];
}
```

事实上这种做法有一个更正式的名字，叫做启发式合并。顾名思义，就是把小的集合并到大的上面去。

1.5 树的统计

另外,存在另一种叫做dsu on tree的做法,与启发式合并原理相同,功能略少,空间更小,速度更快。限于篇幅,在此不做介绍。有兴趣的读者可以自行学习。

同时,存在一种叫做树链剖分的做法,它也是利用了这个原理。

顺便一提,当我们合并大小分别为a、b的集合计算贡献的时候,如果我们必须花费$a+b$的代价,有一种更为复杂的点(边)分治的做法,仍然保证$O(n\log_2 n)$的复杂度。

【例 1.10】 一棵以结点1为根的树,对于每个点x,都有一个询问query[x],表示你需要求出以x为根的子树中有多少个距离query[x]的点,点数不超过10^6。

提示: 我们先来考虑类似例1.9中的提示问题。不同之处在于,"花费$\min(a,b)$的代价合并a、b集合,即删去a、b集合,加入大小为$\max(a,b)+1$的集合"。

提示分析: 显然$\max(a,b)+1 \leq a+b$,所以有一个$O(n\log_2 n)$的上界。但实际上还有一个更优秀的上界$O(n)$。一开始支付n的代价在每个集合上存储1点能量,并且时刻保持大小为k的集合上存储了k点能量。当合并大小为a,$b(a \leq b)$的集合时,我们用存储在大小为a的集合上的a点能量来支付$\min(a,b)=a$的代价,产生了一个大小为$\max(a,b)+1=b+1$的新集合,所以多支付1的代价存储在合并后的集合上以满足之前的定义。把所有支付的代价加起来,发现一共花了$2n-1$的代价。这就是这些操作代价和的一个上界。

原题分析: 对于每个点,它的信息是由它的所有子树的信息(集合)合并起来再加上自己的信息。它所代表的集合大小可以看作是它子树中的不同深度的个数,即最大深度减去它的深度。所以我们直接在DFS的过程中把一个点的所有儿子的信息合并到它自己上即可。

代码实现如下:

```cpp
unordered_map<int,int>mp[MAXN];
void Merge(int x,int y)
{
    if(mp[x].size()<mp[y].size())mp[x].swap(mp[y]);
    for(auto u:mp[y])mp[x][u.first]+=u.second;
}
void dfs(int x,int fa,int de)
{
```

```
    ++mp[x][de];
    for(int i=fi[x];i;i=ne[i])
        if(to[i]!=fa)dfs(to[i],x,de+1),merge(x,to[i]);
    ans[x]=mp[x][de+query[x]];
}
```

实际上这种做法有一个更广为人知的同族兄弟，叫做长链剖分。
树上统计各类算法优缺点比较如表1.3所示。

表1.3 树上统计各类算法优缺点比较

	技巧法	启发式合并 dsu on tree	类长链剖分	点分治 边分治
合并代价	无	$\min(a, b)$	$\min(a, b)$	$a+b$
合并产生的集合大小	无	$a+b$	$\max(a, b)+1$	$a+b$
最坏情况下 时间复杂度	无	$O(n\log_2 n)$	$O(n)$	$O(n\log_2 n)$
特　点	针对少量特定的题目的特定方法	实现简单，常数小。初学者较容易掌握	实现简单，常数小，复杂度优秀，但应用范围较小	常数一般，功能完整。初学者不太容易掌握

注：本节中提到的树链剖分以及点分治/边分治算法，都是解决树的问题中的有力工具，然而相对来说难度较高，这里为了和一些其他的算法做对比，做了简单的介绍，学有余力的读者可以自行了解。

1.6 树的应用实例

由于树的结构简洁优美，它受到了不少出题人的青睐。其中的不少技巧都是在特定题目中才会出现的。以下是一些典型的例题。由于是实际竞赛中的题目，它们不可避免地结合了其他知识，可能难度比较大。如觉得有困难，可以在阅读了后面的章节后再综合考虑。

【例1.11】道路修建[1]。在W星球上有n个国家。为了各自国家的经济发展，决定在各个国家之间建设双向道路使得国家之间连通。但是每个国家的国王都很吝啬，他们只愿意修建恰好$n-1$条双向道路。每条道路的修建都要付出一定的费用，这个费用等于道路长度乘以道路两端的国家个数之差的绝对值。例如，图1.12中，虚线所示道路两端分别有2个、4个国家，如果该道路长度为1，则费用为$1\times|2-4|=2$。图中圆圈里的数字表示国家的编号。

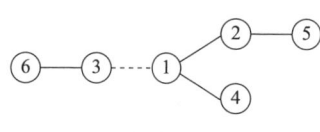

图1.12

1）本题选自NOI 2011 Day2试题。

由于国家的数量十分庞大，道路的建造方案有很多种，同时每种方案的修建费用难以用人工计算，国王们决定找人设计一个软件，对于给定的建造方案，计算出所需要的费用。请你帮助国王们设计一个这样的软件。

输入格式：

第1行，包含一个整数 n，表示W星球上的国家的数量，国家从1到 n 编号。

接下来 $n-1$ 行，描述道路建设情况，其中第 i 行包含三个整数 a_i、b_i 和 c_i，表示第 i 条双向道路修建在 a_i 与 b_i 两个国家之间，长度为 c_i。

输出格式：

输出一个整数，表示修建所有道路所需要的总费用。

输入样例：

```
6
1 2 1
1 3 1
1 4 2
6 3 1
5 2 1
```

输出样例：

```
20
```

数据范围：

$2 \leq n \leq 10^6$，$1 \leq a_i, b_i \leq n$，$0 \leq c_i \leq 10^6$。

分析： 因为树已经给出，所以可以任选一个根建树，记录以每个点为根的子树有多少结点，每条边的费用就是 $a[i].d \text{abs}((N-f[i].d)-f[i].d)$，$f[i].d$ 是以 i 为根的子树的结点数，$a[i].d$ 是边的长度。

因为N很大，递规建树会爆栈，所以先记录下BFS序，此时从后往前找就是从叶往根找，用当前结点更新父结点。

【例1.12】逃学的小孩[1]。Chris家的电话铃响起了，里面传出了Chris的老师焦急的声音："喂，是Chris的家长吗？你们的孩子又没来上课，不想参加考试了吗？"一听说要考试，Chris的父母就心急如焚，他们决定在尽量短的时间内找到Chris。他们告诉Chris的老师："根据以往的经验，Chris现在必然躲在朋友Shermie或Yashiro家里偷玩《拳皇》游戏。现在，

---

[1] 本题选自 NOI 2003 试题。

我们就从家出发去找 Chris，一旦找到，我们立刻给您打电话。"说完砰地一声把电话挂了。

Chris 居住的城市由 N 个居住点和若干条连接居住点的双向街道组成，经过街道 x 需花费 T_x 分钟。可以保证，任两个居住点间有且仅有一条通路。Chris 家在点 C，Shermie 和 Yashiro 分别住在点 A 和点 B。Chris 的老师和 Chris 的父母都有城市地图，但 Chris 的父母知道点 A、B、C 的具体位置而 Chris 的老师不知。

为了尽快找到 Chris，Chris 的父母会遵守以下两条规则：

（1）如果 A 距离 C 比 B 距离 C 近，那么 Chris 的父母先去 Shermie 家寻找 Chris，如果找不到，Chris 的父母再去 Yashiro 家；反之亦然。

（2）Chris 的父母总沿着两点间唯一的通路行走。

显然，Chris 的老师知道 Chris 的父母在寻找 Chris 的过程中会遵守以上两条规则，但由于他并不知道 A、B、C 的具体位置，所以现在他希望你告诉他，最坏情况下，Chris 的父母要耗费多长时间才能找到 Chris？

输入格式：

第 1 行，两个整数 N 和 M，分别表示居住点总数和街道总数。

以下 M 行，每行给出一条街道的信息。

第 i+1 行，包含整数 U_i、V_i、T_i，表示街道 i 连接居住点 U_i 和 V_i，并且经过街道 i 需花费 T_i 分钟。街道信息不会重复给出。

输出格式：

输出仅一行，包含一个整数 T，表示最坏情况下，Chris 的父母需要花费 T 分钟才能找到 Chris。

输入样例：

4 3
1 2 1
2 3 1
3 4 1

输出样例：

4

数据范围：

$3 \leqslant N \leqslant 2 \times 10^5$，$1 \leqslant U_i, V_i \leqslant N$，$1 \leqslant T_i \leqslant 10^9$。

分析： 对于 A，B 而言，dis[A][C] 和 dis[B][C] 谁小谁大是不重要的，因为如果要先去 A，在 dis[A][C]＞dis[B][C] 的情况下完全可以将 AB 调换，

因此关键在于 AB 的路径选择。

结论：最优方案中，AB 必定为树中的最长链。

于是，只要先在树中找一条最长链，链两端就是 AB，然后枚举 C，求最优解即可。

求最长链可以通过两次搜索完成，同时可以完成 A 到其他的距离的初始化，然后由 B 出发遍历每一个点，计算出 B 到其他点的距离，这样计算总距离就可以在 $O(1)$ 的时间内完成了。

总时间复杂度 $O(n)$。

【例1.13】道路重建[1]。一场可怕的地震后，人们对农夫杰克的牧场进行了重建。牧场含有 N 个牲口棚，由于人们没有时间建设多余道路，所以现在从一个牲口棚到另一个牲口棚的道路是唯一的。因此，农场运输系统可以被构建成一棵树。

杰克想知道若再次发生地震能造成多严重的破坏。有些道路一旦被毁坏，就会使一棵含有 P 个牲口棚的子树和剩余的牲口棚分离，杰克想知道这些道路的最小数目。

输入格式：

第 1 行，包含 2 个整数，N 和 P。

第 2 到 N 行，每行包含两个整数 i 和 j，表示结点 i 是结点 j 的父亲。

输出格式：

共 1 行，包含一个整数，表示最少需要被破坏的道路总数使得 1 棵包含 P 个结点的子树被隔离。

输入样例：

```
11 6
1 2
1 3
1 4
1 5
2 6
2 7
2 8
4 9
```

---

1) 本题选自 USACO 2002 February Green 试题。

4 10
4 11

输出样例：

2

样例解释：如果道路1-4和1-5被破坏，那么一个包含结点(1，2，3，6，7，8)的子树会被隔离。

数据范围：

$1 \leq N \leq 150$，$1 \leq P \leq N$。

分析：树形DP+背包。由于给定的结构是树，就要想到树的递归特性，而树形DP的优美之处是可以利用子树的状态来转移，来求得根的状态。本题要求求最少删除几条边使得子树结点个数为p，我们只要算出每个以结点i为根的树中结点个数为p的最少删除边数，求个最小值就好。其实我们可以这样想，每棵以i为根的树有sum种物品（sum为它以及与它的子孙结点的个数），必须要删除k条边才能使得这棵子树有j个结点（$1 \leq j \leq$ sum），那么每个物品j的费用是k，价值是j，这样问题就转换为在树上的分组背包，总共有n组物品，每次都从以i为根的物品组中选择一个物品进行转移，每组选择一个物品。由于根结点固定了是1，我把树看成有向的树，也就是每次求解都不管父结点。

现在设DP[i][j]表示以i为根的子树中结点个数为j的最少删除边数（从分组背包角度理解就是到转移到第i组价值为j的最少费用）。

状态转移方程：

dp[i][1]=tot　　(tot为它的子结点个数)

dp[i][j]=min(dp[i][j]，dp[i][k]-1+dp[s][$j-k$])

　　　　（$1 \leq i \leq n$，$2 \leq j \leq i$的结点总数，$1 \leq k < j$，s为i儿子）

解释：要计算以i为根含j个结点的子树，需要计算以i为根有k个结点的子树，以及s为根含$j-k$个结点的子树，因为在i的子树和s的子树被算了1次，因此需要减1。

【**例1.14**】货车运输[1]。A国有n座城市，编号从1到n，城市之间有m条双向道路。每一条道路对车辆都有重量限制，简称限重。现在有q辆货车在运输货物，司机们想知道每辆车在不超过车辆限重的情况下，最多能运多重的货物。

1）本题选自NOIP 2013试题。

输入格式:

第1行,有两个整数 n、m,表示A国有 n 座城市和 m 条道路。

接下来 m 行,每行3个整数 x、y、z,表示从 x 号城市到 y 号城市有一条限重为 z 的道路,注意: x 不等于 y,两座城市之间可能有多条道路。

接下来一行,有一个整数 q,表示有 q 辆货车需要运货。

接下来 q 行,每行两个整数 x、y,表示一辆货车需要从 x 城市运输货物到 y 城市,注意: x 不等于 y。

输出格式:

输出共有 q 行,每行一个整数,表示对于每一辆货车,它的最大载重是多少。如果货车不能到达目的地,则输出 -1。

输入样例:

```
4 3
1 2 4
2 3 3
3 1 1
3
1 3
1 4
1 3
```

输出样例:

```
 3
-1
 3
```

数据范围:

对于30%的数据, $0 < n \leq 1000$, $0 < m \leq 10^4$, $0 < q \leq 1000$。

对于60%的数据, $0 < n \leq 1000$, $0 < m \leq 5 \times 10^4$, $0 < q \leq 1000$。

对于100%的数据, $0 < n \leq 10^4$, $0 < m \leq 5 \times 10^4$, $0 < q \leq 3 \times 10^4$, $0 \leq z \leq 10^5$。

分析: 一条路的瓶颈是限重最小的边。把边按限重从大到小一条一条地加进去,使图在极大连通的原则下尽量保留限重较大的边。这有点类似 Kruskal 算法。事实上,这一过程求出的就是原图的最大瓶颈生成森林。所有询问的最优解一定在原图的最大生成森林上。

问题转化为: 如何快速求出一条树上路径权值最小的边。

最简单的方法就是暴力模拟，事实上这个方法在比赛中的确能得到不错的分数。倍增算法是暴力模拟法优化得来的，那么这个问题能否套用倍增算法呢？对于结点 x，用 mi[x][i] 代表从 x 到 p[x][i] 的路径上最小边的权值，则有：mi[x][i]=min（mi[x][i-1]，mi[p[x][i-1]，i-1]）。

每次我们把 x 往上爬 2^i 步时，都用 mi[x][i] 来更新答案，这样就可以用类似倍增算法求 LCA 的方法求出路径上的最小边权了。

【例1.15】灾难[1]。阿米巴是小强的好朋友。

阿米巴和小强在草原上捉蚂蚱。小强突然想，如果蚂蚱被他们捉灭绝了，那么吃蚂蚱的小鸟就会饿死，而捕食小鸟的猛禽也会跟着灭绝，从而引发一系列的生态灾难。

学过生物的阿米巴告诉小强，草原是一个极其稳定的生态系统。如果蚂蚱灭绝了，小鸟照样可以吃别的虫子，所以一个物种的灭绝并不一定会引发重大的灾难。

我们现在从专业一点的角度来看这个问题。我们用一种叫做食物网的有向图来描述生物之间的关系：

一个食物网有 N 个点，代表 N 种生物，如果生物 x 可以吃生物 y，那么从 y 向 x 连一个有向边。

这个图没有环。

图中有一些点没有连出边，这些点代表的生物都是生产者，可以通过光合作用来生存；而有连出边的点代表的都是消费者，它们必须通过吃其他生物来生存。

如果某个消费者的所有食物都灭绝了，它会跟着灭绝。

我们将一个生物在食物网中的"灾难值"定义为：如果它突然灭绝，那么会跟着一起灭绝的生物的种数。

举个例子：在一个草场上，生物之间的关系如图1.13所示。

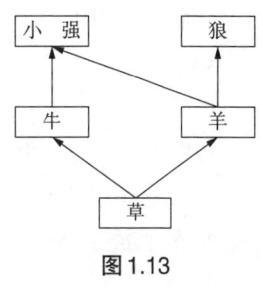

图1.13

如果小强和阿米巴把草原上所有的羊都给杀死了，那么狼会因为没有食物而灭绝，而小强和阿米巴可以通过吃牛、牛可以通过吃草来生存下去。所以，羊的灾难值是1。但是，如果草突然灭绝，那么整个草原上的5种生物都无法幸免，所以，草的灾难值是4。

给定一个食物网，你要求出每个生物的灾难值。

---

1) 本题选自 ZJOI 2012。

输入格式：

第1行，一个正整数 N，表示生物的种数。生物从1标号到 N。

接下来 N 行，每行描述了一个生物可以吃的其他生物的列表，格式为用空格隔开的若干个数字，每个数字表示一种生物的标号，最后一个数字是0表示列表的结束。

输出格式：

输出包含 N 行，每行一个整数，表示每个生物的灾难值。

输入样例：

5
0
1 0
1 0
2 3 0
2 0

输出样例：

4
1
0
0
0

数据范围：

对 50% 的数据，$1 \leq N \leq 10^4$。

对 100% 的数据，$1 \leq N \leq 65534$。

保证输入的食物网没有环。

定理： 生物之间的灭绝的结构形成了一个森林，森林上的一个结点的灭绝会且仅会导致以它为根的子树的灭绝。

分析： 对于生产者，不妨给它添加一个假想的食物——太阳。那么定理中的森林就变成了一棵树，可以称之为"灭绝树"。

下面说明如何通过增量法把灭绝树建出来，同时也是对灭绝树的存在性的证明。

首先，把食物网按从猎物到捕食者的顺序拓扑排序，有且仅有太阳没有任何入边，所以拓扑序中的第一个就是太阳。把太阳加入灭绝树，此时灭绝树中只有太阳一个点。

之后，依次考虑每个生物 i。已经构建好排序在 i 之前的生物组成的灭绝树，假设 i 的食物有 p_1，p_2，p_3，$\cdots$，p_k（这些结点在拓扑序中比 i 靠前），i 会灭绝，当且仅当 p_1，p_2，p_3，$\cdots$，p_k 全部灭绝，当且仅当 LCA（p_1，p_2，p_3，$\cdots$，p_k）灭绝。

于是可以在树上加上 LCA 到 i 的边，把 i 加到树中。

处理完所有的生物，我们得到的树就是整个图的灭绝树。

一旦得到灭绝树，每个生物的灾难值就可以通过以它为根的子树的大小减 1 来计算。

可以通过一次 DFS 来解决。

复杂度分析（LCA 使用倍增算法）：拓扑排序 $O(n+m)$，求 LCA 共 m 次，每次 $O(\log_2 n)$，加点共 n 次，每次 $O(\log_2 n)$，DFS $O(n)$，总时间复杂度为 $O(n\log_2 n + m\log_2 m)$。

本章小结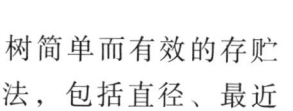

本章介绍了树的基本概念、特殊性质，并讲解了树简单而有效的存贮结构和使用方法，以及一些与树相关的问题的求解办法，包括直径、最近公共祖先、重心等。树是 NOIP 提高组及以上竞赛中最常出现的数据结构，且题目类型变化多样。掌握好树的相关知识与用法，才能在面对这些题目时游刃有余。在下一章对二叉树的介绍中，我们将进一步了解树这个基本结构的特殊之处。

第2章 二叉树及其应用

"易有太极，是生两仪，两仪生四象，四象生八卦。"——《易传·系辞上传》。

大家一定都听说过上面这句话，但是你知道吗，这句话可以用图2.1的树形式更加直观地表示出来。

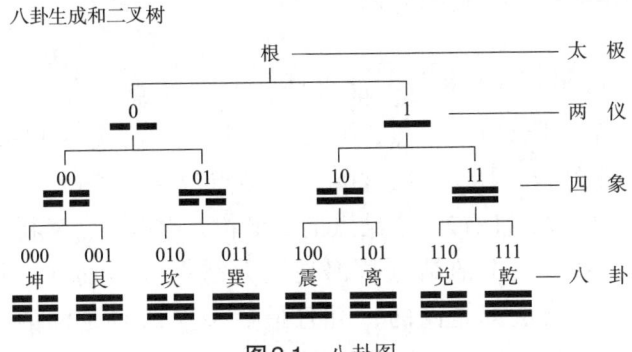

图2.1 八卦图

可以观察到，图2.1不是一棵普通的树，它有着非常优美的结构。这就是接下来要讨论的内容——二叉树。

2.1 二叉树的概念及其性质

2.1.1 二叉树的概念

什么是二叉树？顾名思义，它是每个非叶子结点最多只能有两个儿子的树结构。为了方便研究，我们对结点的两个儿子进行命名和编号，将左边的结点成为左儿子（left child，简写为lchild），右边的结点称为右儿子（right child，简写为rchild），那么以左右儿子为根的子树分别称为"左子树"（left subtree，简写为ltree）和"右子树"（right subtree，简写为rtree）。如图2.2所示。

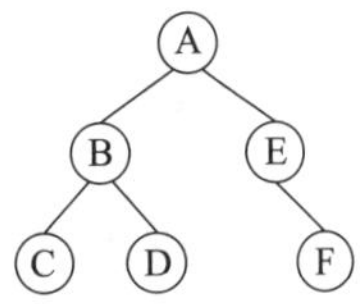

图2.2 二叉树

一般情况下左右儿子有序，不能相互颠倒。

2.1.2 二叉树的性质

由于二叉树结构的优美性，因此具有很好的性质。

性质1：若二叉树的叶子数为n_0，度为2的结点数为n_2，则$n_0=n_2+1$。

这个性质表明在二叉树中，叶子结点的个数与度为1的结点个数无关。

设度为0的结点数为n_0，度为1的结点数为n_1，度为2的结点数为n_2，图2.3中$n=6$，$e=5$，$n_0=3$，$n_1=1$，$n_2=2$，则有$n_0=3=2+1=n_2+1$。

证明：显然$n=n_0+n_1+n_2$（树上只有这三种点），$n=e+1$（n个点的树有$n-1$条边）。

∵ $e=n_1+2n_2$（每个n_1点向下有1条边，每个n_2点向下有2条边）

∴ $n=n_0+n_1+n_2=e+1=n_1+2n_2+1$

∴ $n_0=n_2+1$

性质2：深度为k的二叉树，最多只有2^k-1结点。

证明：树的第一层只有1个点，第二层最多2个点，第三层最多4个点……第k层最多2^{k-1}个结点。所以，二叉树最多结点数$=2^0+2^1+2^2+\cdots+2^{k-1}=2^k-1$。

特别的，深度为k，且有2^k-1个结点的二叉树，称为满二叉树（图2.4（a））。这种树的特点是每一层上的结点数都是最大结点数。而在一棵二叉树中，除最后一层外，其余层都是满的，并且最后一层或者是满的，或者是在右边缺少连续若干结点，此二叉树称为完全二叉树（图2.4（b））。显然，深度为k的完全二叉树，至少有2^{k-1}个结点，至多有2^k-1个结点。

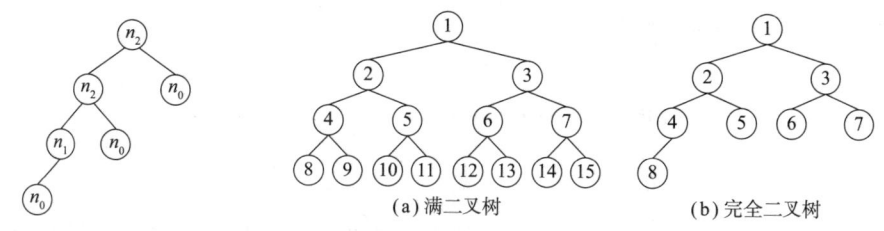

图2.3 一棵普通的二叉树

(a) 满二叉树　　　(b) 完全二叉树

图2.4 完全二叉树示例

性质3：具有n个结点的完全二叉树的深度为$\log_2 n+1$。

性质4：若将完全二叉树的每个结点从上至下，从左至右进行编号，那么，对标号为x的结点，若x存在左儿子，则左儿子的标号为$2x$；若x存在右儿子，则右儿子的标号为$2x+1$。反之，若x有父亲，则父亲的编号为$x/2$取整。

（证明略）

2.2 二叉树的存储方法

1. 二叉树的儿子表示法

对每一个结点，存储该结点的左右儿子，如图2.5所示。
存储结构代码如下：

```
struct node                          // 存储关于这个结点的一些信息
{
  int lc;                            // 左儿子结点编号
  int rc;                            // 右儿子结点编号
  node(){lc=rc=0;}                   // 初始化左右儿子都不存在，都是0
};
```

2. 二叉树的数组表示法

二叉树的数组表示法如图2.6所示。
构建代码如下：

`int ch[N][2];   //ch[x][0] 表示 x 的左儿子，ch[x][1] 表示 x 的右儿子`

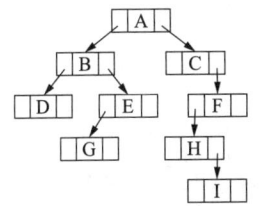   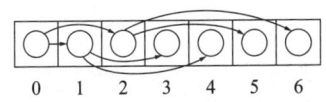

图2.5　二叉树的儿子表示法　　图2.6　二叉树的数组表示法

3. 完全二叉树的数组表示法

根据之前所讲的完全二叉树的性质，只要确定了结点个数 n，完全二叉树的形态也确定了，而对于结点 x，它的左儿子是 $2x$，右儿子是 $2x+1$，父亲是 $\lfloor x/2 \rfloor$。因此无需存储任何和树的形态有关的信息，只需要用一个一维数组来表示每个结点上的信息。这种优美的存储方法在接下来"二叉堆"的内容中将非常有用。

2.3 二叉树的遍历

前序、中序、后序遍历是树的三种遍历方式，它们之间的区别在于，根在遍历中的出现顺序：

・前序遍历：根—左—右，图2.2的遍历前序结果是 ABCDEF。

- 中序遍历：左—根—右，图2.2的中序遍历结果是CBDAEF。
- 后序遍历：左—右—根，图2.2的后序遍历结果是CDBFEA。

【例2.1】给出一棵二叉树，求它的前序遍历，中序遍历，后序遍历。

前序遍历：

```
void preorder_traversal(int x)
{
  printf("%d",x);
  if(ch[x][0])preorder_traversal(ch[x][0]);
  if(ch[x][1])preorder_traversal(ch[x][1]);
}
```

中序遍历：

```
void inorder_traversal(int x)
{
  if(ch[x][0])inorder_traversal(ch[x][0]);
  printf("%d",x);
  if(ch[x][1])inorder_traversal(ch[x][1]);
}
```

后序遍历：

```
void postorder_traversal(int x)
{
  if(ch[x][0])postorder_traversal(ch[x][0]);
  if(ch[x][1])postorder_traversal(ch[x][1]);
  printf("%d",x);
}
```

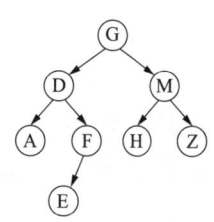

图2.7 根据前序和中序遍历得到的二叉树

【例2.2】给出一棵树的前序遍历序列和中序遍历序列，求出这棵二叉树。

图2.7给出的前序遍历序列和中序遍历序列分别为GDAFEMHZ和ADEFGHMZ。

分析：可以像下面那样考虑前序遍历和中序遍历。

前序遍历：root，{左子树的结点}，{右子树的结点}。

中序遍历：{左子树的结点}，root，{右子树的结点}。

那么可以每次通过root在中序遍历中的位置，确定出左子树结点的集合和右子树结点的集合，而左子树和右子树也分别是一棵二叉树，所以得到了两个和原问题相同的子问题，可以递归求解，直到只剩下一个结点。

代码如下:

```
#include<bits/stdc++.h>
using namespace std;
char S[1000],T[1000];
int n;
int solve(int ls,int rs,int lt,int rt)     //将前序遍历和中序遍
                                           //  历分别存在S和T中
{
  if(ls>rs)return 0;                       //这是一个空结点
  if(ls==rs)
  {
    printf("For%c,it is a leaf\n",S[ls]);  //输出它是一个叶子
    return ls;                             //递归的最底层
  }
  int pos;
  for(int i=lt;i<=rt;i++)if(T[i]==S[ls]){pos=i;break;}
  int len=pos-lt;                          //左子树的大小
  int lc=solve(ls+1,ls+len,lt,pos-1);      //递归左子树
  int rc=solve(ls+len+1,rs,pos+1,rt);      //递归右子树
  printf("For%c,left child is%c,right child is%c\n",
         S[ls],S[lc],S[rc]);               //分别输出左儿子和右儿子
  return ls;
}
int main()
{
  scanf("%s",S+1);n=strlen(S+1);S[0]='#';
  scanf("%s",T+1);
  solve(1,n,1,n);
  return 0;
}
```

【例2.3】给定一棵二叉树的前序遍历序列和后序遍历序列,求有多少种可能的二叉树,保证至少存在一种答案。由于答案可能很大,输出答案除以10^9+7的余数即可。

分析:由例2.2可知,已知二叉树的前序遍历序列和中序遍历序列可以唯一确定该二叉树,因此该题也可转化为求有多少种可能的中序遍历序列。

首先考虑前序遍历的第一个元素x,显然它是树的根,因此在后序遍历中x一定是最后一个数,于是可以去掉这两个序列的x。如果此时序列为

空，那么已经做完，否则余下的前序遍历中的第一个数 y 则是 x 的左/右子树的根。在后序遍历中找到 y 的位置，如果 y 此时是最后一个，意味着 x 只有一棵子树，但无法确定 y 是左子树还是右子树，也就意味着是左右都满足条件，于是将答案乘 2，继续递归计算。否则，可以确定 y 是 x 的左子树，同时也知道了 x 的左右子树分别在哪个区间，于是分成两部分递归计算再将答案相乘就可以了。时间复杂度为 $O(n)$。

代码如下：

```
#include<cstdio>
const int mod=1e9+7;                     //模数
const int N=1e5+5;
int n;
int a[N],b[N];
int posa[N],posb[N];// 这里存每个数字在数组 a/b 中出现的位置
int solve(int al,int ar,int bl,int br) // 求 a[al..ar] 与 b[bl..br]
                                        对应的答案
{
    if(al==ar)return 1;                 // 基础情况
    int y=a[al+1];
    if(posb[y]==br-1)
    return(long long)solve(al+1,ar,bl,br-1)*2%mod;
                                        // 左右子树均有可能答案乘 2
    else
    return(long long)solve(al+1,al+posb[y]-bl+1,bl,posb[y])
       *solve(al+posb[y]-bl+2,ar,posb[y]+1,br-1)%mod;
}// 左右子树确定，左右子树答案相乘。注意中间结果用 long long 存储以免溢出
signed main()
{
    register int i;
    scanf("%d",&n);
    for(i=1;i<=n;i++)scanf("%d",&a[i]);
    for(i=1;i<=n;i++)scanf("%d",&b[i]);
    // 预处理
    for(i=1;i<=n;i++)posa[a[i]]=i;
    for(i=1;i<=n;i++)posb[b[i]]=i;
    printf("%d\n",solve(1,n,1,n));
    return 0;
}
```

2.4 树、森林与二叉树的转化

2.4.1 儿子兄弟表示法

在处理一些多叉树的问题时，常常因为树的分支过多而不好处理。

事实上，可以采用"左儿子右兄弟"的方法，将一棵多叉树转为二叉树，方便处理一般的多叉树问题。

将一棵多叉树（称之为原树）转为二叉树（称之为新树）。对于某个结点，把其在原树上的第一个儿子结点作为在新树上的左儿子，把原树中它的下一个兄弟作为它的右儿子。

这样，可以直接在原树上进行遍历，来实现二叉树的转换过程，如图2.8所示。

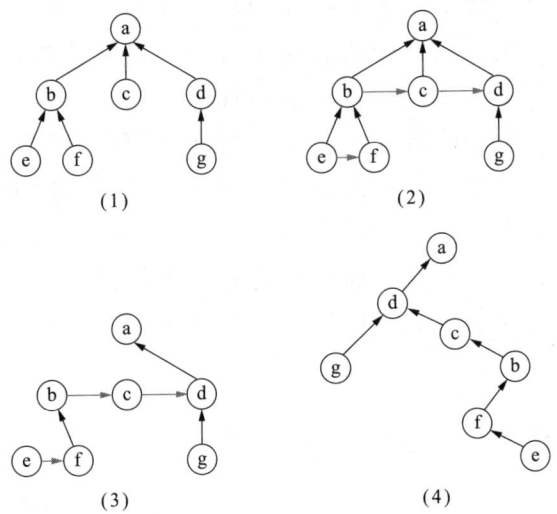

图2.8 树与二叉树的转化示意图

（1）原树（边读入的顺序是从左向右，因为采用邻接表，所以最靠右的儿子结点是第一个儿子结点）。

（2）由儿子结点向前一个儿子结点连边。

（3）去掉原树中的边，保留第一个儿子结点连向父亲结点的边。

（4）原树中的边（黑边）为连向左儿子的边，新边作为连向右儿子的边。

代码实现如下（原树用邻接表存储）：

```
int u[MAXN],v[MAXN*2],p[MAXN*2],m,f[MAXN],now;
int ch[MAXN][2];
void ss(int x)
```

```
{
  if(u[x]==0)return;
  ch[x][0]=v[u[x]];
  ss(v[u[x]]);
  int pre=v[u[x]];
  for(int i=p[u[x]];i;i=p[i])
  {
    ch[pre][1]=v[i];
    ss(v[i]);
    pre=v[i];
  }
}
```

2.4.2 森林转化为二叉树

事实上，可以注意到一棵树转化为二叉树以后，根结点一定没有右儿子——这是因为根结点没有兄弟。这体现出树转二叉树的方法似乎可以进一步扩展到根有右儿子的情况。不难发现还可以将森林也转化为二叉树。具体的，新建一个虚结点，让森林中的所有树的根依次成为它的儿子，这样就得到了一棵新的树。对这棵树进行树转二叉树，可以发现虚结点成为了一个只有左儿子的根结点，那么，此时将虚结点去掉，剩下的依然是一棵二叉树，并且新的根结点也可以拥有右儿子了。这使得二叉树的形态更加优美。

2.4.3 二叉树转化为树/森林

转化回去的过程也并不困难，只需要牢记住：二叉树上的左儿子是它的第一个儿子，右儿子是它的兄弟即可。

2.4.4 树转二叉树的实例

【例2.4】 给定一棵有根树，对于每个非叶结点，给定其每个儿子结点的标号顺序。要求对于每个非根结点，若它是其父结点的第 i 个儿子，输出其父亲第1到第 i 个儿子结点的子树的大小之和。

分析：如果求出每个子树的大小，对于每个非根结点，暴力枚举之前的几个儿子，这样的复杂度显然不优。可以考虑采用多叉树转二叉树，这样对于每个结点的右子树，都是它后面的兄弟结点，这样，只要总结点减去右儿子结点即可。

求二叉树的大小代码如下：

```
int u[MAXN],v[MAXN*2],p[MAXN*2],m,f[MAXN],now;
int ch[MAXN][2];
void getsize(int x)
{
  size[x]=1;
  if(ch[x][0]){getsize(ch[x][0]);size[x]+=size[ch[x][0]];}
  if(ch[x][1]){getsize(ch[x][1]);size[x]+=size[ch[x][1]];}
}
```

2.5 哈夫曼树及其应用

2.5.1 哈夫曼树的概念

一棵具有 n 个带权叶结点的二叉树，使得所有叶结点的带权路径长度（叶结点 × 叶结点到根结点的路径长度）之和最小，这样的二叉树被称为最优二叉树，也称哈夫曼树（Huffman Tree）。

一个简单性质：哈夫曼树的每个非叶结点都有两个儿子，否则不优。

2.5.2 哈夫曼树的构建

（1）将 n 个带权结点，作为 n 棵只有一个结点的树。

（2）选择两棵根结点权值最小的树，将这两棵树分别作为左右儿子合并成一棵树，并将根结点的权值赋为左右儿子的权值之和。

（3）重复执行第 2 步 $n-1$ 次，直到所有点都在一棵树中，则这棵树就是哈夫曼树。

上述构建方法，满足每个非叶结点有两个儿子结点。每次合并操作，其意义是让两个树中的叶结点的深度增加 1，总权值也相应增加一次。因为每次选择的权值是最小的，所有每次增加的权值也是最小的，所有总带权路径长度之和是最小的。

代码如下：

```
priority_queue<node>Q;           // 将用于构成哈夫曼树的 n
                                 个元素存在堆 Q 中
for(int i=1;i<n;i++)
{
  node x,y,z;
  x=Q.top();Q.pop();y=Q.top();Q.pop();// 将最小的两个元素 x,y 取出
```

```
    z=x+y;                          //将 x 与 y 合并存入 z 结点中
    Q.push(z);                      //将 z 插入堆中
}
```

2.5.3 哈夫曼编码

哈夫曼编码是哈夫曼树的重要应用之一。

在数据通信中，需要将传送的信息转换成二进制编码，用 0、1 的不同排列来表示。比如，某篇文章有 a，b，c，d，e 五种字符，若用等长的二进制编码表示这五个字符，至少需要用长度为 3 的编码（000-a，001-b，010-c，011-d，100-e）。

对于任何一个有效的编码，它不能是另一个编码的前缀，否则无法正确识别。例如 01 表示 a，则不能用 011 表示 b。因为 011 可能会分解为 01 和 1 两个编码，从而引起歧义。

也就是说，如果把所有的二进制编码构成一棵二叉树，将左儿子设置为 0，右儿子设置为 1，则第 L 层的每个结点对应一个长度为 $L-1$ 的二进制编码，显然叶子的编码不是任何一个编码的前缀，因此所有叶子结点均为有效编码。

若考虑到一篇文章的字符频率，要使得每个字符的带权路径长度之和最小，则可以以每个字符作为叶结点构造出一棵哈夫曼树，叶结点的编码即为这篇文章的哈夫曼编码。

一棵有 5 个带权值的字符 A，B，C，D，E，它们的权值分别为 15，7，6，6 和 5。构建一棵哈夫曼树过程如图 2.9 所示。

（a）将每个结点按权值从大到小排序。每次选出现在权值最小的两个结点。

（b）将 D 和 E 合并，形成了一棵权值为 11 的树。

（c）将权值最小的两个 B 和 C（分别为 7 和 6）合并，合并为一棵权值为 13 的树。

（d）合并的含有 BC 和含有 DE 的两个树，形成了一棵权值为 24 的树。

（e）将仅剩的两棵树合并，形成了一棵权值为 39 的树。

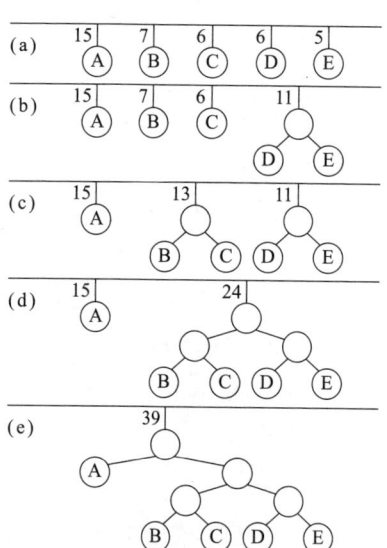

图 2.9　哈夫曼树的构建过程

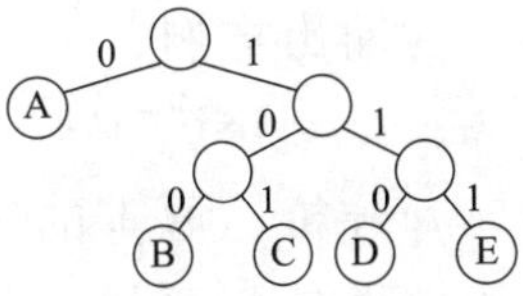

按图 2.9 安排每条树边的编码 A–0，B–100，C–101，D–110，E–111，如图 2.10 所示，这样平均编码长度就是 (1+3+3+3+3)/5=13/5=2.6。

图 2.10 哈夫曼编码

另外这里介绍一个更加简单的方法：维护两个有序队列。具体做法是，初始化两个队列 queue1 和 queue2，其中 queue1 为初始的从小到大排序的 n 个数，queue2 为空。然后从 queue1 和 queue2 的队首中取出两个最小的数，相加后添加到 queue2 的队尾，重复上述操作 $n–1$ 次，直到两个队列只有 1 个数为止（为什么能这么做，请读者思考）。

【例2.5】合并果子[1]。在一个果园里，多多已经将所有的果子打了下来，而且按果子的不同种类分成了不同的堆。多多决定把所有的果子合成一堆。

每一次合并，多多可以把两堆果子合并到一起，消耗的体力等于两堆果子的重量之和。可以看出，所有的果子经过 $n–1$ 次合并之后，就只剩下一堆了。多多在合并果子时总共消耗的体力等于每次合并所耗体力之和。

因为还要花大力气把这些果子搬回家，所以多多在合并果子时要尽可能地节省体力。假定每个果子重量都为 1，并且已知果子的种类数和每种果子的数目，你的任务是设计出合并的次序方案，使多多耗费的体力最少，并输出这个最小的体力耗费值。

例如有 3 种果子，数目依次为 1, 2, 9。可以先将 1、2 堆合并，新堆数目为 3，耗费体力为 3。接着，将新堆与原先的第三堆合并，又得到新的堆，数目为 12，耗费体力为 12。所以多多总共耗费体力 =3+12=15。可以证明 15 为最小的体力耗费值。

输入格式：

第 1 行，一个整数 n（$1 \le n \le 10^4$），表示果子的种类数。

第 2 行，n 个整数，第 i 个整数 a_i（$1 \le a_i \le 2 \times 10^4$）是第 i 种果子的数目。

输出格式：

共 1 行，一个整数，也就是最小的体力耗费值。输入数据保证这个值小于 2^{31}。

输入样例：

3

1 2 9

---

[1] 本题选自 NOIP 2004 提高组。

输出样例：
　　15

分析：原本的一堆石子，经过了几次合并，它的大小就对答案进行了几次贡献。要最小化每堆原本的石子的贡献之和，就是最小化每个叶结点权值的贡献之和，叶结点的权值就是某堆石子的大小，其到根的路径长度就是该堆石子的合并次数。因此本题相当于求带权路径长度之和最小，即哈夫曼树的构建。

对于如何选出两个最小值和添加当前值，这里采用的是优先队列的方法（详见下一节）。

实现代码如下：

```
#include<bits/stdc++.h>
#define LL long long
using namespace std;
const int N=10000+5;
int n,cnt;
int a[N];

void INS(int n,int val)                    // 插入第n个元素，它的值是val
{
  a[n]=val;
  while(n/2&&a[n/2]>a[n])
  {
    swap(a[n/2],a[n]);
    n/=2;
  }
}

void DEL(int n)                             // 现在堆里还有n个元素
{
  a[1]=a[n];n--;
  int x=1;
  while(2*x<=n)
  {
    int y=2*x;
    if(y+1<=n&&a[y]>a[y+1])y++;
    if(a[x]>a[y])
    {
        swap(a[x],a[y]);
```

```
            x=y;
        }else break;
    }
}

int main()
{
    scanf("%d",&n);
    for(int i=1;i<=n;i++)scanf("%d",&a[i]);
    for(int i=1;i<=n;i++)INS(i,a[i]);
    LL ans=0;cnt=n;
    for(int i=1;i<n;i++)
    {
        int tmp=0;
        tmp+=a[1];DEL(cnt);cnt--;
        tmp+=a[1];DEL(cnt);cnt--;
        INS(++cnt,tmp);
        ans+=tmp;
    }
    printf("%lld\n",ans);
    return 0;
}
```

2.6 二叉堆及其应用

2.6.1 什么是二叉堆

二叉堆是具有堆性质的一棵二叉树。对于每一个结点，它的权值是以该结点为根的子树最小值（小堆）或最大值（大堆），如图2.11所示。

由定义可以知，堆的最小值或最大值一定在根结点上。

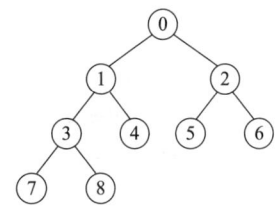

图2.11 二叉堆示例

2.6.2 二叉堆构造及其基本操作

二叉堆有两个重要的操作：插入一个元素和删除堆顶元素。下面以小根堆为例讲述其操作实现。

因为二叉堆是一棵完全二叉树，因此结点 x 的父亲是 $x/2$，结点 x 的儿子是 $2x$ 和 $2x+1$。

1. 插入一个元素进堆

一棵有 $n-1$ 个结点的堆，现在要插入第 n 个结点。先把插入的元素放在数组的第 n 个位置上。这时完全二叉树不满足堆性质，此时需要将它调整为堆。

从下往上调整。不断将当前结点和父亲比较，如果该结点较小，就将它与父结点交换，重复这个操作直到不能调整为止。

```
void insert(int n,int val)     // 插入第 n 个元素，它的值是 val
{
  a[n]=val;
  while(n/2&&a[n/2]>a[n])
  {
    swap(a[n/2],a[n]);
    n/=2;
  }
}
```

2. 删除堆顶元素

删除根结点，这时第 1 个位置就成了空位。首先将最后一个结点 n 移动到第 1 个结点，此时该完全二叉树不满足堆性质，此时需要将它调整为堆。

从上往下调整。从根结点开始，不断将当前结点与左右儿子比较，若该结点较大，则将左右儿子较小的结点与之交换，重复这个操作直到不能调整为止。

```
void delete(int n)             // 现在堆里还有 n 个元素
{
  a[1]=a[n];n--;               // 删除 1 个元素，堆中只有 n-1 个元素了
  int x=1;
  while(2*x<=n)
  {
      int y=2*x;
      if(y+1<=n&&a[y]>a[y+1])y++;
      if(a[x]>a[y])
      {
          swap(a[x],a[y]);
          x=y;
      }else break;
  }
}
```

由于堆是完全二叉树,无论向上还是向下调整操作,最多调整 $\log_2 n$ 次,因此时间复杂度为 $O(\log_2 n)$。

2.6.3 二叉堆的STL实现

因为堆的作用主要用来获取最小/大值,类似队列的取最值操作,因此堆有一个别名叫做优先队列。在STL中提供了"优先队列"模板,英文 priority_queue。

使用STL需要在代码开头添加如下两行:

```
#include<queue>
using std::priority_queue;
```

第1行是包含了优先队列的头文件,第2行是调用std的名字空间。

例如,声明一个存储int类型的优先队列 Q,默认为大堆。代码如下:

```
priority_queue<int>Q;
```

下面是代码说明优先队列的一些常用函数:

```
inline void test()              // 表示这是一个用来测试的函数
{
  int x=3;
  Q.push(x);                    // 将3插入到堆中
  Q.push(5);                    // 将5插入堆中
  Q.push(x*2);                  // 将6插入堆中
  x=Q.top();                    // 取堆顶元素,这里应该是6
  Q.pop();                      // 删除堆顶元素,这里是删除6
  x=Q.size();                   // 求堆中元素的总个数,这里应该为2
  while(!Q.empty())Q.pop();     // 若优先队列还存在元素,则反复删除
                                //   堆顶,实际上起到了清空堆的作用。这里
                                //   就是依次把5和3删除
  return;
}
```

值得注意的是,stl的优先队列有一点和日常观念不一样:它只能支持访问最大的元素,也就是说,它是一个大根堆。如果你只是想用小根堆,那么你不妨将所有数乘以 -1 以后再插入,这样就可以得到想要的结果了。

2.6.4 二叉堆的应用

【例2.6】初始一个小根堆为空,需要支持以下3种操作:

操作1:1 x 表示将 x 插入到堆中。

操作2：2表示输出该小根堆内的最小数。
操作3：3表示删除该小根堆内的最小数。

输入格式：

第1行，一个整数N，表示操作的个数。

接下来N行，每行包含1个或2个正整数，表示三种操作，格式如下：

操作1：1 x

操作2：2

操作3：3

输出格式：

若干行正整数，每行依次对应一个操作2的结果。

分析：这道题考察的都是堆的基本操作。这里使用STL的优先队列，代码如下：

```
#include<cstdio>
#include<queue>
using std::priority_queue;
priority_queue<int>Q;
int n;
signed main()
{
  int opt,x;
  scanf("%d",&n);
  while(n--)
  {
    scanf("%d",&opt);
    if(opt==1)
      scanf("%d",&x),Q.push(-x); //注意因为要是小根堆，所以乘以-1
                                 再插入
    else if(opt==2)
      printf("%d\n",-Q.top());   //同样乘以-1再输出才能得到真实值
    else
      Q.pop();
  }
  return 0;
}
```

【**例2.7**】超级钢琴[1]。小Z是一个小有名气的钢琴家，最近C博士送给

---

1) 本题选自 NOI 2010。

了小Z一架超级钢琴,小Z希望能够用这架钢琴创作出世界上最美妙的音乐。

这架超级钢琴可以弹奏出 n 个音符,编号为1至 n。第 i 个音符的美妙度为 A_i,其中 A_i 可正可负。

一个"超级和弦"由若干个编号连续的音符组成,包含的音符个数不少于 L 且不多于 R。定义超级和弦的美妙度为其包含的所有音符的美妙度之和。两个超级和弦被认为是相同的,当且仅当这两个超级和弦所包含的音符集合是相同的。

小Z决定创作一首乐曲,为了使得乐曲更加动听,小Z要求该乐曲由 k 个不同的超级和弦组成。定义一首乐曲的美妙度为其所包含的所有超级和弦的美妙度之和。小Z想知道他能够创作出来的乐曲美妙度最大值是多少。

输入格式:

第1行,4个正整数 n、k、L、R,其中 n 为音符的个数,k 为乐曲所包含的超级和弦个数,L 和 R 分别是超级和弦所包含音符个数的下限和上限。

接下来 n 行,每行包含一个整数 A_i,表示按编号从小到大每个音符的美妙度。

输出格式:

只有一个整数,表示乐曲美妙度的最大值。

输入样例:

```
4 3 2 3
3
2
-6
8
```

输出样例:

```
11
```

数据范围:

测试点	n	k
1	≤ 10	≤ 100
2	≤ 1000	$\leq 5 \times 10^5$
3	$\leq 10^5$	$=1$
4	$\leq 10^4$	$\leq 10^4$
5	$\leq 5 \times 10^5$	$\leq 10^4$
6	$\leq 8 \times 10^4$	$\leq 8 \times 10^4$
7	$\leq 10^5$	$\leq 10^5$

测试点	n	k
8	$\leq 10^5$	$\leq 5 \times 10^5$
9	$\leq 5 \times 10^5$	$\leq 5 \times 10^5$
10	$\leq 5 \times 10^5$	$\leq 5 \times 10^5$

分析：把一些决策存到堆里面，然后每次选最好的，并且把差一些的放进去，实质上是从一些有序表中提取出最大的 k 个元素。

记一个决策为 (i, l, r)，意思是选择的音符序列右端点为 i，左端点可以在 $[l, r]$ 之间，所有可能的最优值为 v。

开始枚举所有的 i，按照题目中给的 L 和 R 把初始的不超过 n 个决策都扔进堆里，然后每次取出最大的，答案上累加 v，然后把 $[l, r]$ 裂解成 $[l, m-1]$，$[l, m+1]$，这里 m 是使之取得最优值的区间左端点，然后取 k 个出来就行了。

【例2.8】种树[1]。A 城市有一个巨大的圆形广场，为了绿化环境和净化空气，市政府决定沿圆形广场外圈种一圈树。园林部门得到指令后，初步规划出 n 个种树的位置，顺时针编号 1 到 n。并且每个位置都有一个美观度 A_i，如果在这里种树就可以得到这 A_i 的美观度。但由于 A 城市土壤肥力欠佳，两棵树决不能种在相邻的位置(i 号位置和 $i+1$ 号位置叫相邻位置。值得注意的是 1 号和 n 号也算相邻位置！)。最终市政府给园林部门提供了 m 棵树苗并要求全部种上，请你帮忙设计种树方案使得美观度总和最大。如果无法将 m 棵树苗全部种上，给出无解信息。

输入格式：

第1行，两个正整数 n、m。

第2行，n 个整数 A_i。

输出格式：

一个整数，表示最佳植树方案可以得到的美观度。如果无解则输出"Error!"，不包含引号。

输入样例1：

    7 3
    1 2 3 4 5 6 7

输出样例1：

    15

---

[1] 本题选自 2011 国家集训队。

输入样例2：

7 4
1 2 3 4 5 6 7

输出样例2：

Error!

数据范围：

测试点编号	n	测试点编号	n
1	30	11	200
2	35	12	2007
3	40	13	2008
4	45	14	2009
5	50	15	2010
6	55	16	2011
7	60	17	2012
8	65	18	199999
9	200	19	199999
10	200	20	200000

对于全部数据：$m \leqslant n$，$-1000 \leqslant A_i \leqslant 1000$。

分析：首先考虑如果没有"相邻位置不能都种"这一限制会怎么样。这时就是一个简单的贪心——按照 $A[i]$ 从大到小排序，然后取前 M 个。

那么加上限制以后会发生什么呢？

假设 $A[3]$ 最大，那就试图去选 $A[3]$。选中之后首先要去掉3，并且，$A[2]$ 和 $A[4]$ 也都不能选了，所以将它们删掉。

但是慢着！这可能会导致问题。假设 $A[3]=20$，$A[2]=A[4]=19$，那么同时选 $A[2]$，$A[4]$ 可能比选 $A[3]$ 要优！在最后的方案中可能是 $A[2]+A[4]$ 而非 $A[3]$。这种情况要怎么解决呢？

可以发现一点：由于 $A[3]$ 最大，所以在最后的方案中，不可能只选 $A[2]$，$A[4]$ 中的一个。

原因很简单：假设在最优方案中选了 $A[2]$ 但未选 $A[4]$，那可以简单地把 $A[2]$ 换成 $A[3]$，由于未选 $A[4]$，所以这样不会产生任何矛盾，并且把 $A[2]$ 换成 $A[3]$ 后，总的美观度不会下降。

因此，可以先去掉2，3，4，然后加入一个新的"物品"，其权值为 $A[2]+A[4]-A[3]$，代表同时选2，4，删去3。这样，在选了3之后再选这个新物品，功效就相当于刚才所说的，把$A[3]$换成$A[2]+A[4]$。

这个新物品应该放在哪里呢？它的含义是"选2，4"，所以很容易想到，应该把它放在1，5中间。

出于方便起见，不妨在删掉2，4后直接把$A[3]$改成$A[2]+A[4]-A[3]$，显然这个位置是正确的。

如此就将N个物品，需要选M个的问题转化成了在$N-1$个物品中选的问题，并且可以发现一个很好的性质：新的3所对应的仍然是"选中物品数+1"！（把选3换成了选2，4，即多选了一个物品）

也就是说，完全可以把新的3看作一个和1，5毫无区别的物品，现只需要在1，3，5三个物品中选择$M-1$个！如此下去，直到选择M次，就可以得到答案。

算法如下：

以$A[i]$为关键字建大根堆，用一个链表存放当前物品。

最初链表中元素是$1\sim N$，i的后继是$i+1$，前驱是$i-1$（当然，1的前驱是N，N的后继是1）。

执行M次操作，每一次操作都将堆顶元素k取出，ans$+=A[k]$。然后在链表中删除k的前驱pre和后继nxt，令$A[k]=A[pre]+A[nxt]-A[k]$，并更新堆。

这个算法运行得很好，但你可能感觉有点虚——为什么每次选A值最大的就正确呢？

可以发现，在上面的讨论中"选3"时，实际上做的是声明如下事实：

在最终答案中要么选了3，要么同时选了2，4。换句话说，要么选了3，要么在此基础上选了$A[2]+A[4]-A[3]$。

所以实际上是重写了这个问题，将其变成"$N-2$个物品中选$M-1$"个的形式，如此一直化归，直到最后变成"$N-2(M-1)$个物品中选1个"，这时答案就是显然的。

2.7 二叉排序树及其应用

2.7.1 二叉排序树的概念

二叉排序树（Binary Sort Tree），又称二叉查找树（Binary Search Tree），亦称二叉搜索树，是指一棵空树或者具有下列性质的二叉树（图2.12）：

- 任意结点的左子树不空，则左子树上所有结点的值均小于它的根结点的值。

- 任意结点的右子树不空，则右子树上所有结点的值均大于它的根结点的值。
- 任意结点的左、右子树也分别为二叉查找树。
- 没有键值相等的结点。

二叉排序树相比于其他数据结构的优势在于查找、插入的时间复杂度为 $O(\log_2 n)$。二叉排序树是基础性数据结构，用于构建更为抽象的期望数据结构，如集合、multiset、关联数组等。

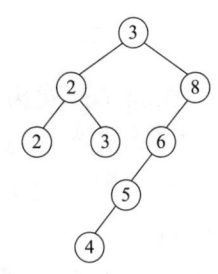

图 2.12 二叉排序树示例

二叉排序树的查找过程和次优二叉树类似，通常采取二叉链表作为二叉排序树的存储结构。中序遍历二叉排序树可得到一个关键字的有序序列，一个无序序列可以通过构造一棵二叉排序树变成一个有序序列，构造树的过程即为对无序序列进行查找的过程。每次插入的新的结点都是二叉排序树上新的叶子结点，在进行插入操作时，不必移动其他结点，只需改动某个结点的指针，由空变为非空即可。搜索、插入、删除的复杂度等于树高，期望 $O(\log_2 n)$，最坏 $O(n)$（数列有序，树退化成线性表）。

虽然二叉排序树的最坏效率是 $O(n)$，但它支持动态查询，且有很多改进版的二叉排序树可以使树高为 $O(\log_2 n)$，如 Treap、Splay、SBT、AVL 树、红黑树等。故不失为一种好的动态查找方法。

2.7.2 二叉排序树的查找

在二叉排序树 b 中查找 x 的算法：

（1）若 b 是空树，则搜索失败；否则执行（2）。

（2）若 x 等于 b 的根结点的数据域之值，则查找成功；否则执行（2）。

（3）若 x 小于 b 的根结点的数据域之值，则搜索左子树；否则执行（4）。

（4）查找右子树。

2.7.3 二叉排序树的插入

向二叉排序树 b 中插入一个结点 s 的算法：

（1）若 b 是空树，则将 s 所指结点作为根结点插入；否则执行（2）。

（2）若 $s->data$ 等于 b 的根结点的数据域之值，则返回；否则执行（3）。

（3）若 $s->data$ 小于 b 的根结点的数据域之值，则把 s 所指结点插入到左子树中；否则执行（4）。

（4）把 s 所指结点插入到右子树中。（新插入结点总是叶子结点）

2.7.4 二叉排序树的删除

在二叉查找树删去一个结点*p，分三种情况讨论：

（1）若*p结点为叶子结点，即PL（左子树）和PR（右子树）均为空树，由于删去叶子结点不破坏整棵树的结构，则只需修改其双亲结点的指针即可。

（2）若*p结点只有左子树PL或右子树PR，此时只要令PL或PR直接成为其双亲结点*f的左子树（当*p是左子树）或右子树（当*p是右子树）即可，做此修改也不破坏二叉查找树的特性。

（3）若*p结点的左子树和右子树均不空，在删去*p之后，为保持其他元素之间的相对位置不变，可按中序遍历保持有序进行调整，可以令*p的直接前驱(in-order predecessor)替代*p，然后再从二叉查找树中删去它的直接前驱。直接前驱就是指：从*p的左儿子开始，如果有右儿子，则不断向右继续查找，否则就找到了直接前驱。由于它的直接前驱最多只有一个儿子，因此可以按照方法2删除，如图2.13所示。

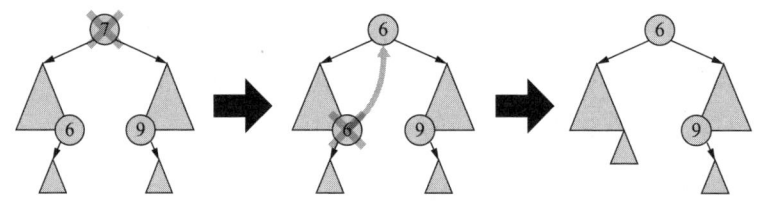

图2.13 二叉排序树删除示例

2.7.5 二叉排序树的简单平衡方法

由于二叉排序树的复杂度很容易退化，因此在实际中的用途没有那么广。但是如果在二叉排序树能实现平衡，那么二叉排序树的时间复杂度为$O(\log_2 n)$，非常优秀，可以得到非常广泛的应用。目前最主要的平衡方法有"AVL"、"Treap"、"Splay"等，该方法比较通用，有兴趣的同学可以自行查找资料学习。这里主要介绍另一种简单而且高效的平衡方法——"替罪羊树"。

替罪羊树的一个显著特点是：对于每一个结点，它的左儿子和右儿子的子树大小都不超过本身子树大小的0.75倍，那么树的高度为$O(\log_2 n)$。但是如何做到这一点呢？

对于插入的过程，像普通二叉排序树一样插入，完成后从新结点开始向父亲查找，找到深度最小的"不平衡"的结点，"不平衡"的意思是左儿子或右儿子的子树大小超过本身子树大小的 0.75 倍。当然，如果没有这样的点，直接结束即可。否则，记录这个点为 x。

对于删除的过程，可以发现必然会删除一个只有一个儿子的点，删除完成后从那个点的儿子开始向父亲查找，做与插入操作同样的事情，找到结点 x。

插入/删除操作完成后，如果 x 是存在的，那么中序遍历整棵 x 的子树，得到这棵子树对应的序列。再 $O(n)$ 进行一次暴力重构，将 x 的子树改造成最平衡的样子（只需要每次取最中间的数字当做根即可）。用这棵子树取代原来 x 的子树的位置。

虽然这样的时间复杂度看上去非常高，但是实际上，用"均摊分析"等较高级的方法进行分析，可以得到一个结论：无论是怎样的输入数据，替罪羊树都可以在 $O(n\log_2 n)$ 的时间内完成给定的 n 次操作（证明略），这样做效率确实较高。

【例 2.9】排序二叉树。给出 n（$1 \leqslant n \leqslant 1000$）个数，请输出它们排序后的结果。

输入格式：

第 1 行，为 n，表示数的个数。

第 2 行，n 个数，表示需要排序的 n 个数。

输出格式：

输出 n 排序好的数。

输入样例：

    5

    1 4 3 2 5

输出样例：

    1 2 3 4 5

分析：这是一道典型的排序题，我们可以用二叉排序树解决。在二叉排序树中，左子树的结点的值均小于该结点值，右子树均大于等于该结点值，所以该二叉排序树的中序遍历即为该 n 个数的有序序列。因此，我们可以编写如下代码解决本问题：

```
#include<bits/stdc++.h>
#define LL long long
#define INF 0x7FFFFFFF//or 0x3f3f3f3f?
```

```cpp
using namespace std;

template<class T>inline
void read(T&x)
{
    int f=1;x=0;
    char ch=getchar();
    while(ch<'0'||ch>'9'){if(ch=='-')f=-1;ch=getchar();}
    while(ch>='0'&&ch<='9'){x=x*10+ch-'0';ch=getchar();}
    x*=f;
}
/*============Header Template============*/
const int N=1000+5;

int n,idx,rt;
int a[N],t[N];
int ch[N][2];

void insert(int&x,int val)
{
    if(!x)                              // 一个空结点，将值插入该结点中
    {
        x=++idx;
        t[x]=val;
        return;
    }else{
        if(val<t[x]) insert(ch[x][0],val);   // 进入左子树
        else insert(ch[x][1],val);           // 进入右子树
    }
}

void dfs(int x)                         // 中序遍历该树
{
    if(!x)return;
    dfs(ch[x][0]);
    printf("%d",t[x]);
    dfs(ch[x][1]);
}

int main()
```

```
{
    read(n);
    for(int i=1;i<=n;i++)read(a[i]);
    for(int i=1;i<=n;i++)
        insert(rt,a[i]);                    // 将 n 个数逐一插入树中
    dfs(rt);
    printf("\n");
    return 0;
}
```

但是对于一个有序的数组，我们每次都会沿着一条链插入，并且最终形成一条链，导致构建该排序二叉树的复杂度退化至 $O(n^2)$。为了解决此问题，我们将在以后的学习中学习更加高级的排序二叉树——平衡树，例如 Treap 与 Splay，使复杂度降为 $O(n\log_2 n)$。当然，我们也可以直接对该数组 $a[]$ 进行随机打乱，避免退化成最坏情况。

本章小结

本章介绍了二叉树的概念和基本性质，并讲解了二叉树的基本储存方法及遍历方法。同时，我们也学会了如何将树与二叉树进行转换，学习哈夫曼树、二叉堆、二叉排序树等多种数据结构，解决了许多问题。作为一种特殊的树，二叉树常因其丰富的性质与其简洁性而受到出题人的青睐。因此，熟练掌握二叉树的性质将让我们如虎添翼。

第3章 集合与并查集

在修建道路时,为了让尽可能多的点连通,需要修建连通两个点的公路,这就需要随时询问两个点是否已经连通。

若将已经连通的点看作一个集合,那么修建一条公路的意义,就是合并两个集合,所以如何快速查询两个点是否是属于同一个集合,以及快速地合并两个集合,十分重要。

3.1 集合与并查集

3.1.1 集合与并查集的概念

集合是由一个或多个确定的元素所构成的整体。集合中的元素有如下三个特征:

(1)确定性:一个元素要么属于集合,要么不属于集合。
(2)互异性:集合中的元素互不相同。
(3)无序性:集合中的元素没有先后顺序。

并查集是一个可以维护集合的数据结构,它能高效支持集合的基本操作:

(1)合并两个集合。
(2)查询两个指定元素是否属于同一个集合。

需要注意的是,由于计算机存储结构的限制,并查集维护的集合是离散意义下的集合,而不是广义的集合。集合中的元素是有限的。

3.1.2 集合的存储

1. 数组存储

存储一个集合最简单的方式就是直接用数组。我们将一个集合的所有元素按某种特定顺序存储在数组里。使用数组存储集合,可以支持较丰富的集合操作,但是维护集合的时间复杂度较高,对于几乎所有操作,单次操作的时间复杂度都是和集合大小成正比的。

在C++语言中,我们可以使用STL中的vector来实现数组存储集合。

2. 链表存储

可以模仿数组存储方式，将集合中的元素存储在一个链表里。链表的一大好处是可以避免元素的复制，这对于合并操作是比较有帮助的，在定位元素所在的集合的两端后，直接将两个集合的端点相接即可合并完成。

然而，使用链表维护集合的最坏情况时间复杂度仍然是与集合大小成正比的，在时间效率上还不够优秀。

在 C++ 语言中，我们可以使用 STL 中的 list 来实现链表存储集合。如果题目对时间效率的要求较高，也可以选择自行实现链表。

值得一提的是，假设元素总数是 n，且仅需要支持合并和查询操作，那么上述两种方式可以采用启发式合并的技术（即每次将较小集合合并入较大集合并修改较小集合所有元素的信息）做到总时间复杂度 $O(n\log_2 n)$。虽然单次操作的时间复杂度较高，但是可以证明总时间复杂度是可以接受的。

3. 森林存储

注意到一个元素只可能属于一个集合，所以我们可以为每一个集合 G 选取一个代表元 $w(G)$。于是查询两个元素 u、v 是否属于同一集合实际上就是询问对 u 所属的集合 U 和 v 所属的集合 V，是否有 $w(U)=w(V)$，即集合 U，V 的代表元是否相同。

通过上述转化，我们就把需要维护的信息从比较难以维护的集合转化为了较容易维护的元素。对于每个元素，维护它所属的集合的代表元，查询时直接比较即可。

但是合并时需要改变其中一个集合中所有元素的代表元，时间复杂度仍然非常高，如何优化呢？

注意到，合并操作的复杂度远高于查询操作的复杂度，这启发我们通过一定的方式，提高查询操作的复杂度，降低合并操作的复杂度。

我们并不需要 $O(1)$ 知道每个元素所属集合的代表元，这启发我们用森林来维护代表元。对于每一个元素 x，维护其父亲 fa[x]。特殊地，对于属于一个集合的代表元，有 fa[x]==x。一开始每个元素都是其所在集合的代表元，即 fa[x]=x。

当需要合并两个元素 u 和 v 所在集合时，我们先找到 u、v 所在集合 U、V 的代表元 $w(U)$ 和 $w(V)$，令 fa[w(U)]=fa[w(V)] 或 fa[w(V)]=fa[w(U)]。

如何找到一个元素所在集合的代表元呢？根据上述的合并方式，容易发现，对于一个点 x，我们不停找 x 的父亲，即令 x=fa[x]，直到 x 是代表元时（fa[x]==x）停止，此时 x 就是我们要找的代表元了。

程序代码如下：

```
const int maxn=100000;
int fa[maxn];
int Find(int x)
{
  if(fa[x]==x)return x;
  return Find(fa[x]);
}
void Union(int u,int v)
{
  if(Find(u)!=Find(v))fa[Find(u)]=Find(v);
}
```

不幸的是，上述方法看似优秀，实际上"找代表元"这一操作的最坏情况时间复杂度仍然比较高，因为森林的深度可能比较大。如果我们不停地从一个深度较大的点向上寻找代表元，时间复杂度就令人难以接受。

下面我们来讲讲上述操作的优化操作。

3.2 并查集的基本操作

3.2.1 启发式合并

运用启发式合并的思想，我们尝试每次将较小的集合并入较大的集合。由于要判断集合之间的大小关系，每一个元素需要维护其所在集合的大小。可以证明，在运用启发式合并技术后，并查集的总时间复杂度降至$O(n\log_2 n)$。

相关代码如下：

```
const int maxn=100000;
int fa[maxn],siz[maxn];
int Find(int x)
{
  if(fa[x]==x)return x;
  return Find(fa[x]);
}
void Union(int u,int v)
{
  u=Find(u);v=Find(v);
  if(siz[u]>siz[v])swap(u,v);
```

```
      fa[u]=v;siz[v]+=siz[u];
}
```

3.2.2 路径压缩技术

更进一步地,我们发现集合中只有代表元是有用的,而寻找代表元时经过中间点是冗余的,如果我们将这些中间点在访问过后直接将它们的父亲指向集合的代表元,在后续访问中,就不会产生这一部分的冗余了。

这是一个非常大的优化。可以证明,结合启发式合并技术,并查集运用这种路径压缩技术后时间复杂度是 $O(n\alpha(n))$,其中 $\alpha(n)$ 是阿克曼函数的反函数,增长非常缓慢,在 N 可接受的范围内,一般可以认为是不超过 4 的常数。如果不结合启发式合并技术,在随机数据下可以认为效率接近于 $O(n\alpha(n))$,但是能构造数据,使得其时间复杂度达到上界 $O(n\log_2 n)$。

相关代码如下:

```
const int maxn=100000;
int fa[maxn],siz[maxn];
int Find(int x)
{
  if(fa[x]==x)return x;
  return fa[x]=Find(fa[x]);
}
void Union(int u,int v)
{
  u=Find(u);v=Find(v);
  if(siz[u]>siz[v])swap(u,v);
  fa[u]=v;siz[v]+=siz[u];
}
```

3.3 并查集的应用

【例 3.1】亲戚。或许你并不知道,你的某个朋友是你的亲戚。但如果能得到完整的家谱,判断两个人是否亲戚应该是可行的,你将得到一些亲戚关系的信息,如同 Marry 和 Tom 是亲戚,Tom 和 Ben 是亲戚,等等。从这些信息中,你可以推出 Marry 和 Ben 是亲戚。

请写一个程序,对于我们的关心的亲戚关系的提问,以最快的速度给出答案。

输入格式:

输入由两部分组成:

第一部分以 N 和 M 开始。N 为问题涉及的人的个数($1 \leq N \leq 2 \times 10^4$),这些人的编号为 1, 2, 3, …, N。下面有 M 行($1 \leq M \leq 10^6$),第 i 行有两个数 a_i 和 b_i,表示已知 a_i 和 b_i 是亲戚。

第二部分以 Q 开始。以下 Q 行有 Q 个询问($1 \leq Q \leq 10^6$),第 i 行为 c_i 和 d_i,表示询问 c_i 和 d_i 是否为亲戚。

输出格式:

对于每个询问 c_i 和 d_i,输出一行:若 c_i 和 d_i 为亲戚,则输出 "Yes",否则输出 "No"。

数据范围:

人数不超过 2×10^4,亲戚关系数量不超过 10^6,询问数不超过 10^6。

分析:本题比较简单,可以直接套用并查集的模型,将同一个家族(互为亲戚)的人合并到同一个集合内,询问时只要查询两个人是否属于同一个集合即可作出判断。

参考程序如下:

```cpp
#include<bits/stdc++.h>
using namespace std;

const int N=20000+5;

int n,m;
int f[N];

int find(int x)                         // 并查集,使用路径压缩优化
{
  if(f[x]==x) return x;
  return f[x]=find(f[x]);
}

int main()
{
  int a,b,x,y,Q;
  cin>>n>>m;
  for(int i=1;i<=n;i++) f[i]=i;         // 一开始每个人并查集父亲为自己
  for(int i=1;i<=m;i++)
```

```
    {
        cin>>a>>b;
        x=find(a);
        y=find(b);
        if(x!=y)f[x]=y;          // 两人若不是亲戚,则将其并入一个并查集中
    }
    cin>>Q;
    for(int i=1;i<=Q;i++)
    {
        cin>>x>>y;
        if(find(x)!=find(y))cout<<"No"<<endl;
        else cout<<"Yes"<<endl;
    }// 如果不在一个并查集中,则输出 No,否则输出 Yes
    return 0;
}
```

【**例3.2**】银河英雄传说[1]。宇宙历七九九年,银河系的两大军事集团在巴米利恩星域爆发战争。泰山压顶集团派宇宙舰队司令莱因哈特率领十万余艘战舰出征,气吞山河集团点名将杨威利组织麾下三万艘战舰迎敌。

杨威利擅长排兵布阵。在这次决战中,他将巴米利恩星域战场划分成30000列,每列依次编号为1,2,…,30000。之后,他把自己的战舰也依次编号为1,2,…,30000,让第i号战舰处于第i列($i=1,2,…,30000$),形成"一字长蛇阵",诱敌深入。这是初始阵形。当进犯之敌到达时,杨威利会多次发布合并指令,将大部分战舰集中在某几列上,实施密集攻击。合并指令为m_{ij},含义为第i号战舰所在的整个战舰队列,作为一个整体(头在前尾在后)接至第j号战舰所在的战舰队列的尾部。显然战舰队列是由处于同一列的一个或多个战舰组成的。合并指令的执行结果会使队列增大。

然而,莱因哈特可以通过庞大的情报网络随时监听杨威利的舰队调动指令。莱因哈特为了及时了解当前杨威利的战舰分布情况,也会发出一些询问指令:c_{ij}。该指令意思是,询问电脑,杨威利的第i号战舰与第j号战舰当前是否在同一列中,如果在同一列中,那么它们之间布置有多少战舰。指令最多共有$5×10^5$条。

输入格式:

第1行,一个整数t($1 \leqslant t \leqslant 5×10^5$),表示总共有$t$条指令。

---

[1] 本题选自 NOI 2002。

以下有 t 行，每行有一条指令。指令有两种格式：

（1）m_{ij}：i 和 j 是两个整数（$1 \leq i, j \leq 3 \times 10^4$），表示指令涉及的战舰编号。该指令是莱因哈特窃听到的杨威利发布的舰队调动指令，并且保证第 i 号战舰与第 j 号战舰不在同一列。

（2）c_{ij}：i 和 j 是两个整数（$1 \leq i, j \leq 3 \times 10^4$），表示指令涉及的战舰编号。该指令是莱因哈特发布的询问指令。

输出格式：
你的程序应当依次对输入的每一条指令进行分析和处理：

（1）如果是杨威利发布的舰队调动指令，则表示舰队排列发生了变化，你的程序要注意到这一点，但是不要输出任何信息。

（2）如果是莱因哈特发布的询问指令，你的程序要输出一行，仅包含一个整数，表示在同一列上，第 i 号战舰与第 j 号战舰之间布置的战舰数目。如果第 i 号战舰与第 j 号战舰当前不在同一列上，则输出 -1。

分析： 在维护并查集的同时维护更多的信息。我们使每一艘战舰的 fa 为其所在列的头部的战舰。那么就可以维护每个点到其目前 fa 的距离 dis。在进行 find 操作时，如果修改了某个点的 fa，那么相应的也修改这个点的 dis。更具体地，新的 dis 值为原来的 dis 值加上原来 fa 的 dis 值。查询时，只需先查询两个点是否在同一个集合内，之后答案就是这两个点的 dis 之差。注意在合并的时候，由于要保证每个点的 fa 是其列头的点，所以进行 union 操作时两点的顺序要注意。

设 $n = 3 \times 10^4$，则时间复杂度为 $O(t\alpha(n))$。

参考程序如下：

```cpp
#include<bits/stdc++.h>
using namespace std;
const int N=30000+5;
int f[N],dis[N],sz[N];

int find(int x)
{
    if(f[x]==x)return x;
    int ff=find(f[x]);
    dis[x]+=dis[f[x]];                        // 在并查集时更新 dis 数组
    return f[x]=ff;
}
```

```
  void Union(int x,int y)                         // 将x接到y的后面
  {
    int u=find(x),v=find(y);
    if(u==v)return;
    f[u]=v;dis[u]+=sz[v];
    sz[v]+=sz[u];
  }

  int main()
  {
    int T;
    scanf("%d",&T);
    for(int i=1;i<=30000;++i)f[i]=i,sz[i]=1;      // 初始化
    while(T--)
    {
      char ch[3];int x,y;
      scanf("%s",ch);
      scanf("%d%d",&x,&y);
      if(ch[0]=='M')Union(x,y);                   // 合并操作
      else                                         // 查询操作
      {
        int u=find(x),v=find(y);
        if(u!=v)printf("-1\n");
        else printf("%d\n",abs(dis[x]-dis[y])-1);
      }
    }
    return 0;
  }
```

【例3.3】关押罪犯[1]。S城现有两座监狱,一共关押着 n($1 \leq n \leq 2 \times 10^4$)名罪犯,编号分别为 $1 \sim n$。很多罪犯之间积怨已久,这里用"怨气值"(一个正整数值)来表示某两名罪犯之间的仇恨程度,怨气值越大,则这两名罪犯之间的积怨越多。如果两名怨气值为 c 的罪犯被关押在同一监狱,他们之间会发生摩擦,并造成影响力为 c 的冲突事件。存在仇恨的罪犯对数不超过 10^5。

警察局长在详细考察了 n 名罪犯间的矛盾关系后,准备将罪犯们在两座监狱内重新分配,以求产生的冲突事件影响力都较小。那么,应如何分

---

1)本题选自 NOIP 2010。

配罪犯，才能使 Z 市长看到的那个冲突事件的影响力最小？这个最小值是多少？

输入格式：

第 1 行，两个正整数 n 和 m（$n \leqslant 2 \times 10^4$，$m \leqslant 10^5$），分别表示罪犯的数目以及存在仇恨的罪犯对数。

接下来的 m 行，第 j 行为三个正整数 a_j、b_j、c_j，表示 a_j 号和 b_j 号罪犯之间存在仇恨，其怨气值为 c_j。数据保证 $1 \leqslant a_j < b_j \leqslant n$，$0 < c_j \leqslant 10^9$，且每对罪犯组合只出现一次。

输出格式：

输出共 1 行，为 Z 市长看到的那个冲突事件的影响力。如果本年内监狱中未发生任何冲突事件，请输出 0。

分析：首先，应用贪心的思想，我们将矛盾关系根据仇恨值从大到小排序。这样我们依次将每一对罪犯拆开安放在两个监狱中，直到无法做到为止，所得的结果就是尽可能小的。

如果有两个罪犯要被拆开，那么我们称这两个罪犯互相视为敌人。根据"敌人的敌人是我的朋友"的思想，我们维护每个罪犯其本身以及其敌人的并查集。我们用 x 表示一个罪犯，并用 x' 表示其敌人。注意这里的"敌人"只代表一种关系，而非某个确切的敌人。当要拆开一对罪犯 x 和 y 时，我们在并查集中合并 x 和 y'，同时合并 x' 和 y。如果在合并前发现 x 和 y 已经在一个集合中，或者 x' 和 y' 已经在一个集合中，那么这一对罪犯将无法再被拆开。此时这对关系的仇恨值即为答案。

参考程序如下：

```cpp
#include<bits/stdc++.h>
using namespace std;

const int N=20000+5;
const int M=100000+5;

struct node
{
    int u,v,w;
    bool operator<(const node&x)const           // 重载小于号
    {
        return w>x.w;
    }
}
```

```
}a[M];

int fa[N*2];

int find(int x)                                    // 并查集
{
  if(fa[x]==x) return x;
  return fa[x]=find(fa[x]);
}

int main()
{
  int n,m;
  scanf("%d%d",&n,&m);
  for(int i=1;i<=m;i++) scanf("%d%d%d",&a[i].u,&a[i].v,&a[i].w);
  sort(a+1,a+1+m);// 将矛盾关系根据仇恨值从大到小排序
  for(int i=1;i<=n*2;i++) fa[i]=i;        // 我们用x+n表示x的敌人
                                          //   集合,所以共2n个并查集
  for(int i=1;i<=m;i++)
  {
    int u=a[i].u,v=a[i].v,w=a[i].w;
    int x=find(u);
    int y=find(v);
    if(x==y)// 矛盾发生, 则输出当前的仇恨值
    {
      printf("%d",w);
      return 0;
    }
    fa[x]=find(v+n);                      // 将x与y的敌人集合合并
    fa[y]=find(u+n);                      // 将y与x的敌人集合合并
  }
  printf("0");
  return 0;
}
```

【例3.4】食物链[1]。动物王国中有三类动物 A、B、C,这三类动物的食物链构成了有趣的环形。A吃B,B吃C,C吃A。现有n个动物,以1~n编号。每个动物都是A,B,C中的一种,但是我们并不知道它到底是哪一种。

---

[1] 本题选自 NOI 2001。

有人用两种说法对这N个动物所构成的食物链关系进行描述：
第一种说法是"1 x y"，表示x和y是同类。
第二种说法是"2 x y"，表示x吃y。

此人对n个动物，用上述两种说法，一句接一句地说出k句话，这k句话有的是真的，有的是假的。当一句话满足下列三条之一时，这句话就是假话，否则就是真话。

（1）当前的话与前面的某些真的话冲突，就是假话。
（2）当前的话中x或y比n大，就是假话。
（3）当前的话表示x吃x，就是假话。

你的任务是根据给定的n（$1 \leq n \leq 5 \times 10^4$）和k句话（$0 \leq k \leq 10^5$），输出假话的总数。

输入格式：

第1行，两个整数n和k。

以下k行，每行是三个正整数d、x、y，其中d表示说法的种类：

若d=1，则表示x和y是同类。

若d=2，则表示x吃y。

输出格式：

只有一个整数，表示假话的数目。

分析：不妨对于每只动物i创建3个元素$A(i)$、$B(i)$、$C(i)$分别代表动物i属于集合A、B、C的情况。以这3n个元素创建并查集，两个元素属于同一集合表示这两种情况同时发生或不发生。

对于两种类型的话，

（1）x和y同类：分别合并$A(x)$和$A(y)$、$B(x)$和$B(y)$、$C(x)$和$C(y)$所在集合。

（2）x吃y，分别合并$A(x)$和$B(y)$、$B(x)$和$C(y)$、$C(x)$和$A(y)$所在集合。

在执行合并前，先判断是否已经产生冲突，如果产生冲突，则这句话是假话。

时间复杂度为$O(kα(n))$。

参考程序如下：

```cpp
#include<bits/stdc++.h>
using namespace std;

const int N=50000+5;
```

```
int n,m,ans;
int fa[3*N];

int find(int x)                              // 并查集
{
  if(fa[x]==x) return x;
  return fa[x]=find(fa[x]);
}

void Union(int x,int y)                      // 合并集合
{
  x=find(x);
  y=find(y);
  if(x!=y) fa[y]=x;
}

bool same(int x,int y)                       // 判断是否在同一并查集中
{
  return find(x)==find(y);
}

int main()
{
  scanf("%d%d",&m,&n);
  ans=0;
  for(int i=1;i<=3*m;i++) fa[i]=i;
  for(int i=1,a,x,y;i<=n;i++)
  {
    scanf("%d%d%d",&a,&x,&y);
    if(x>m||y>m)                             //x 或 y 比 n 大, 不符合条件
    {
      ans++;
      continue;
    }
    if(a==1)
    {
    /* 判断 x 和 y 是否存在捕食关系 */
      if(same……..)
        ans++;
      else{
```

```
            union(x,y);//合并A(x)和A(y)
            union(x+m,y+m);//合并B(x)和B(y)
            union(x+2*m,y+2*m);//合并C(x)和C(y)
        }
        else{
            /*判断x和y是否属于同一类或者y吃x的捕食关系*/
            if(same……..)
               ans++;
            else{
               union(x,y+m);//合并A(x)和B(y)
               union(x+m,y+2*m);//合并B(x)和C(y)
               union(x+2*m,y);//合并C(x)和A(y)
            }
        }
    }
    printf….;
    return 0;
}
```

本章小结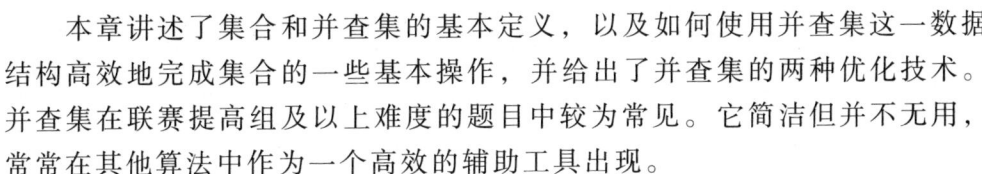

  本章讲述了集合和并查集的基本定义，以及如何使用并查集这一数据结构高效地完成集合的一些基本操作，并给出了并查集的两种优化技术。并查集在联赛提高组及以上难度的题目中较为常见。它简洁但并不无用，常常在其他算法中作为一个高效的辅助工具出现。

第4章 图及其应用

在现实生活中，我们常常遇到一些比树更复杂的问题。例如，小明要从 X 地到 Y 地旅游，中途想顺便到 A、B、C、D 四个城市去看望朋友。其中任意两地之间都有高铁或飞机连接，问小明如何设计行程才能使得他的行程花费最省或时间最省？

我们把 X、Y、A、B、C、D 抽象成点，把两点间用边连接，边的权值为路程的花费或时间的花费，这样就构造了一个具有6个点的网络图，如图4.1所示，那么上面的问题就转化为对该图遍历求最短路的问题了。

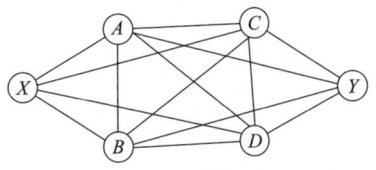

图4.1 路线网络图示例

4.1 图的基本概念

图是一种点与点之间多对多关系所组成的数据结构。图中的点称为**顶点**。点与点所具有的关系称为**边**。例如图4.1中有顶点 A、B、C、D 等，有边 AB、AC、BC、CD 等。

图若用数学语言描述，就是顶点集合和边结合的一种二元关系，描述方法为 $G=(V, E)$。其中 V 为图 G 的点集，E 为图 G 的边集。

点与点的关系，称为**邻接**，如点 A 和点 B 之间有边 AB，则 A 和 B 互称为邻接顶点。

点与边的关系，称为**关联**，如点 A 和点 B 之间有边 AB，则点 A、B 和边 AB 相关联。

通常，有些图中点与点之间的关系是相互的，如图中有边 AB，表示可以由点 A 可到达点 B，也可以由点 B 到达点 A，这样的边称为**无向边**，由无向边构成的图，称为**无向图**。而有些图中点与点之间的关系是单向的，如边 AB 表示只能由点 A 到达点 B，边 BA 表示只能由点 B 到达点 A，这样的边称为**有向边或弧**，由顶点出发的弧称为**出弧**，指向顶点的弧为称为**入弧**，由有向边构成的图称为**有向图**。

本章中的图若没有特殊申明为有向图，默认都为无向图。

对于无向图 $G=(V, E)$ 而言，当 $|E|=|V|(|V|-1)/2$ 时，则意味着任意两个点之间都有一条无向边连接；对于有向图 $G=(V, E)$ 而言，当 $|E|=|V|(|V|-1)$ 时，则意味着任意两个点之间都有一条有向边连接，我们称这样的图为完全图。

简单来说，一个图中任意一对顶点间都有边或弧相连，则这个图为完全图。

在无向图中，与定点相关联的边数，称为顶点的度。图 4.2 中，点 0 的度为 3，点 1 的度为 1，点 2 度为 0，点 3 和点 4 的度都为 2。

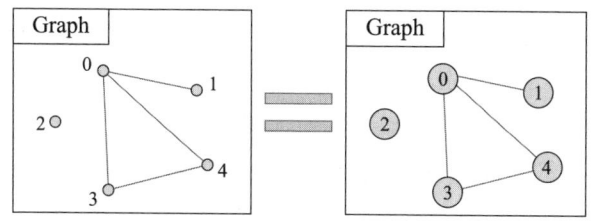

图 4.2 无向图的度[1)]

在有向图中，某个点 v 入弧的条数，称为 v 的入度；出弧的条数，称为 v 的出度。有向图顶点的度为该点出度和入度之和。图 4.3 中，点 4 的入度为 2，出度也为 2，度数为 4。点 7 的入度为 3，出度为 1，度数为 4。

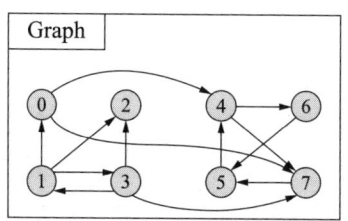

图 4.3 有向图的度[2)]

由于每条边或弧都连接两个顶点，因此每条边或弧对总度数的贡献为 2。所以，

图的总度数 = 边数（或弧数）× 2

若将图 G 删除一些点（同时删去与这个点相连的所有边），则得到图 G 的一个子图 G'。值得注意的是，图 G、空图均是图 G 的子图，如图 4.4 所示。

一张图 G，选择一个点集，以及所有以该点集为端点构成的边所构成的图，称为图 G 的导出子图。

---

1) 来源：演算法笔记。

2) 来源：演算法笔记。

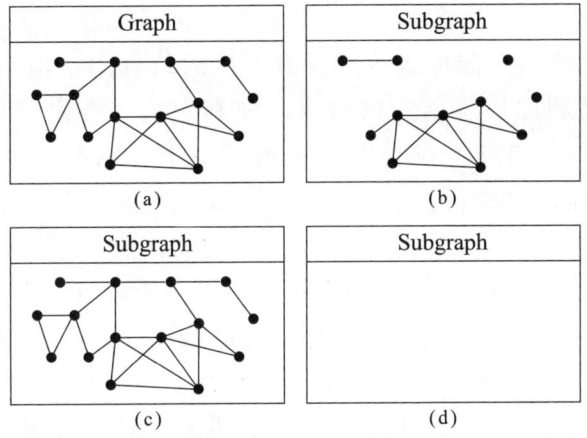

图4.4 原图与子图[1]

对于图 $G=(V, E)$ 和图 $G'=(V', E')$，若图 G 和 G' 的顶点集相同，边集互补（边集互不相同且边集之和为完全图的边），即 $V=V'$，$E \cap E' = \varphi$（空集）且 $E \cup E' = I$（全集），则 G 和 G' 互为互相补图，如图4.5所示。

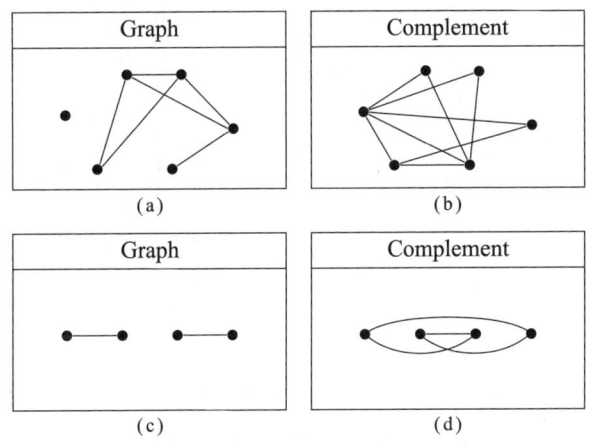

图4.5 原图与补图[2]

4.2 图的存储方法

1. 邻接矩阵

对图的存储，需要存储顶点信息和边的信息。顶点的存储可用顶点的

1）来源：演算法笔记。

2）来源：演算法笔记。

编号表示，而边的存储由于涉及多个属性（包括端点、方向、边权等），因此我们需要设计一个能体现这些所有属性的信息的结构。

邻接矩阵是利用矩阵的二维结构，使其中的一维代表其中一个端点，另一维代表另一个端点（在有向图中则是一维表示起点，另一维表示端点），根据两维的信息所定位到的确切的那一个格子上的信息，可以有多种意义的选择。

我们可以采用邻接矩阵表示图，例如对于矩阵 A，$A(i,j)$ 为矩阵第 i 行第 j 列的元素，$A(i,j)=1$，表示顶点 i 与顶点 j 之间有边相连；$A(i,j)=0$，表示顶点 i 与顶点 j 之间没有边。对于无向图，边 $<i,j>$ 和 $<j,i>$ 等价，因此邻接矩阵是对称矩阵，如图 4.6（a）所示。对于有向图，边 $<i,j>$ 和 $<j,i>$ 是两条不同的边，那么这个邻接矩阵不对称，如图 4.6（b）所示。

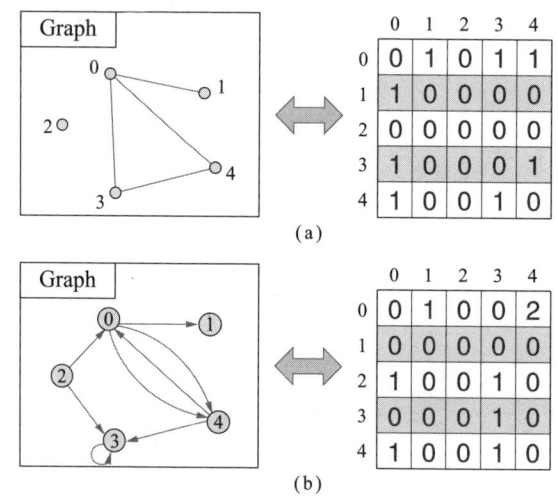

图 4.6　图的邻接矩阵存储[1]

【例 4.1】读入无向图的 m 条边，用邻接矩阵 G 存储顶点间是否有边的信息。

分析：按照上述说明，结合邻接矩阵的定义即可。

```
scanf("%d",&m);
memset(G,0,sizeof(G));
for(int i=1;i<=m;++i)
{
    scanf("%d%d",&x,&y);
    G[x][y]=G[y][x]=1;
}
```

---

[1] 来源：演算法笔记。

2. 权矩阵

若边有权，则用 $A(i, j)$ 存储边 $<i, j>$ 的权；若没有边，则默认为无穷大，如图 4.7 所示。

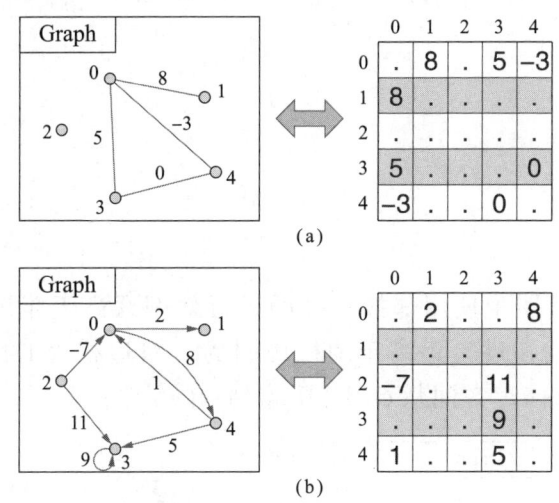

图 4.7　图的权矩阵存储[1]

3. 邻接表

邻接矩阵表示法需要开一个二维数组存储边，空间较大，对于边数较多的稠密图比较合适，但对于点很多，而边不多时，不但浪费空间，而且查找边时需要扫描整行或整列，比较耗时。因此我们还需要设计一个在点与其相连的边之间建立一些联系的数据结构，这样我们才能在需要访问某个顶点的所有边时快速又不遗漏地进行操作。邻接表就是完成这类任务的一个优秀的工具。

对于图 G 中的每个顶点，邻接表把与顶点相连的所有边依次连成一条链，并新建一个元素在顶点与这条链的开端建立一个联系，这样我们可以通过顶点的初始链接访问到与这个顶点相连的第一条边，再沿着这条链依次往后访问下一条边，如图 4.8 所示。

邻接表的构建代码如下：

```
struct edge
{
    int to;          // 这条边的终点
    int next;        // 下条边的编号
```

---

1) 来源：演算法笔记。

```
    int w;                                // 边权
}e[MAXM];
int m,adj[MAXN];
void add(int x,int y,int z)               // 加入一条<x,y>的边，权为z
{
    ++m;
    e[m].to=y;
    e[m].next=adj[x];
    adj[x]=m;
    e[m].w=z;
}
```

注意：在稠密图中使用邻接矩阵的运行效率远高于邻接表，这是因为 CPU 中顺序访问的速度是远高于随机访问的。对边权为 1 的图，可以考虑使用 std::bitset 将储存空间从 $O(n^2)$ 压缩到 $O(n^2/32)$。

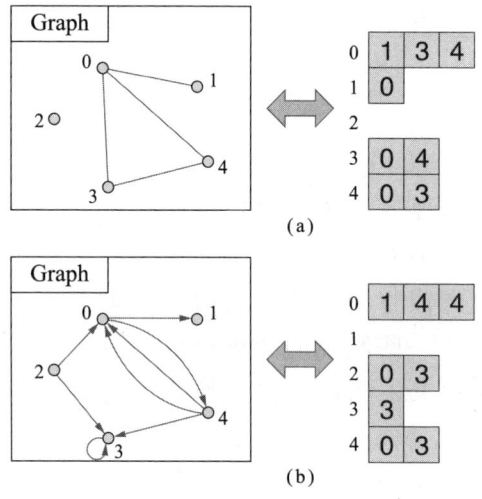

图 4.8　图的邻接表存储[1]

4.3　图的遍历

所谓图的遍历，就是指沿着某条搜索路线，依次对每个顶点进行某些操作的过程。

对遍历的结点，若采用栈或队列的存储，将会影响遍历的结点的次序，从而得到两种不同的遍历方法——深度优先搜索和宽度优先搜索。下面以

1）来源：演算法笔记。

4.3.1 深度优先搜索

深度优先遍历也叫深度优先搜索（Depth First Search，简称DFS或深搜），是基于栈的搜索算法，对图的遍历要求每个点仅遍历一次，若多次遍历同一个点，则算法的时间复杂度将会到指数级别，无法承受。因此我们通常对遍历过的结点打上标记，若该点已遍历，则直接返回。遍历过程见图4.9。

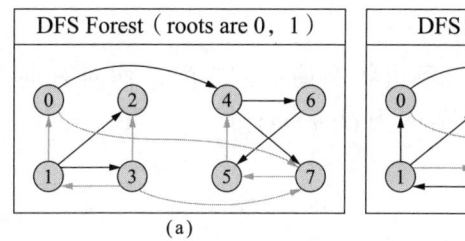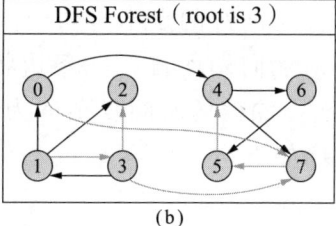

图4.9 深度优先遍历流程图[1]

以结点0、1为根的深度优先遍历过程（图4.9（a））如表4.1所示。

表4.1 以结点0、1为根的深度优先遍历过程

当前访问	入栈结点	出栈结点	栈内结点	说 明
0	0		0	以0为根开始遍历
4	4		0, 4	
6	6		0, 4, 6	
5	5		0, 4, 6, 5	
		5	0, 4, 6	5的儿子全部遍历，弹栈
		6	0, 4	6的儿子全部遍历，弹栈
7	7		0, 4, 7	
		7	0, 4	7遍历完毕，弹栈
		4	0	4遍历完毕，弹栈
		0	栈 空	0遍历完毕，弹栈
1	1		1	以1为根开始遍历
2	2		1, 2	
		2	1	2遍历完毕，弹栈
3	3		1, 3	

---

[1] 来源：演算法笔记。

续表4.1

当前访问	入栈结点	出栈结点	栈内结点	说　明
		3	1	3遍历完毕，弹栈
		1	栈　空	1遍历完毕，弹栈

同理，以结点3为根的深度优先遍历顺序为3，1，0，4，6，5，7，2，如图4.9（b）所示。

不难发现，整个遍历过程具有如下两个特点：

（1）每次只对栈顶元素进行拓展。

（2）已经访问过的点不再访问。

这样，对无向图而言，一条边将会遍历到2次，而对有向图，每条边只会遍历1次。深搜的时间复杂度为 $O(n+m)$。

参考程序如下：

```
bool vis[MAXN];                    // 记录访问状态。false 表示未
                                   //   被访问，true 表示已访问
bool G[MAXN][MAXN];                // 采用邻接矩阵存储
void dfs(int p)
{
  vis[p]=true;
  for(int i=1;i<=n;++i)            // 对每个顶点进行具体的操作
  {
    if(!G[p][i])continue;          // 无法从 p 到达 i，表示没有边
    if(vis[i])continue;            // i 已经被访问过
    dfs(i);
  }
}
```

【例4.2】素数环[1]。输入 n（$2 \leqslant n \leqslant 20$），把1到 n 这 n 个数摆成一个环，要求相邻的两个数的和是一个素数。输出任意一个合法答案。

输入格式：

1行，一个数 n。

输出格式：

1到 n 的一个排列，表示一个环。如果无解，则输出 −1。

输入样例：

　　4

---

[1] 本题选自 NOI 题库 P1153。

输出样例：
  1 2 3 4
数据范围：
$2 \leqslant n \leqslant 20$。

分析：这道题我们可以把 $1 \sim n$ 中的每一个数字看作顶点，两个数字的和为素数就看作这两个顶点之间存在一条边。本题可以转化为求出无向图的含 n 个点的环。

用深搜实现。找到一组合法的解即可输出并退出。但不难发现，有解时遍历比较快，无解时，算法的时间复杂度较高。

可以证明，当 n 为大于 1 的奇数时，这样的素数环是不存在的。因为 $1 \sim n$ 中两个数的和一定大于 2，且有 $n/2$ 个偶数和 $n/2+1$ 个奇数，长度为 n 的环，至少有一组相邻的数之和是偶数。

加上这个特判以后，就可以通过这道题了。

参考程序如下：

```
bool vis[MAXN],G[MAXN][MAXN],flag;
int p[MAXN],n;
bool check(int x)                          // 素数判定
{
  if(x<2)return false;
  for(int i=2;i*i<=x;++i)
    if(x%i==0)return false;
  return true;
}
void dfs(int st)
{
  if(flag)return;                          // 找到解
  if(st==n+1)                              // 递归边界
  {
    if(G[p[n]][p[1]]){flag=true;return;}
    return;
  }
  for(int i=1;i<=n;++i)                    // 递归深度搜索
  {
    if(vis[i])continue;
    if(st>1&&!G[p[st-1]][i])continue;
    p[st]=i;
    vis[i]=true;
```

```
      dfs(st+1);
      if(flag)return;
      vis[i]=false;
    }
  }
}
int main()
{
  scanf("%d",&n);
  if(n&1){printf("-1\n");return 0;}
  for(int i=1;i<=n;++i)
    for(int j=1;j<=n;++j)
      G[i][j]=check(i+j);
  flag=false;
  dfs(1);                                                   //输出
  if(flag)
  {
    for(int i=1;i<=n;++i)printf("%d",p[i]);
    printf("\n");
  }else
    printf("-1\n");
  return 0;
}
```

4.3.2 宽度优先搜索

深搜的特点是每次遍历的点直接往下搜索，是否可以每次将一个点所有邻接点都遍历完再往下搜索呢？这就是下面要介绍的宽度优先搜索方法。

宽度优先搜索（Breadth First Search，简称BFS或宽搜），又称广度优先搜索。通过BFS我们可以得到一张分层图，其中在同一轮中扩展的点组成了一层。显然一张分层图只有同一层以及相邻层中的点可以相互连边。BFS分层思想在很多题目中有重要作用。

对图4.10进行宽搜遍历的结点顺序如下：

（1）以0、1为根的宽度优先遍历序列为0，4，7，6，5，1，2，3。

（2）以1为根的宽度优先遍历序列为1，0，2，3，4，7，6，5。

（3）以3为根的宽度优先遍历序列为3，1，2，7，0，5，4，6。

（4）以6、2、3为根的宽度优先遍历序列为6，5，4，7，2，3，1，0。

具体遍历流程分析不再赘述。

4.3 图的遍历

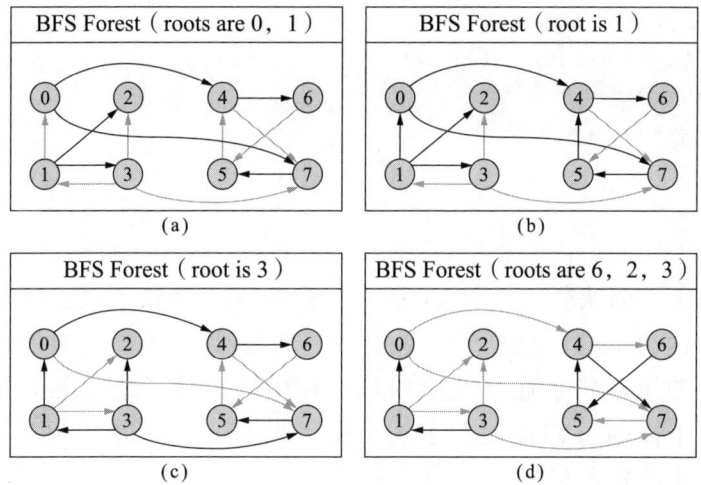

图4.10 宽度优先遍历流程[1]

BFS是基于队列存储结点的遍历，为了防止一个元素入队多次，我们依然要对访问的结点打上访问标记，以保证BFS不会多次重复访问结点。

算法的流程：对于每一个连通块先找一个结点作为搜索树的根，并将其入队。重复进行的如下操作，直到对列为空：

（1）取出队头元素，遍历以它为起点的所有边，并检查这些边引向的终点是否入队，若没有，则可以将这个新的顶点加入队列尾部，并将该点标记为入队。

（2）将队头元素移出队列。

参考程序如下：

```
for(int s=1;s<=n;++s)
{
  if(vis[s])continue;              //s 未被访问过，对 s 所在的连通快
                                   //  以 s 为根结点进行宽度优先搜索
  int front=1,rear=1;              //front 队头指针，rear 队尾指针
  q[1]=s;
  vis[s]=true;
  for(;front<=rear;)               // 扫描队列
  {
    int u=q[front++];
    for(int i=adj[u];i;i=e[i].next)
    {
```

1）来源：演算法笔记。

```
            int v=e[i].to;
            if(vis[v])continue;
            vis[v]=true;
            q[++rear]=v;
        }
    }
}
```

【例4.3】连通块[1]。一个 $n \times m$ 的方格图，一些格子被涂成了黑色，在方格图中被标为1，白色格子标为0。问有多少个四连通的黑色格子连通块。四连通的黑色格子连通块指的是一片由黑色格子组成的区域，其中的每个黑色格子能通过四连通的走法（上下左右），只走黑色格子，到达该连通块中的其他黑色格子。

输入格式：

第1行，两个整数 n、m（$1 \leqslant n, m \leqslant 100$），表示一个 $n \times m$ 的方格图。接下来 n 行，每行 m 个整数，分别为0或1，表示这个格子是黑色还是白色。

输出格式：

一行，一个整数 ans，表示图中有 ans 个黑色格子连通块。

输入样例：

　　3 3
　　1 1 1
　　0 1 0
　　1 0 1

输出样例：

　　3

数据范围：

$1 \leqslant n, m \leqslant 100$。

分析：这道题直接调用宽度优先搜索即可，将方格看作顶点，四连通的格子间看作有边相连即可。

参考程序如下：

```
const int MAXN=105;
const int d[4][2]={{1,0},{0,1},{-1,0},{0,-1}};  // 搜索四个方向
int a[MAXN][MAXN],n,m;
bool vis[MAXN][MAXN];
```

1）本题选自 NOI 题库 P1112。

```
struct poi
{
  int x,y;
}q[MAXN*MAXN];

int main()
{
  scanf("%d%d",&n,&m);
  for(int i=1;i<=n;++i)
  for(int j=1;j<=m;++j)scanf("%d",&a[i][j]);
  int ans=0;
  for(int i=1;i<=n;++i)
  for(int j=1;j<=m;++j)                              // 遍历所有的连通块
  {
    if(vis[i][j]||!a[i][j])continue;
    int front=1,rear=1;
    q[1].x=i,q[1].y=j;vis[i][j]=true;                // 初始化第一个被
                                                     //   访问的结点
    ++ans;
    for(;front<=rear;)                               // 对每一个连通块进行宽度优先遍历
    {
      int x=q[front].x,y=q[front].y;
      ++front;                                       // 删除队头
      for(int k=0;k<4;++k)
      {
        int _x=x+d[k][0],_y=y+d[k][1];               // 更新搜索方向
        if(_x<1||_y<1||_x>n||_y>m)continue;          // 边界判定
        if(vis[_x][_y]||!a[_x][_y])continue;         // 是否已经被访问
        ++rear;                                      // 插入队尾
        q[rear].x=_x,q[rear].y=_y;
        vis[_x][_y]=true;                            // 打上访问标记
      }
    }
  }
  printf("%d\n",ans);
  return 0;
}
```

4.4 图的连性问题

4.4.1 无向图的连通分量

连通分量是指一个无向图的一个极大连通子图,连通分量中的任意两个点都存在一条路径可以直接或间接互相到达。

对于一个无向图,如何求出它的所有连通分量呢?

算法一:采用图的搜索算法。对于一个没有访问过的点,我们从这个点开始DFS,访问所有还没有访问过的点,每访问到一个点,我们就将其标记为已访问。在某一个点DFS结束时,所有在这一轮访问到的点就在一个连通分量中。显然该算法的时间复杂度为$O(n+m)$。

参考程序如下:

```
const int MAXN=500;
int fa[MAXN];
int vis[MAXN];
int root;
void dfs(int x)
{
  vis[x]=1;
  fa[x]=root;
  for(int i=adj[x];i;i=e[i].next)
  {
    if(!vis[e[i].to])dfs(e[i].to);    //若未访问过,则遍历之
  }
}
for(int i=1;i<=n;i++)                 //对每一个点都进行访问,
                                      //  确保走到了每一个连通分量
  if(!vis[i])
  {
    root=i;
    dfs(root);
  }
```

算法二:采用并查集,通过扫描所有的边,不断合并两个连通分量。该算法的时间复杂度也为$O(n+m\alpha(n))$。

参考程序如下:

```
const int MAXN=100;
int u[MAXN],v[MAXN];
```

```
int fa[MAXN];
int n,m;
void Find(int x)                             // 压缩路径并查集
{
  return fa[x]==x?x:fa[x]=Find(fa[x]);
}
int main()
{
  scanf("%d%d",&n,&m);
  for(int i=1;i<=m;i++)scanf("%d%d",&u[i],&v[i]);
  for(int i=1;i<=n;++i)fa[i]=i;              // 初始化
  for(int i=1;i<=m;++i)fa[Find(u[i])]=Find(v[i]); // 按边合并
}
```

思考：在对图遍历后，能否快速判断某个连通分支是一棵树？

【例4.4】 无向图的连通分量[1]。给出一个无向图，求图的连通分量（连通分量个数）。

数据范围：

$1 \leqslant n$, $m \leqslant 10^4$。

分析：我们可以使用上文中介绍的算法来求得无向图的连通分量。时间和空间复杂度均为 $O(n+m\alpha(n))$。

参考程序如下：

```
int getfa(int x)
{
  return (fa[x]==x?x:fa[x]=getfa(fa[x]));
}

int main()
{
  scanf("%d%d",&n,&m);
  int x,y;
  for(int i=1;i<=n;++i)fa[i]=i;
  for(int i=1;i<=m;++i)
  {
    scanf("%d%d",&x,&y);
    x=getfa(x);
    y=getfa(y);
```

1）本题选自 XJOI 1056。

```
            if(x!=y)fa[x]=y;              // 每次将该条边连接的两个连通块进行合并
    }
    int ans=0;
    for(int i=1;i<=n;++i)ans+=getfa(i)==i;
    printf("%d\n",ans);
    return 0;
}
```

【例4.5】国家宝藏[1]。某宝藏区域是个 $N \times N$（$1 \leqslant N \leqslant 1000$）的矩形方块。每个方块可能放置的是宝物或者是不可翻越的障碍。当某个方块放的是宝物时，如果其上下左右的某个方块放置的亦是宝物时，则两个方块则被认为是互相连通的。ZY想拿走所有的宝物，但单凭他一个人的力量不够，因此他需要邀请一些朋友来帮忙，让一个人占据一个连通块，那么他到底要叫多少个人来呢？

输入格式：

第1行，一个整数 n。

下面 n 行，每行 n 个数，为0表示可能是宝物的存放地，为1表示障碍。

输出格式：

连通块的个数。

分析：将读入的网格图的包含0的格子看作点，给任意两个相邻包含0的格子连一条边。问题转化为求无向图的连通分量。时间和空间复杂度均为 $O(n^2)$。

参考程序如下：

```
const int maxn=1000+5;
bool mat[maxn][maxn];

struct Point
{
    int x,y;
    Point(int a,int b):x(a),y(b){}
};

int n;
queue<Point>Q;
int dx[]={-1,0,1,0};
```

---

1) 本题选自 XJOI 1807。

```
int dy[]={0,1,0,-1};

void bfs(int i,int j)
{
  int na,nb;
  mat[i][j]=true;
  Q.push(Point(i,j));
  while(!Q.empty())
  {
    int a=Q.front().x,b=Q.front().y;
    Q.pop();
    for(int i=0;i<4;i++)            // 上下左右四个方向进行宽度遍历
    {
      na=a+dx[i];nb=b+dy[i];
      if(na>=0&&nb>=0&&na<n&&nb<n&&!mat[na][nb])
      {
        mat[na][nb]=true;
        Q.push(Point(na,nb));
      }
    }
  }
}

int main()
{
  int t,i,j,cnt=0;
  scanf("%d",&n);
  for(i=0;i<n;i++)                  // 数据读入
    for(j=0;j<n;j++)
    {
      scanf("%d",&t);
      if(t==1)mat[i][j]=true;
      else mat[i][j]=false;
    }
  for(i=0;i<n;i++)
    for(j=0;j<n;j++)
      if(!mat[i][j])
      {
        cnt++;                      // 找到一个连通块，进行bfs
        bfs(i,j);
```

```
        }
    printf("%d\n",cnt);
    return 0;
}
```

4.4.2 有向图的强连通分量

类似无向图的连通分量，我们可以在有向图上定义强连通分量。

强连通分量是指有向图的一个极大连通子图，强连通分量中任意两个点都存在一条路径可以直接或间接互相到达。

特别地，有向图 G 中，若对于 $V(G)$ 中任意两个不同的顶点 u 和 v，都存从 u 到 v 以及从 v 到 u 的路径，则称 G 是强连通图。

在无向图中，如果点 u 可以到达点 v，那么点 v 也一定能到达点 u，但是在有向图中却不一定是这样。那么，如何求有向图的强连通分量？是否可以套用求无向图的连通分量的方法呢？

一个比较直接的思路是，对于任意一对点 $(u，v)$，采用深搜或宽搜的方法求出 u、v 是否可以互相到达。

我们可以新建一个无向图 G'，如果 u 可以到达 v 且 v 可以到达 u，就在 G' 中连接一条边 $(u，v)$。这样对无向图 G' 的连通分量就对应有向图 G 的一个强连通分量。这个算法的时间复杂度为 $O(nm)$，比较直观，但不够优秀。

下面我们介绍求强连通分量的 Tarjan 算法，该算法由著名的计算机科学家 Robert E.Tarjan 提出，时间复杂度可以做到 $O(n+m)$。

Tarjan 算法是基于深搜的算法，每个强连通分量为搜索树中的一棵子树。搜索时，把当前搜索树中未处理的结点加入堆栈，回溯时就可以判断栈顶到栈中的结点是否为一个强连通分量。

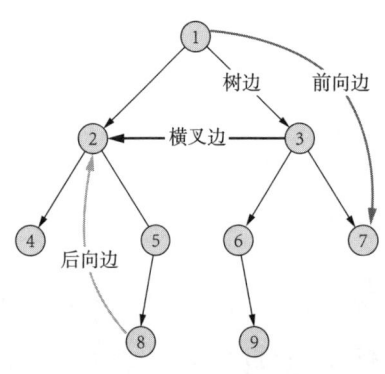

图 4.11 图的非树边

为了描述方便，我们对图的边进行一些定义。一棵 DFS 树被构造出来后，考虑图中的非树边，对边定义如下（图 4.11）：

前向边：祖先→儿子的边。

后向边：儿子→祖先的边。

横叉边：没有祖先、儿子关系的边（注意横叉边只会往 dfn 减小的方向连接）。

定义：

$dfn[u]$：记录结点 u 在 DFS 过程中被遍历到的次序号（时间戳）。

low[u]：记录结点 u 或 u 的子树能够追溯到的 dfn 最小的值（栈中标号的最小点）。

按定义，low[u] 的计算如下：

$$\text{low}[u] = \min \begin{cases} \text{dfn}(u), \text{low}(v), (u, v) \text{为树枝边,} u \text{为} v \text{的父节点} \\ \text{dfn}(v), (u, v) \text{为指向栈中节点的后向边（非横叉边）} \end{cases}$$

定理：当 dfn[u]=low[u] 时，以 u 为根的搜索子树上所有结点构成一个强连通分量。

证明：dfn 表示 u 点被 DFS 到的时间，low 表示 u 和 u 所有的子树所能到达的点中 dfn 最小值。dfn[u]=low[u]，这说明 u 点及 u 的子树结点最多只有指向 u 点的边，而没有指向 u 的祖先的边了。显然，遍历过的结点从 u 出发又最终回到 u 形成了一个环，即 u 点与它的子孙结点构成了强连通分量。

参考程序如下：

```
const int MAXN=100000;
int dfn[MAXN],low[MAXN],stk[MAXN],instack[MAXN];
int index,top;

void dfs(int u)
{
  dfn[u]=low[u]=++index;
  stk[++top]=u;
  instack[u]=1;                 //压入栈
  for(int i=adj[x];i;i=e[i].next)
  {
    if(!dfn[e[i].to])           //访问新的结点，这条边是DFS树的树边
    {
      dfs(e[i].to);
      low[x]=min(low[x],low[e[i].to]);        //更新low数组
    }
    else
    if(!instack[x])             //访问到一个未加入任何强连通分量的
                                  结点，这条边是返祖边
      low[x]=min(low[x],dfn[e[i].to]);
  }
  if(dfn[x]==low[x])            //找到了一个强连通分量
  {
    while(stk[top]!=x)instack[stk[top]]=0,fa[stk[top--]]=x;
    instack[stk[top]]=0;
    fa[stk[top--]]=x;
```

            }
        }

【例4.6】受欢迎的牛[1]。每一头牛的愿望就是变成一头最受欢迎的牛。现在有 N 头牛，给你 M 对整数 (A, B)，表示牛 A 认为牛 B 受欢迎。这种关系是具有传递性的，如果 A 认为 B 受欢迎，B 认为 C 受欢迎，那么牛 A 也认为牛 C 受欢迎。

你的任务是求出有多少头牛被所有的牛认为是受欢迎的。

输入格式：

第 1 行，两个数 N 和 M。

接下来 M 行，每行两个数 A 和 B，意思是 A 认为 B 是受欢迎的。

输出格式：

一个数，即有多少头牛被所有的牛认为是受欢迎的。

输入样例：

    3 3
    1 2
    2 1
    2 3

输出样例：

    1

数据范围：

$n, m \leq 10^5$。

分析：首先考虑求出所有的极大强连通分量，显然一个分量内的牛是相互"受欢迎"的。考虑将每个分量看作一个点，以原图中端点属于不同分量的点为边组成新的图 G，那么显然 G 中是没有环的（否则与极大的条件矛盾），这样图必定存在至少一个点出度为 0，如果有多个点出度为 0，那么答案显然为 0（这些点之间显然无法直接或间接存在"受欢迎"关系）。如果只有一个点出度为 0，那么只要满足所有点都能到达它即可，否则答案为 0。如果上述条件均满足，那么答案就是该点对应的原分量中的点数。

本题所使用的求出强连通分量并且缩点构建新图的思路，在图论题目有广泛的应用。

参考程序如下：

    struct E

---

[1] 本题选自 USACO 2003 Fall。

```cpp
{
    int x,y;
}edge[M];
map<pair<int,int>,int>g;
void add(int x,int y)
{
    if(x==y)return;
    ter[++e]=y;next[e]=lnk[x];lnk[x]=e;b[y]++;c[x]++;
}
void tarjan(int p)
{
    dfn[p]=low[p]=++cnt;vis[p]=false;
    stack[++top]=p;instack[p]=true;
    for(int i=lnk[p];i;i=next[i])if(vis[ter[i]])
    {
        tarjan(ter[i]);
        low[p]=min(low[p],low[ter[i]]);
    }else
    if(instack[ter[i]])low[p]=min(low[p],dfn[ter[i]]);
    if(dfn[p]==low[p])
    {
        tot++;
        while(stack[top+1]!=p)              // 找到一个完整的强连通分量
        {
            instack[stack[top]]=false;
            num[tot]++;
            uni[stack[top]]=tot;            // 将强连通分量中的点标记为
                                            //   属于该强连通分量
            top--;
        }
    }
}
int main()
{
    scanf("%d%d",&n,&m);
    for(int i=1;i<=m;i++)scanf("%d%d",&edge[i].x,&edge[i].y);
    e=0;
    memset(b,0,sizeof(b));
    for(int i=1;i<=m;i++)add(edge[i].x,edge[i].y);
    memset(vis,true,sizeof(vis));
```

```
    memset(instack,false,sizeof(instack));
    memset(num,0,sizeof(num));
    cnt=tot=top=0;
    for(int i=1;i<=n;i++)if(vis[i])tarjan(i);
    e=0;
    memset(lnk,0,sizeof(lnk));
    memset(next,0,sizeof(next));
    memset(b,0,sizeof(b));
    memset(c,0,sizeof(c));                  //将原有的边全部删去
    for(int i=1;i<=m;i++)
    {
       int x=uni[edge[i].x],y=uni[edge[i].y];
       /* 按照原图中点所在的强连通分量标号为整张图重连边,
          缩点的实现方法即在这一步体现
       */
       if(!g[mp(x,y)])g[mp(x,y)]++,add(x,y);
    }
    int ans=0,tmp;
    for(int i=1;i<=tot;i++)if(!c[i])ans++,tmp=num[i];
    if(ans>1)printf("0");else printf("%d",tmp);
    return 0;
}
```

4.4.3 割　点

对于无向图 G，如果删除某个点 u 后，连通分量数目增加，则称点 u 是图 G 的割点。

如何求割点呢？一种简单的办法是采取枚举每个点，删除后用 DFS 求连通分量的办法，这样时间复杂度为 $O(nm)$，显然不很优。

我们把在结点 a 为根的子树（不包括 a）的点集记为 $S(a)$，把不在 a 为根的子树中的点集记作 $T(a)$。

观察图 4.12 中的点 2，如果将它删除，那么点 4 可通过 $S(2)$ 中的返祖边和 $T(2)$ 连通，删除 2 对它没有影响；但 $S(2)$ 中的点 5，由于点 5 没有返祖边，因此和 $T(2)$ 不连通，即点 2 是割点。

总结一下，得到如下结论：

对于某点 u，若 $S(u)$ 中存在至少一点 v，满足 v 与 $T(u)$ 之间没有任何边，则 u 是割点。

具体实现上，我们可以利用 Tarjan 算法记录 dfn[u] 和 low[u]。于是问

题转化成，结点 u 是否存在一个儿子 v，使得 $low[v] \geq dfn[u]$。我们只需一次 DFS 即可，总时间复杂度为 $O(n+m)$。

注意：对根必须单判，根要有至少两个子树才能算作割点。

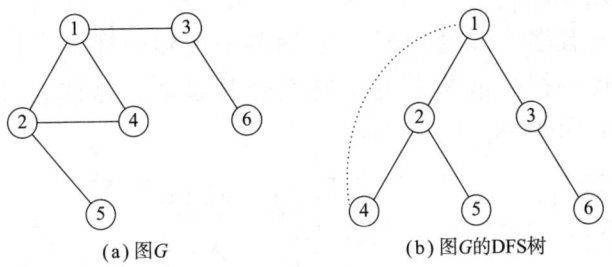

图4.12 图的割点

参考程序如下：

```
const int MAXN=100000;
int dfn[MAXN],low[MAXN],g[MAXN];
int index,top,root;
void dfs(int u)
{
  int cnt=0;
  dfn[u]=low[u]=++index;
  stk[++top]=u;
  instack[u]=1;
  for(int i=adj[x];i;i=e[i].next)
  {
    if(!dfn[e[i].to])                        //Tarjan算法
    {
      dfs(e[i].to);
      cnt++;
      low[x]=min(low[x],low[e[i].to]);
      if(low[e[i].to]>=dfn[c]&&x!=root)g[x]=1;
                                             // 找到一个割点
    }else
    if(!instack[x])
    {
      low[x]=min(low[x],dfn[e[i].to]);
    }
  }
  if(x==root&&cnt>1)g[x]=1;                  // 特判单点的情况
}
```

4.5 无向图的生成树

生成树简单的来说就是一个与原图点集相同的、形态满足树结构的子图，如图4.13所示。

当一个图上有多个连通块时，显然不是找到一棵生成树，而是可以对每一个连通块找一棵生成树，并把它们合并起来，这样就可以生成一个生成森林，如图4.14所示。

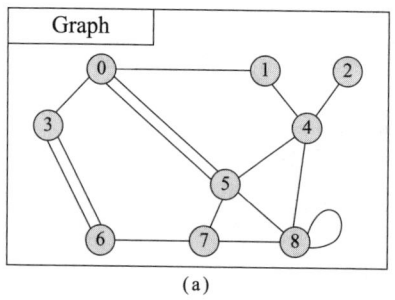
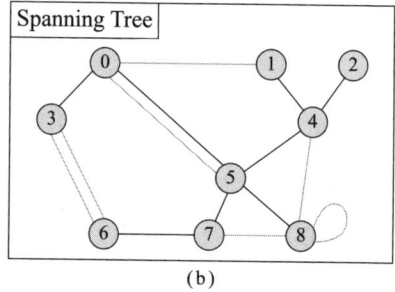

图4.13 生成树[1]

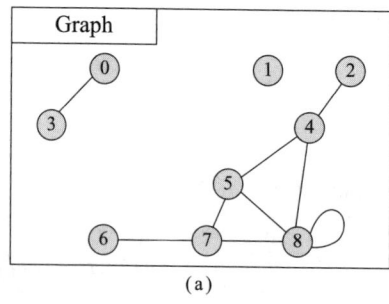
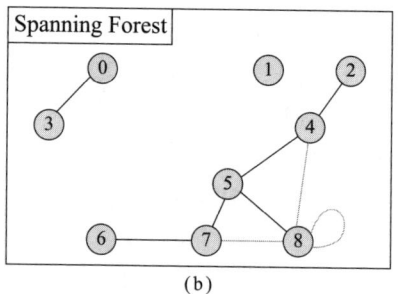

图4.14 生成森林[1]

若图的边有权值，则生成树的边也有权，那么最小生成树就是边权和最小的生成树。一张图的最小生成树可能有若干棵，最小生成树模型在平时生活中应用广泛，接下来就让我们学习一下最小生成树的两个经典算法。

4.5.1 Prim算法

普里姆（Prim）算法的核心思想是每次确定一个点。

初始化：从图 G 中任取一个点作为起点（或生成树的根），并将它标记为确定的点。

1）来源：演算法笔记。

4.5 无向图的生成树

重复如下步骤：

（1）枚举所有已标记的点 u 和所有未标记的点 v，选择最小权值的边 $<u, v>$。

（2）将 v 标记为确定的点，将边 $<u, v>$ 标记为确定的边，权值加入答案。

直到图 G 的 n 个点都被标记为止，由标记的边就构造出了一棵最小生成树。

可以看出，n 个顶点的图共需要标记 n 次，因此该算法的时间复杂度为 $O(n^2)$。

参考程序如下：

```
bool vis[MAXN];
int dis[MAXN],G[MAXN][MAXN];
int ans=0;                      // 最小生成树的权
vis[1]=true;
for(int i=1;i<=n;++i)dis[i]=G[1][i];
dis[0]=inf;
for(int i=1;i<n;++i)
{
  int k=0;
  for(int j=1;j<=n;++j)           // 寻找与当前已构造完的生成树最近的点
  {
    if(vis[j])continue;
    if(dis[j]<dis[k])k=j;
  }
  ans+=dis[k];
  vis[k]=true;
  for(int j=1;j<=n;++j)           // 更新其他点到生成树的距离
  {
    if(G[k][j]<dis[j])dis[j]=G[k][j];
  }
}
```

优化：在选择最小边权时，我们可以借助优先队列快速选边。对每次确定的点，将所有与该点连接的边全部加入到优先队列（最小堆），那么我们每次只要从堆顶取边值即可，取到值后将堆顶删除（含义为确定一个点），重复取 $N-1$ 次即可构造出一棵最小生成树。这样时间复杂度为 $O(n\log_2 m)$。

参考程序如下：

```
dis[1]=0;q.push((node){0,1});         //q 为已定义好的小根堆
```

```
while(!q.empty())
{
  node x=q.top();q.pop();
  if(vis[x.u])continue;
  vis[x.u]=1;ans+=x.d;
  for(int i=lnk[x.u];i;i=nxt[i])
    if(dis[ter[i]]>w[i])      // 如果相邻点能够被更新就重新再推入堆中
      dis[ter[i]]=w[i],q.push((node){dis[ter[i]],ter[i]});
}
```

4.5.2 Kruskal 算法

克鲁斯卡尔（Kruskal）算法的核心思想是 G 每次确定一条边。

初始化：将图 G 中的 m 条边从小到大进行排序，同时将图 G 中的顶点设置为 n 个单独的集合（并查集初始化）。

重复以下操作：

（1）依次从排序队列中选择一条边，记为 $<u, v>$，检查 u 和 v 是否属于同一个集合，若是，则舍弃这条边。

（2）否则，将边 $<u, v>$ 标记为确定的边，权值加入答案，同时将 u 和 v 所在的集合合并为一个集合（并查集合并）。

直到图 G 中有 $n-1$ 条边被标记为止，由被标记的边就构造出一棵最小生成树。

由于并查集时间复杂度很低，Kruskal 算法的复杂度瓶颈在于最开始的排序，因此时间复杂度为 $O(m\log_2 m)$。但在一些特殊情况下，比如边权值域很小，可以使用基数排序等算法，或者是题中的边本身就有序给出，那么时间复杂度就差不多为 $O(m\alpha(n))$ 了。

参考程序如下：

```
struct edge
{
  int x,y,z;
}e[MAXM];
inline bool cmp(const edge&a,const edge&b)
{
  return a.z<b.z;
}
int fa[MAXN],n,m;
int main()
```

```
{
   int ans=0;                                   // 生成树权值
   scanf("%d%d",&n,&m);
   for(int i=1;i<=m;i++)
      scanf("%d%d%d",&e[i].x,&e[i].y,&e[i].z);
   for(int i=1;i<=n;++i)fa[i]=i;                // 并查集初始化
   sort(e+1,e+m+1,cmp);                         // 将边权从小到大排序
   for(int i=1;i<=m;++i)
   {
      int x=getfa(e[i].x),y=getfa(e[i].y);      // 并查集合并
      if(x==y)continue;                         // 两个点属于同一集合则去掉
      ans+=e[i].z;                              // 累加答案
      fa[x]=y;                                  // 并查集合并
   }
}
```

【例4.7】 货车运输[1]。A国有 n 座城市，编号从1到 n，城市之间有 m 条双向道路。每一条道路对车辆都有重量限制，简称限重。现在有 q 辆货车在运输货物，司机们想知道每辆车在不超过车辆限重的情况下，最多能运多重的货物。

输入格式：

第1行，两个整数 n 和 m，表示A国有 n 座城市和 m 条道路。

接下来 m 行，每行3个整数 x、y、z，表示从 x 号城市到 y 号城市有一条限重为 z 的道路。注意：x 不等于 y，两座城市之间可能有多条道路。

接下来一行，有一个整数 q，表示有 q 辆货车需要运货。

接下来 q 行，每行两个整数 x、y，表示一辆货车需要从 x 城市运输货物到 y 城市，注意：x 不等于 y。

输出格式：

共有 q 行，每行一个整数，表示对于每一辆货车，它的最大载重是多少。如果货车不能到达目的地，输出 -1。

数据范围：

对于30%的数据，$0 < n \leq 1000$，$0 < m < 10^4$，$0 < q < 1000$。

对于60%的数据，$0 < n \leq 1000$，$0 < m < 5 \times 10^4$，$0 < q < 1000$。

对于100%的数据，$0 < n \leq 10^4$，$0 < m < 5 \times 10^4$，$0 < q < 3 \times 10^4$，$0 \leq z \leq 10^5$。

1）本题选自 NOIP 2013。

分析：这道题中，回答询问的两点之间的最小限重最大的路径，实际上就是最大生成树上的路径。

反证法：假设最大生成树上路径上的最小限重为 x，因为如果存在一条最小限重大于 x 的路径，即路径上每条边的边权都大于 x，那么这条路径上一定存在一条非树边，它与树边能够构成一个包含起码一条边权等于 x 的树边的环，这个时候，我们只要将任意一条边权等于 x 的树边替换为这条边权大于 x 的边，就能够构造出一棵更"大"的生成树，这与假设不符，得出矛盾。

因此，这道题我们只需要求出最大生成树，算法与最小生成树类似。再用倍增法预处理出每个顶点往上跳若干步的最小限重，用类似于倍增求 LCA 的方法在 $\log_2 n$ 的时间内求出路径上的最小限重。

注意由于原图不保证连通，在 DFS 和回答询问的过程中都要考虑进去。

参考程序如下：

```cpp
const int MAXN=100005,MAXM=MAXN,inf=1000000007;
using namespace std;
int n,m,E,ter[MAXM],lnk[MAXN],nxt[MAXM],w[MAXM];
int dep[MAXN],fa[MAXN][21],d[MAXN][21],f[MAXN];
struct edge
{
  int x,y,z;
}e[MAXM];

inline bool cmp(edge a,edge b)                      // 比较函数
{
  return a.z>b.z;
}

inline void add(int x,int y,int z)                  // 加边
{
  ter[++E]=y,nxt[E]=lnk[x],lnk[x]=E,w[E]=z;
}
inline void dfs(int p,int las)
{
  for(int i=1;(1<<i)<=dep[p];++i)                   // 倍增预处理
  {
    fa[p][i]=fa[fa[p][i-1]][i-1];
    d[p][i]=min(d[p][i-1],d[fa[p][i-1]][i-1]);
```

```
  }
  for(int i=lnk[p];i;i=nxt[i])
    if(ter[i]!=las)                    // 遍历
    {
      dep[ter[i]]=dep[p]+1;
      fa[ter[i]][0]=p;
      d[ter[i]][0]=w[i];
      dfs(ter[i],p);
    }
}

int query(int x,int y)
{
  if(dep[x]<dep[y])swap(x,y);
  int res=dep[x]-dep[y],ret=inf;
  for(int i=20;i>=0;--i)               // 倍增询问，使两点到同一高度
    if((res>>i)&1)
    {
      ret=min(ret,d[x][i]);
      x=fa[x][i];
    }
  if(x==y)return ret;
  for(int i=20;i>=0;--i)               // 倍增询问，一起倍增
    if(fa[x][i]!=fa[y][i])
    {
      ret=min(ret,min(d[x][i],d[y][i]));
      x=fa[x][i],y=fa[y][i];
    }
  return min(ret,min(d[x][0],d[y][0]));
}

int getfa(int x)                       // 并查集
{
  return(f[x]==x?x:f[x]=getfa(f[x]));
}
int main()
{
  scanf("%d%d",&n,&m);
  for(int i=1;i<=m;++i)
    scanf("%d%d%d",&e[i].x,&e[i].y,&e[i].z);
```

```
    sort(e+1,e+m+1,cmp);
    for(int i=1;i<=n;++i)f[i]=i;
    for(int i=1;i<=m;++i)              //kruskal算法构造最小生成树
    {
      int x=getfa(e[i].x),y=getfa(e[i].y);
      if(x==y)continue;
      add(x,y,e[i].z),add(y,x,e[i].z);   //最小生成树连边
      f[x]=y;
    }
    for(int i=1;i<=n;++i)if(getfa(i)==i)dfs(i,0);
                                       //对每一个根结点遍历
    int q,x,y;
    scanf("%d",&q);
    for(int i=1;i<=q;++i)
    {
      scanf("%d%d",&x,&y);
      if(getfa(x)!=getfa(y))           //不在同一棵树内
      {
        printf("-1\n");
        continue;
      }
      printf("%d\n",query(x,y));       //输出答案
    }
    return 0;
}
```

4.6 最短路径

4.6.1 Floyd-Warshall算法

弗洛伊德（Floyd-Warshall）算法是解决任意两点间的最短路径的一种算法，可以处理有向图或负权的最短路径问题，也常被用于计算有向图的传递闭包。

Floyd-Warshall 算法运用了分治的思想。从结点 i 到结点 j 的最短路径有两种可能，一种是直接从 i 到 j，另一种是从 i 出发经过一条最短路径到达某个结点 k，再从 k 出发经过一条最短路径到达 j。这启发我们可以设计如下算法。

设 $D[i][j]$ 为结点 i 到结点 j 的最短路。从小到大枚举中转结点 k，检查

$D[i][k]+D[k][j] < D[i][j]$ 是否成立,若成立,则说明从 i 到 k 再到 j 的路径比 i 直接到 j 的路径更短,做松弛操作:$D[i][j]=D[i][k]+D[k][j]$,当我们遍历完所有结点 k,那么 $D[i][j]$ 就确定了。

显然,该算法的时间复杂度为 $O(n^3)$,空间复杂度为 $O(n^2)$。

参考程序如下:

```
const int MAXN=200;
int D[MAXN][MAXN];
int n;
for(int k=0;k<n;k++)             //枚举转移的中间点
   for(int i=0;i<n;i++)          //枚举转移起点
     for(int j=0;j<n;j++)        //枚举转移终点
       D[i][j]=min(D[i][j],D[i][k]+D[k][j]);//转移
```

思考:

(1)求任意两点之间的最短路,Floyd-Warshall 算法时间复杂度为 $O(n^3)$,能构造出 $O(n^2+nm)$ 的算法吗?

(2)Floyd-Warshall 算法能处理有负权图,请问它能处理负权回路的图吗?

【例 4.8】小明的网吧[1]。小明的网吧里呈星点式地分布有 n(1≤n≤150)台机子,某些机子间连接有网线,连有网线的两台机子可以直接互访。这些网线都是直线连接两端的机子。只要一台机子可以间接地通过中间的若干台机子访问到另一台机子,我们都说这两台机子互相连通。互相连通的两台机子可能有多条路线进行互访,为了使访问速度更快,机器会选择路线最短的一条。

由于网线条数有限,这些机子并不全都连通。根据机子的连通性,小明把这些机子分成了若干个"区"。在打网络游戏时,一个区的网速由这个区中互访时经过网线最长的两台机子决定,这个路线越长,整个区的网络游戏速度越慢。现在小明搞到了一根新的网线,他希望能把其中的两个区连成一个区,并要使得这个新的区的网速最快。

图 4.15 是小明的网吧中的一个区的示意图。五台机子分别安放在坐标(10,10)、(15,10)、(20,10)、(15,15)、(20,15)上。这个区的网速由机子 A 和 E 决定,因为它们间互相访问的路线 $A-B-E$ 是所有两机互访路线中最长的一条,这个长度大约等于 12.07106。

[1)] 本题选自 XJOI 1712。

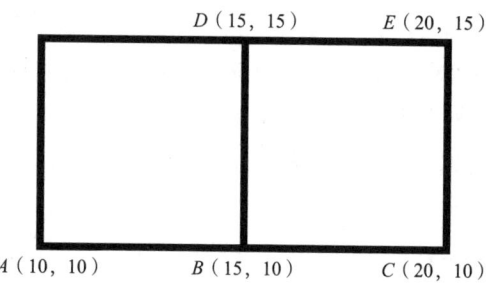

图4.15　网吧区域示意图

现在，小明需要选两个区（这个例子中只有两个区）连成一个区，使这个新区里任意两台机子间的互访路线中最长的一条最短。

输入格式：

n 台机子及它们的坐标、机子之间是否有网线连接的情况（以邻接矩阵的格式给出）。

输出格式：

小明连接其中两个区后两机互访最长路线的最小值。

数据规模：

$n \leqslant 150$。

分析： 运用Floyd-Warshall算法，我们可以预处理所有点两两之间的最短路。根据所有点两两之间的最短路，我们可以方便地求出距离某点最远的点。枚举连的是哪一条边，可以使用预处理的信息 $O(1)$ 更新答案。时间复杂度为 $O(n^3)$。

参考程序如下：

```
const double maxnum=2147483647;
double f[160][160],max[160],M[160],x[160],y[160];
bool map[160][160];
int i,j,k,n,fa[160];
double dis(int i,int j)                              // 计算距离
{
   return sqrt((x[i]-x[j])*(x[i]-x[j])+(y[i]-y[j])*(y[i]-y[j]));
}
int getf(int x)                                       // 并查集
{
   if(fa[x]==x)return x;
   return fa[x]=getf(fa[x]);
}
```

4.6 最短路径

```
int main()
{
  scanf("%d",&n);
  for(i=1;i<=n;i++)                                    // 初始化
    for(j=1;j<=n;j++)
      f[i][j]=maxnum;
  for(i=1;i<=n;i++)
  {
    scanf("%lf%lf",&x[i],&y[i]);
    fa[i]=i;M[i]=0;
  }
  for(i=1;i<=n;i++)                                    // 读入并连边
  {
    scanf("\n");
    for(j=1;j<=n;j++)
    {
      map[i][j]=getchar()-48;
      if(map[i][j])
      {
        f[i][j]=dis(i,j);
        int p=getf(i),q=getf(j);
        if(p!=q)fa[p]=q;
      }
    }
  }
  //Floyd-Warshall算法计算最短路
  for(k=1;k<=n;k++)
    for(i=1;i<=n;i++)
      for(j=1;j<=n;j++)
        if(f[i][k]+f[k][j]<f[i][j])f[i][j]=f[i][k]+f[k][j];
  for(i=1;i<=n;i++)
  {
    max[i]=0;
    for(j=1;j<=n;j++)
      if(i!=j&&f[i][j]!=maxnum&&f[i][j]>max[i])max[i]=f[i][j];
    if(max[i]>M[getf(i)])M[getf(i)]=max[i];
  }
  // 枚举点对更新答案
  double ans=maxnum;
  for(i=1;i<=n;i++)
```

```
        for(j=i+1;j<=n;j++)
        {
          int p=getf(i),q=getf(j);
          if(p!=q)
          {
            double now=0;
            if(max[i]+max[j]+dis(i,j)>now)now=max[i]+max[j]+dis(i,j);
            if(M[p]>now)now=M[p];
            if(M[q]>now)now=M[q];
            if(now<ans)ans=now;
          }
        }
    printf("%.6lf\n",ans);
    return 0;
}
```

4.6.2 Dijkstra算法

迪杰斯特拉（Dijkstra）算法是经典的单源最短路算法，用于计算从某个结点到其他结点的最短路径。算法核心思想是按路径递增的顺序不断确定单源最短路。

设带权图 $G=(V, E)$，求源点 v 到其他点的最短路。

设 $a[i][j]$ 为边 $<i, j>$ 的权值，$d[i]$ 记录源点到点 i 的最短路（初始为无穷大），vis[i] 标记 i 是否被确定（即 $d[i]$ 是否为当前最小，初始未 false）。

步骤如下：

（1）$d[v]=0$，vis[v]=true。

（2）对当前已确定的点 i，寻找所有未确定的点 j，若边 $<i, j>$ 存在，则进行松弛操作，即 $d[j]<d[i]+a[i][j]$，则 $d[j]=d[i]+a[i][j]$。

（3）确定 i 和 $d[i]$。即对所有未打上标记的点 j，枚举找出最小的 $d[j]$，vis[j]=true。

重复第（2），（3）步 n–1 次，直到所有的点都被确定为止。

显然，上述算法需要 n–1 次，对每一次确定，需要枚举所有未确定的点，因此时间复杂度为 $O(n^2)$。

优化： 可以看出，该算法至少要确定 n–1 次，这是无法节省的，我们考虑如何尽快找到未确定的 $d[j]$。若将当前未 $d[j]$ 加入到优先队列中，则时间复杂度：插入 $d[j]$ 为 $O(\log_2 m)$，取 $d[j]$ 为 $O(1)$，删除 $d[j]$ 为 $O(\log_2 m)$，因此总时间复杂度为 $O(n\log_2 m)$。

注意：该算法由于是按最短路递增的顺序进行确定的，所有图中不能存在负权边，否则将由于负权的加入，可能使得新松弛的 $d[i]$ 比已确定的 $d[i]$ 更小，算法基本原理失效。

由于最短路存在多条，若题目需要求出字典序最小的一条最短路，我们可以在松弛操作时，如果 d 值相同，再以编号为第二关键字操作。

参考程序如下：

```
//N,M<=100000 的非负权图求最短路
typedef long long LL;
const int MAXN=100010;
struct edge
{
  int x,y,nxt;
  LL w;
}E[MAXN<<2];

int head[MAXN],pre[MAXN],n,m,s,t,tot=0;
struct node
{
  int x;
  LL d;
  bool operator<(const node A)const
  {
    return d>A.d;
  }
};
priority_queue<node>Q;
LL dis[MAXN];
bool vis[MAXN];
inline void addedge(int x,int y,int w)
{
  E[++tot]=(edge){x,y,head[x],w};
  head[x]=tot;
}

inline LL dijkstra(int s,int t)
{
```

```
    memset(dis,0x7f,sizeof dis);
    memset(vis,0,sizeof vis);
    pre[s]=0;
    Q.push((node){s,0});                        // 推入初始点
    while(!Q.empty())
    {
       int now=Q.top().x;
       Q.pop();
       if(vis[now])continue;
       vis[now]=1;
       for(int i=head[now];~i;i=E[i].nxt)       // 用已经是最短路中
                                                //   的点更新答案
       {
          int to=E[i].y;
          if(!vis[to]&&dis[to]>dis[now]+E[i].w)
          {
             dis[to]=dis[now]+E[i].w;
             pre[to]=now;
             Q.push((node){to,dis[to]});        // 更新成功，入优先队列
          }
       }
    }
    return dis[t];
}

inline void print(int x)                        // 快速输出
{
   if(!x)return;
   print(pre[x]);
   printf("%d",x);
}

int main()
{
   memset(head,-1,sizeof head);
   memset(pre,0x3f,sizeof pre);
   scanf("%d%d%d%d",&s,&t,&n,&m);
   for(int i=1,j,k;i<=m;i++)
   {
      LL l;
```

```
        scanf("%d%d%lld",&j,&k,&l);
        addedge(j,k,l);                         // 连边
        addedge(k,j,l);
    }
    LL ans=dijkstra(s,t);                       //Dijkstra的答案
    printf("%lld\n",ans);
    print(t);
    return 0;
}
```

思考：求图的单源最长路，是否可以类似Dijkstra算法进行操作？

【例4.9】 Frogger[1]。一个池塘中分布着 n 块可供青蛙跳跃的石头，坐标为 (x_i, y_i)。给出Freddy和Fiona所在的石头，问如果Freddy想借助这 n 块石头，跳去Fiona那里，那么它每次跳跃距离的最大值最小是多少？

输入格式：

包含多组数据，每组数据第1行，一个整数 n，表示石头个数。

接下来 n 行，每行两个数 x_i 和 y_i，表示第 i 个石头的坐标，其中1号石头为Freddy的初始位置，2号石头为Fiona的初始位置。

每组数据之后有一个空行，$n=0$，表示输入文件结束。

输出格式：

每组数据先输出一行"Scenario#x"（不包含引号，下同），x 为数据编号。

再输出一行"Frog Distance=y"，y 为跳跃距离，保留三位小数。

每组数据之后输出一个空行。

输入样例：

2
0 0
3 4

3
17 4
19 4
18 5

0

1）本题选自POJ 2253。

输出样例：

Scenario#1

Frog Distance=5.000

Scenario#2

Frog Distance=1.414

分析： 本题要求起点到终点的路径上最大边权最小，这是最短路问题的一个常见变形。题中边权为正，满足目标确定后不会再变的性质，可以直接使用Dijkstra算法。

我们将$d[i]$的意义修改为从源点到点i的最大边。松弛方法"$d[u]=d[v]+$边权"修改为"$d[u]=\max(d[v]，边权)$"。

程序略，请读者自行完成。

【例4.10】SpellCard。在这个大陆上有n个城市，m条双向的道路。城市编号为1~n，我们在1号城市，需要到n号城市，怎样才能最快地到达呢？

现在，我们一共有K张可以使时间变慢50%的SpellCard，也就是说，在通过某条路径时，我们可以选择使用一张卡片，这样，我们通过这一条道路的时间就可以减少到原先的一半。需要注意的是：

（1）在一条道路上最多只能使用一张SpellCard。

（2）使用一张SpellCard只在一条道路上起作用。

（3）你不必使用完所有的SpellCard。

给定以上的信息，你的任务是：求出在可以使用这不超过K张时间减速的SpellCard之情形下，从城市1到城市n最少需要多长时间。

输入格式：

第1行，包含三个整数n、m、k。

接下来M行，每行包含三个整数A_i、B_i、T_i，表示存在一条A_i与B_i之间的双向道路，在不使用SpellCard之前提下，通过它需要T_i的时间。

输出格式：

一个整数，表示从1号城市到n号城市的最少用时。

输入样例：

4 4 1

1 2 4

4 2 6

1 3 8

3 4 8

输出样例：
  7
数据范围：
$1 \leq k \leq n \leq 50$，$m \leq 1000$。
$1 \leq A_i$, $B_i \leq n$，$2 \leq T_i \leq 2000$。
为保证答案为整数，保证所有的 T_i 均为偶数。
所有数据中的无向图保证无自环、重边，且是连通的。

分析： 直接对原图采用 Dijkstra 算法并不能解决这个问题。由于最多只能使用 K 次 SpellCard，所以我们对每一个点多记录一维状态。

设 $d[i][j]$ 表示从源点到点 i，途中使用了恰好 j 次 SpellCard 的最短路径长度。

我们可以把这个二维状态以及其转移看成一张图。这就是一张有 $n \times k$ 个点，$(2k-1) \times m$ 条边的图。目标就是求 $d[n][0]$, $d[n][1]$, $\cdots$, $d[n][k]$ 中的最小值。我们将点 $(1, 0)$ 看作起点，即 $d[1][0]=0$。除了松弛操作 $d[B_i][j]=d[A_i][j]+T_i$ 之外，还有使用 SpellCard 的松弛：$d[B_i][j]=d[A_i][j-1]+T_i/2$。时间复杂度为 $O(nk\log_2 m)$。

程序实现请读者自行完成。

4.6.3 SPFA 算法

设 $G=(V, E)$ 不存在负权回路，那么最短路径一定存在。设 $d[i]$ 为源点到点 i 的最短路，图 G 用邻接表来存储。

由于 Dijkstra 算法不能处理负权图问题，为了解决负边权问题，我们可以使用 Bellman-Ford 算法。其原理为连续对 $d[i]$ 进行松弛，每次都将每条边加入进行松弛操作，若在 $n-1$ 次松弛后还能更新，则说明图中有负环，因此无法得出结果，否则就完成。显然该算法时间复杂度为 $O(nm)$。

对 Bellman-Ford 进行改进，发明了 SPFA（Shortest Path Faster Algorithm）算法。其改进的关键在于用一个队列存储"不断优化"的 $d[i]$。每次取出队首 u，用 $d[u]$ 对所有与 u 相连的点 v 进行松弛操作，若 $d[v]$ 变小且 v 不在队列，则将 v 添加到队尾。重复上述操作，直至队列空。

如果一个点的入队次数超过 n 次，那么图中必定存在负权回路，此时最短路径不存在。可以证明，在无负权回路的情况下，一定能够得到最短路径。在最坏情况下，SPFA 算法时间复杂度为 $O(nm)$，但在随机数据下 SPFA 算法表现较优秀。在无负权边时还是建议使用 Dijkstra 算法。

【例4.11】 判断负环。给出一张 $n(n \leq 100)$ 个点 m（$m \leq 500$）条边的有向图，请判断这张图中是否存在负环。如果有，则输出 Yes，否则输出 No。有 T（$T \leq 20$）组数据。

输入格式：

一个数 T，表示数据组数。

以后每张图两个整数 n 和 m，表示这张图的点数和边数。

接下来 m 行，第 i 行三个数 x_i、y_i、z_i，表示一条 x_i 到 y_i，权值为 z_i 的边。

输出格式：

T 行，第 i 行表示第 i 张图的答案。

有负环输出 Yes，没有输出 No。

输入样例：

```
2
1 1
1 1 -1
4 4
1 2 1
2 1 1
3 4 -2
4 3 1
```

输出样例：

```
Yes
Yes
```

分析：使用 SPFA 算法，当某个点的入队次数超过 n 次时，即可判断为存在负环。

参考程序如下：

```cpp
const int MAXN=10011;
struct edge
{
    int x,y,w,nxt;
}E[MAXN<<2];
int head[MAXN],dis[MAXN],cnt[MAXN],inq[MAXN];
int n,m,tot;
inline void addedge(int x,int y,int w)
{
    E[++tot]=(edge){x,y,w,head[x]};
```

```
    head[x]=tot;
}
queue<int>Q;
inline int SPFA(int s)
{
    while(!Q.empty())Q.pop();
    Q.push(s);
    inq[s]=1;
    dis[s]=0;
    while(!Q.empty())
    {
        int now=Q.front();Q.pop();
        inq[now]=0;
        for(int i=head[now];~i;i=E[i].nxt)
        {
            int to=E[i].y;
            if(dis[to]>dis[now]+E[i].w)         // 判断是否可以更新
            {
                dis[to]=dis[now]+E[i].w;
                if(!inq[to])                    // 更新成功且不在队列内，方可入队列
                {
                    inq[to]=1;
                    Q.push(to);
                    ++cnt[to];
                    if(cnt[to]>=n)return 1;
                }
            }
        }
    }
    return 0;
}
int main()
{
    int T;
    scanf("%d",&T);
    while(T--)
    {
        memset(head,-1,sizeofhead);
        tot=0;
        scanf("%d%d",&n,&m);
```

```
      for(int i=1,x,y,z;i<=m;++i)
      {
        scanf("%d%d%d",&x,&y,&z);
        addedge(x,y,z);
      }
      memset(dis,0x3f,sizeof dis);                    // 初始化
      memset(cnt,0,sizeof cnt);
      memset(inq,0,sizeof inq);
      int fl=1;
      for(int i=1;i<=n;++i)
      {
        if(dis[i]==0x3f3f3f3f)
        {
          if(SPFA(i))
          {
            puts("YES");
            fl=0;
            break;
          }
        }
      }
      if(fl)puts("NO");
    }
    return 0;
}
```

4.7 有向图的基本应用

4.7.1 DAG的拓扑排序

在图论中，我们将构造拓扑序的过程称为拓扑排序。拓扑序是有向无环图的顶点按某种排列方法恰好出现一次的序列。例如，如果存在一条从顶点 A 到顶点 B 的路径，那么在拓扑序中顶点 A 应出现在顶点 B 的前面。

注意：只有有向无环图（简称DAG）才能进行拓扑排序。若图中有环，显然无法确定出先后次序，因此也就没有拓扑序列。

拓扑排序方法如下：

（1）从DAG中选择一个没有前驱（即入度为0）的顶点添加到拓扑序的末尾。

(2)从图中删除该顶点和所有以它为起点的有向边。

(3)重复(1)和(2)步操作,直到当前图为空或当前图中不存在无前驱的顶点为止。

【例4.12】杂务[1]。John的农场在给奶牛挤奶前有很多杂务要完成,每完成一项杂务都需要一定的时间。比如:他们要将奶牛集合起来,将它们赶进牛棚,为奶牛清洗乳房以及一些其他工作。尽早将所有杂务完成是必要的,因为这样才有更多时间挤出更多的牛奶。当然,有些杂务必须在另一些杂务完成的情况下才能进行。我们把这些工作称为完成本项工作的准备工作。至少有一项杂务不要求有准备工作,这个可以最早着手完成的工作,标记为杂务1。John有需要完成的n个杂务的清单,并且这份清单是有一定顺序的,杂务k($k>1$)的准备工作只可能在杂务$1\cdots k-1$中。

写一个程序从1到n读入每个杂务的工作说明。计算出所有杂务都被完成的最短时间。当然互相没有关系的杂务可以同时工作,并且,你可以假定John的农场有足够多的工人来同时完成任意多项任务。

输入格式:
每个杂物的工作序号、完成所需时间、前置工作的序号。

输出格式:
完成所有杂物所需的最短时间。

数据范围:
$n \leqslant 10^4$。

分析:将该问题的工作抽象为点,工作之间的关系抽象为边,则该问题的模型是一个有向图。对该图进行拓扑排序可以找出工作之间的顺序规律。

设$f[i]$为完成第i项任务需要的时间,有

$$f[i]=a[i]+\max(f[j]|(i,j) \in E)$$

时间复杂度为$O(n+m)$。

参考程序如下:

```
struct et{int v,next;}e[2000010];
int n,he[10010],tot,ind[10010],len[10010],ans,ti[10010],l[10010],h,t;
void add(int u,int v)
{
  e[++tot].v=v;e[tot].next=he[u];he[u]=tot;
}
```

---

[1] 本题选自 XJOI 1556。

```
int main()
{
  tot=-1;memset(he,-1,sizeof he);
  scanf("%d",&n);
  for(int i=1;i<=n;i++)
  {
    scanf("%d%d",&len[i],&len[i]);
    ti[i]=len[i];
    int j;
    for(scanf("%d",&j);j;scanf("%d",&j)){add(j,i);ind[i]++;}
                                             //初始化拓扑排序
  }
  h=t=-1;
  for(int i=1;i<=n;i++)if(!ind[i])l[++t]=i;
                                             //通过拓扑序更新答案ti
  while(h<t)
    for(int j=he[l[++h]];j!=-1;j=e[j].next)
    {
      if(ti[l[h]]+len[e[j].v]>ti[e[j].v])ti[e[j].v]=ti[l[h]]+len[e[j].v];
        ind[e[j].v]--;                       //减少入度
        if(!ind[e[j].v])l[++t]=e[j].v;       //无入度则出发
    }
  for(int i=1;i<=n;i++)if(ti[i]>ans)ans=ti[i];
                                             //更新答案
  printf("%d\n",ans);
}
```

思考：对于有向无环图，怎样尽快求出起点到其他点的最短或最长路径？

4.7.2 AOE网的关键路径

用点表示事件，边表示活动，边权表示活动持续的时间的有向图叫AOE网。只有在某顶点所代表的事件发生后，从该顶点出发的各有向边所代表的活动才能开始。只有在进入某一顶点的各有向边所代表的活动都已经结束，该顶点所代表的事件才能发生。表示实际工程计划的AOE网必须是有向无环图。

在整个项目过程中，AOE网经常涉及关键事件的判断，常用于估算工程进度和工程的完成时间，一个AOE网有关键路径，但关键路径可能不止一条。

设 $e(i)$ 为活动最早开始时间，$l(i)$ 为活动最晚开始的时间，那么 $e(i)=l(i)$ 的活动称为关键活动，因此该活动不能提早也不能推迟开始。

设 $v_e(i)$ 为事件最早开始的时间，$v_l(i)$ 为事件最晚开始的时间。我们可以在拓扑排序的基础上求出 $v_e(i)$ 和 $v_l(i)$，进而求出关键路径。

算法步骤如下：

（1）读入 e 条边 $<j, k>$，建立有向图存储结构。

（2）从源点 v_1 出发，求每个点的最早发生时间，令 $v_e(1)=0$，则

$$v_e(k)=\max\{v_e(j)+\text{dut}(<j, k>)\}$$

（3）从汇点 v_n 出发，求每个点的最迟开始时间，令 $v_l(n)=V_e(n)$，则

$$v_l(j)=\min\{v_l(k)-\text{dut}(<j, k>)\}$$

（4）根据各顶点的 v_e 和 v_l 值，求每一项活动 a_i（$1 \leq i \leq m$）的最早开始时间 $e(i)=v_e(j)$，最晚开始时间 $l(i)=v_l(k)-\text{dut}(<j, k>)$。

若某条弧满足 $e(i)=l(i)$，则它是关键活动。

【例4.13】守矢的关键路径。守矢神社正在进行一项庞大的工程。审核工程有多个环节，比如，立项需要找幽幽子盖章，开采需要邀请荷取投资，销售需要找营销天才偶尔……整个工程项目中的各个子工程之间的先后完成关系建立了一张拓扑图，其中一条边表示一条工程。

为了方便描述，我们假定有 n 个状态，状态之间由工程连接，接下来有 m 条工程描述，每条描述由 u、v、w 三个整数构成表示从 u 状态必须完成持续 w 时间的工程后才能进入 v 状态。

杜邦公司要获得客观的利润必须找到工程网络中的"关键路径"。现在请你帮助守矢神社，求出该项工程的所有关键活动共有多少项。

输入格式：

第1行，n 和 m。

接下来 m 行，每行三个数。

具体内容如题目描述所述。

输出格式：

一个数，表示答案。

数据范围：

$n \leq 200$，$m \leq 1000$。

分析： 关键路径实际上是拓扑排序算法的延伸，在平时的试题中很少单独出现，这里提供一道关键路径的模板题供读者参考。

参考程序如下：

```cpp
#include<iostream>
using namespace std;
int n,m;
int ui[1100],vi[1100],wi[1100];
int in[210],f[1100],pre[210][210],bo[210],bb[1100],p;
int gj[210],ans,que[210],head,tail;

int main()
{
  cin>>n>>m;
  for(int i=1;i<=m;++i)
  {
    cin>>ui[i]>>vi[i]>>wi[i];                            // 边读入
    in[vi[i]]++;                                         // 求入度
  }
  // 从前往后做拓扑排序，求出每个点最早开始时间 f[i]
  f[1]=0;bo[1]=1;p=1;
  while(p<n)
  {
    for(int i=1;i<=m;++i)
      if(bo[ui[i]]==1)
        if(bb[i]==0)
        {
          bb[i]=1;
          if(f[vi[i]]<f[ui[i]]+wi[i])
          {
            f[vi[i]]=f[ui[i]]+wi[i];
            pre[vi[i]][0]=1;
            pre[vi[i]][1]=ui[i];
          }
          else
            if(f[vi[i]]==f[ui[i]]+wi[i])
                                                        // 关键点
              pre[vi[i]][++pre[vi[i]][0]]=ui[i];
          in[vi[i]]--;
          if(in[vi[i]]==0){bo[vi[i]]=1;p++;}
        }
  }
  // 遍历所有关键路径，求答案
```

```
      gj[n]=1;que[1]=n;head=1;tail=1;
      while(head<=tail)
      {
        for(int i=1;i<=pre[que[head]][0];++i)
        {
          if(gj[pre[que[head]][i]]==0)que[++tail]=pre[que[head]][i];
          gj[pre[que[head]][i]]=1;
        }
        head++;
      }
      cout<<tail;
    }
```

【*例4.14】所驼门王的宝藏[1]。所驼门王将财宝埋藏在自己设计的地下宫殿里，整座宫殿呈矩阵状，由 $R \times C$ 间矩形宫室组成，其中有 N 间宫室里埋藏着宝藏，称作藏宝宫室。宫殿里外、相邻宫室间都由坚硬的实体墙阻隔，由一间宫室到达另一间只能通过所驼门王独创的移动方式——传送门。所驼门王为这 N 间藏宝宫室每间都架设了一扇传送门，没有宝藏的宫室不设传送门，所有的宫室传送门分为三种：

·"横天门"：由该门可以传送到同行的任一宫室。

·"纵寰门"：由该门可以传送到同列的任一宫室。

·"自由门"：由该门可以传送到以该门所在宫室为中心周围8格中任一宫室（如果目标宫室存在的话）。

深谋远虑的Henry事先就搞到了所驼门王当年的宫殿招标册，书册上详细记录了每扇传送门所属宫室及类型。而且，虽然宫殿内外相隔，但他自行准备了一种便携式传送门，可将自己传送到殿内任意一间宫室开始寻宝，并在任意一间宫室结束后传送出宫。整座宫殿只许进出一次，且便携门无法进行宫室之间的传送。不过好在宫室内传送门的使用没有次数限制，每间宫室也可以多次出入。

现在Henry已经打开了便携门，即将选择一间宫室进入。为得到更多宝藏，他希望安排一条路线，使走过的不同藏宝宫室尽可能多。请你告诉Henry这条路线最多行经不同藏宝宫室的数目。

输入格式：

第1行，三个正整数 n、R、C（$n \leq 10^5$；R，$C \leq 10^6$）。

---

[1] 本题选自 SDOI 2010。

以下 n 行，第 i 行给出一扇传送门的信息，包含三个正整数 x_i、y_i、T_i，表示该传送门设在位于第 x_i 行第 y_i 列的藏宝宫室，类型为 T_i。T_i 是一个 1~3 间的整数，1 表示可以传送到第 x_i 行任意一列的"横天门"，2 表示可以传送到任意一行第 y_i 列的"纵寰门"，3 表示可以传送到周围 8 格宫室的"自由门"。

保证 $1 \leq x_i \leq R$，$1 \leq y_i \leq C$，所有的传送门位置互不相同。

输出格式：

一个正整数，表示你确定的路线所经过不同藏宝宫室的最大数目。

输入样例：

```
10 7 7
2 2 1
2 4 2
1 7 2
2 7 3
4 2 2
4 4 1
6 7 3
7 7 1
7 5 2
5 2 1
```

输出样例：

```
9
```

分析： 直接建图，点数是 $R \times C$ 的，无法承受。

显然我们不会选择转移到一个没有宝藏的房间（因为无法离开这样的房间且进去以后也无法带来收益），这样图中的点数就只有 n 个了。第三种转移（自由门）显然直接暴力连边即可，但是前两种转移在同行点数很多的情况下，会使得暴力加边的复杂度退化到 $O(n^2)$。由于我们最终希望对这张图求出强连通分量进行缩点，并在得到的 DAG 上进行拓扑排序求出权值最长的路径，所以我们希望能有一个强连通分量与原图相同，但是边数比原图少的图来等效替换原图。

考虑横坐标相同的具有"横天门"的点的导出子图（纵坐标相同的点也同理），这是一张有向完全图，这些点处于同一个强连通分量内。考虑每行建立一个虚点，行内所有点与虚点连接双向边，这样点数就控制在了 $O(n)$ 级别了。

该算法调用求连通分量和拓扑排序算法，总时间复杂度 $O(n\log_2 n)$（使用了 std::map 进行了查找）。

参考程序如下：

```cpp
#include<bits/stdc++.h>
using namespace std;

const int N=1e5+5;
const int V=N<<1;
const int E=1e6+5;
const int dx[8]={0,0,1,1,1,-1,-1,-1};              // 方向数组
const int dy[8]={1,-1,-1,0,1,-1,0,1};
struct edge
{
  int nxt,to;
}e[E],ne[E];
int fir[V],nfir[V],cnt=0,ncnt=0;
int row[N],col[N],totr=0,totc=0;
int n,r,c,x[N],y[N],opt[N];
map<pair<int,int>,int>Point;

int dfn[V],clo=0;
int bcc_cnt=0,trea[V];
int sta[V],bel[V],top,ind[V],dist[V];
queue<int>Q;
bool inq[V];

inline void add(int x,int y)                        // 加一种边
{
  e[++cnt].to=y;
  e[cnt].nxt=fir[x];
  fir[x]=cnt;
}

inline void nadd(int x,int y)                       // 加另一种边
{
  ne[++ncnt].to=y;
  ne[ncnt].nxt=nfir[x];
  nfir[x]=ncnt;
}
```

```cpp
inline int dfs(int u)                    // 强连通分量缩点成为 DAG
{
    dfn[u]=++clo;
    int lowu=dfn[u],lowv,v;
    sta[++top]=u;
    for(int i=fir[u];i;i=e[i].nxt)
    {
        v=e[i].to;
        if(!dfn[v])
        {
            lowv=dfs(v);
            lowu=min(lowu,lowv);
        }
        else if(!bel[v])
            lowu=min(lowu,dfn[v]);
    }
    if(lowu==dfn[u])
    {
        int cur=0;
        bcc_cnt++;
        while(cur!=u)
        {
            cur=sta[top--];
            bel[cur]=bcc_cnt;
            if(cur<=n)trea[bcc_cnt]++;
        }
    }
    return lowu;
}

int main()
{
    scanf("%d%d%d",&n,&r,&c);
    for(int i=1;i<=n;i++)
    {
        scanf("%d%d%d",&x[i],&y[i],&opt[i]);
        if(opt[i]==1)row[++totr]=x[i];
        if(opt[i]==2)col[++totc]=y[i];
        Point[make_pair(x[i],y[i])]=i;
    }
```

4.7 有向图的基本应用

```
// 以下为离散化过程
sort(row+1,row+totr+1);
totr=unique(row+1,row+totr+1)-row-1;
sort(col+1,col+totc+1);
totc=unique(col+1,col+totc+1)-col-1;
int p,nx,ny;
for(int i=1;i<=n;i++)
{
  p=lower_bound(row+1,row+totr+1,x[i])-row;// 找到对应的标号
  if(row[p]==x[i])
  {
    add(n+p,i);
    if(opt[i]==1)add(i,n+p);              // 连边 1
  }
  p=lower_bound(col+1,col+totc+1,y[i])-col;
  if(col[p]==y[i])
  {
    add(n+totr+p,i);
    if(opt[i]==2)add(i,n+totr+p);         // 连边 2
  }
  if(opt[i]==3)                           // 连边 3
  {
    for(int j=0;j<9;j++)
    {
      nx=x[i]+dx[j];                      // 对周围的方向扩展
      ny=y[i]+dy[j];
      if(!Point.count(make_pair(nx,ny)))continue;
                                          // 若存在则连边
      p=Point[make_pair(nx,ny)];
      add(i,p);
    }
  }
}
// 缩点
for(int i=1;i<=n;i++)if(!dfn[i])dfs(i);
// 开始对 DAG 拓扑排序
for(int i=1;i<=n+totc+totr;i++)
{
  for(int j=fir[i];j;j=e[j].nxt)
  {
```

```cpp
        int u=e[j].to;
        if(bel[i]!=bel[u])nadd(bel[i],bel[u]),ind[bel[u]]++;
    }
}
for(int i=1;i<=bcc_cnt;i++)
    if(ind[i]==0)Q.push(i),inq[i]=1,dist[i]=trea[i];
int u,v;
while(!Q.empty())
{
    u=Q.front();inq[u]=0;Q.pop();
    for(int i=nfir[u];i;i=ne[i].nxt)
    {
        v=ne[i].to;
        if(dist[v]<dist[u]+trea[v])              //按照拓扑序对其更新
        {
            dist[v]=dist[u]+trea[v];
            if(!inq[v]){inq[v]=1;Q.push(v);}
        }
    }
}
//更新答案
int ans=0;
for(int i=1;i<=bcc_cnt;i++)ans=max(ans,dist[i]);
printf("%d\n",ans);
return 0;
}
```

本章小结

在本章中我们详细介绍了图的概念，DFS生成树，最小生成树的Prim算法与Kruskal算法，强连通分量Tarjan算法，最短路的Floyd-Warshall算法、Dijstra算法、SPFA算法，以及有向图的拓扑排序与关键路径等内容。

图论是OI中的重要组成部分，并且可以衍生出许多扩展问题。在以后的学习中，你会接触到诸如欧拉回路、最短路DAG、K短路、图的中心、双连通分量、Kruskal重构树等更加复杂的问题。要想彻底掌握这些知识，需要你善于观察图的性质，拓宽思路，运用好已经学过的算法；要想掌握好这个庞大的知识结构，必须要厘清概念，扎扎实实地学好每一个知识点，注重提高思维的严谨性。

第5章 二分图及其应用

一摆渡人欲带一头狼，一只羊，一篮菜从河西渡过河到河东，由于船小，一次只能带一物过河，并且狼与羊，羊与菜不能独处，寻找任意一种摆渡方案。

我们用四维0/1向量表示（人，狼，羊，菜）在河西岸的状态（在河西岸则分量取1，否则取0），共有2^4种状态，在河东岸的状态类似。由题意得，状态(0，1，1，0)、(0，0，1，1)、(0，1，1，1)是不允许的，对应状态(1，0，0，1)、(1，1，0，0)、(1，0，0，0)也是不允许的。因此可以允许的10个状态向量作为顶点，将可能互相转移的状态用线段连接起来构成一个图，如图5.1所示，根据此图便可找到渡河方法。

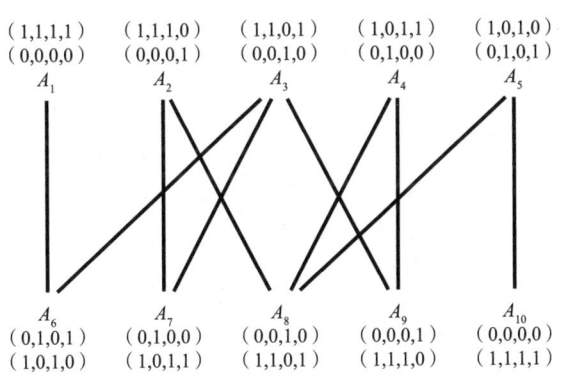

图5.1　渡河方案图

将10个顶点分别记为A_1，A_2，$\cdots$，A_{10}，则渡河问题可转化为在该图中求一条从A_1到A_{10}的路。从图5.1中易得到两条路：$A_1A_6A_3A_7A_2A_8A_5A_{10}$；$A_1A_6A_3A_9A_4A_8A_5A_{10}$。图5.1中的点集$V$被分为$X=\{A_1, A_2, A_3, A_4, A_5\}$和$Y=\{A_6, A_7, A_8, A_9, A_{10}\}$两个集合，且边集$E$中每条边的两个端点分属$X$和$Y$两个集合，这样的图$G=(V, E)$称为二分图，也叫二部图，$X$、$Y$点集简称$X$、$Y$部。

5.1 二分图的判定

二分图是一种特殊的图，我们可以采用邻接矩阵或邻接表来存储。

如何判定一个图是否是二分图呢？

方法一：黑白染色法。

若图有多个连通分量，我们只要判断每个连通分量是否是二分图即可。对于每个连通分量，由于二分图的线段端点分别位于两个不同的点集中，因此，连通图 G 是二分图当且仅当可以给 G 的每个顶点染上黑色或白色，使每条边的两个端点颜色不同。

我们可以 DFS，对图 G 进行黑白染色即可进行判定和构造。

任意选取一个点，将该点染为黑色，然后从该点出发深度遍历每个结点，每次遍历到一个未被染色的结点，则将该点染为与上一个顶点相反的颜色，即上个点染黑色，则该点染白色；上个点染白色，则该点染黑色。若发现某个点上次已染了某种颜色，而此次要重新染不同的颜色，则染色发生了矛盾，则判断该图不是二分图。若所有的点全部染色后都没有矛盾产生，则该图是二分图。其中黑点为 U 集合，白点为 V 集合。

参考程序如下：

```cpp
vector<int>g[maxn];                    // 采用邻接表存储
//-1 表示颜色待定, 0 表示黑色, 1 表示白色
// 初始值: 顶点 0 的 color 是 0, 其他顶点的 color 是 -1
int color[maxn];
bool DFS(int u)                        // 成功返回 true, 失败返回 false
{
    for(int i=0;i<g[u].size();++i)
    {
        int v=g[u][i];
        if(color[v]==color[u])
        {
            return false;
        }
        if(color[v]==-1)
        {
            color[v]=!color[u];
            if(!DFS(v))
            {
                return false;
            }
        }
    }
    return true;
}
```

方法二：奇环判定法。

性质：一张图是二分图当且仅当这张图中没有奇环。

证明：假如存在奇环，那么显然奇环上的点不能够被分成两个点集，使得每个点集内部没有边，所以该图不是二分图。

假设一张图不存在奇环，那么对于每个连通块我们选择一个点开始遍历，生成一棵DFS树，由于不存在奇环，那么每条返祖边的两个端点的深度奇偶性都不相同。我们对深度为奇数的点染黑，偶数的点染白就得到了二分图的一种合法的染色方案。

我们发现，利用这个性质来判定二分图和上一种方法基本相同。但实际上遇到一些比较复杂的问题时，往往利用判断是否存在奇环来判定比是否是二分图更加方便快捷。

【例5.1】 二分图的判定。给定一张 n 个点没有边的无向图，要求支持以下两个操作：

（1） $x\ y$ 表示加入 x-y 这条边。

（2）空格" "表示撤销最后一次操作。

要求在每次操作后输出现在这张图是否是二分图，是则输出一行Yes，否则输出一行No。

输入格式：

第1行，两个数 n 和 $q(n \leq 10^5, q \leq 10^5)$。

接下来 q 行，每行表示一个操作，操作在上面已经提到。

输出格式：

输出 q 行，每行一个字符串，表示现在该图是否是二分图。

分析：用并查集判定每个连通块，我们维护当前点到某个连通块上DFS树上结点深度的奇偶性，对于加边操作：

（1）合并两个连通块，我们可以利用之前维护的信息直接合并。

（2）对于同一个连通块内两个点合并，我们只需要判断这两个点在该连通块中的深度（到根的距离）是否一致即可。

如果我们能够将并查集的操作撤销，那么就可以完美解决这个问题。实际上，利用启发式合并的思想，对并查集的撤销完全是可能的，读者可以自行尝试实现。另外，这两种操作使用分治思想也可以简单维护，分治做法的具体实现见程序代码。时间复杂度为 $O(n\log_2 n + q\log_2 n)$。

实现程序如下：

```
#include<cstdio>
```

```cpp
#include<iostream>
#include<cstring>
using namespace std;

int cnt,next[20000001],des[20000001][2],n,ans[100010],m,T,dfstim,top;
int q;
 struct fa
{
int x,y,l;
}sa[20000001];

struct data
{
   int dep,po;
}sta[20000001];

struct ufs
{
   int fa,len,rank;
}a[100001];

struct treenode
{
   int l,r,lc,rc,nd;
}tr[300001];

void build(int l,int r)
{
   tr[++cnt].l=l;tr[cnt].r=r;tr[cnt].nd=-1;
   if(l==r)return;

   int mid=(l+r)>>1,t=cnt;
   tr[t].lc=cnt+1;build(l,mid);
   tr[t].rc=cnt+1;build(mid+1,r);
}
void edi(int po,int l,int r,int x,int y)
{
   if(tr[po].l==l&&tr[po].r==r)
   {
      next[++cnt]=tr[po].nd;des[cnt][0]=x;des[cnt][1]=y;tr[po].nd=cnt;
```

5.1 二分图的判定

```
      return;
  }
  int mid=(tr[po].l+tr[po].r)>>1;
  if(l<=mid)edi(tr[po].lc,l,min(mid,r),x,y);
  if(r>mid)edi(tr[po].rc,max(mid+1,l),r,x,y);
}

ufs getfa(ufs fa[],int po)
{
  ufs ret;ret.len=0;
  while(fa[po].fa!=po)
  {
    ret.len^=fa[po].len;
    po=fa[po].fa;
  }
  ret.fa=po;
  return(ret);
}

int uni(ufs fa[],int x,int y,int dp)
{
  ufs f1=getfa(fa,x),f2=getfa(fa,y);
  if(f1.fa!=f2.fa)
  {
    if(fa[f1.fa].rank>fa[f2.fa].rank)swap(f1,f2);
    fa[f1.fa].fa=f2.fa;
    fa[f1.fa].len=1-(f1.len^f2.len);
    if(fa[f1.fa].rank==fa[f2.fa].rank)fa[f2.fa].rank++;
    sta[++top].po=f1.fa;sta[top].dep=dp;
    return(1);
  }else{
    return(f1.len!=f2.len);
  }
}
void dfs(int po,int dep)
{
  int nowdfstim=++dfstim;

  for(int p=tr[po].nd;p!=-1;p=next[p])
```

```
{
  if(!uni(a,des[p][0],des[p][1],dep))
  {
    for(int i=tr[po].l;i<=tr[po].r;i++)ans[i]=1;
    while(top&&sta[top].dep==dep)
    {
      a[sta[top].po].fa=sta[top].po;a[sta[top].po].len=0;
      top--;
    }
    return;
  }
}

if(tr[po].lc)dfs(tr[po].lc,dep+1);
if(tr[po].rc)dfs(tr[po].rc,dep+1);
while(top&&sta[top].dep==dep)
{
  a[sta[top].po].fa=sta[top].po;a[sta[top].po].len=0;
  top--;
}
int main()
{
  scanf("%d%d",&n,&q);

  build(0,q-1);

  cnt=0;int tcnt=0;
  for(int i=0;i<q;i++)
  {
    int t1,t2,t3,t4;
    scanf("%d",&t1);
    if(t1==1)tcnt++,scanf("%d%d",&sa[tcnt].x,sa[tcnt].y),sa[tcnt].l=i;
    else{
      edi(1,sa[tcnt].l,i-1,sa[tcnt].x,sa[tcnt].y);
      cnt--;
    }
  }
  while(cnt)
  {
    edi(1,sa[cnt].l,q-1,sa[cnt].x,sa[cnt].y);
```

```
    cnt--;
  }

  for(int i=1;i<=n;i++)a[i].fa=i;

  dfs(1,1);

  for(int i=0;i<T;i++)
    if(ans[i])printf("No\n");else printf("Yes\n");
}
```

5.2　二分图的匹配

定义一个二分图 $G=<V, E>$ 的**匹配**（matching）是一个边集 M，匹配又称**边独立集**（edge independent set），满足 $M \in E$ 且 M 中的任意两条边都没有公共端点，M 中的边称为 G 的**匹配边**，剩余的边称为**非匹配边**。在匹配边的端点叫做**匹配点**（matched vertex），也称**饱和点**。反之则称为**非匹配点**（unmatched vertex），也称**非饱和点**。

最大匹配（maximum matching）：具有最多边的匹配。

匹配数（matching number）：最大匹配的大小。

完美匹配（perfect matching）：匹配了所有点的匹配。

完备匹配（complete matching）：匹配了二分图较小集合（二分图 X，Y 中小的那个）的所有点的匹配。

交错轨（alternating path）：图的一条简单路径，满足任意相邻的两条边，一条在匹配内，一条不在匹配内。

增广轨（augmenting path），也称增广路径：是一个始点与终点都为未匹配点的交错轨。图 5.2 中 1->4->2->5->3->6 就是一条增广路径。

由增广轨的定义可以推出下述三个结论：

（1）增广轨 P 的路径长度必定为奇数，第一条边和最后一条边都不属于 M，因为两个端点分属两个集合，且未匹配。

（2）P 经过将非匹配边和匹配边互换操作可以得到一个更大的匹配 M'，如图 5.3 所示。这个互换操作我们称为**路径取反**。

（3）M 为 G 的最大匹配当且仅当 G 不存在相对于 M 的增广路径（证明略）。

有了上述性质可以想到一个找增广路径的算法，就是不断扫描二分图点集，不断进行增广，直到找不到增广路径为止，该算法就是著名的**匈牙利算法**。

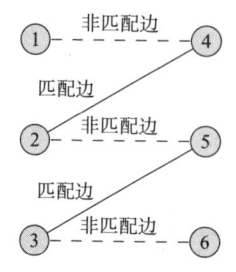 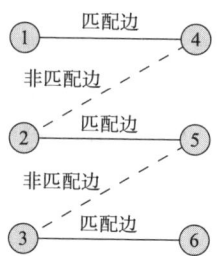

图5.2 增广路径示意图　　图5.3 增广路径取反示意图

具体实现如下：

从二分图的一个 X 部中取出一个未匹配的顶点 u 开始，找一个未访问的邻接点 v（v 一定属于 Y 部的顶点）。对于 v，分两种情况：

（1）如果 v 是未匹配点，则已经找到一条增广路。

（2）如果 v 是已匹配点，则取出 v 的匹配顶点 w（w 一定是 X 部的顶点），边 (w, v) 目前是匹配边，根据"取反"的想法，要将 (w, v) 改为未匹配，(u, v) 改为匹配。能实现这一点的条件是看从 w 为起点能否新找到一条增广路径 P'。如果行，则 $u \rightarrow v \rightarrow P'$ 就是一条以 u 为起点的增广路径。

该算法由于每次增广 X 部中每个点最多被访问一次，增广后每条边最多访问两次，因此总复杂度为 $O(nm)$。

实际上存在一种 $O(nm^{1/2})$ 时间复杂度的算法，由于该算法利用了网络流的思想，在此不予介绍，有兴趣的读者可参阅相关知识。

参考程序如下：

```
bool find(int u)                            //m存储匹配边
{
  if(used[u])return 0;                     // 如果访问过就直接返回
  used[u]=1;                                // 打上访问标记
  for(int v=1;v<=n;v++)                    // 从v开始找增广路
  {
  if(way[u][v])                             // 存在边 <u,v>
    if(m[v]==0||find(d[v]))                // v是非匹配点或从v出发
                                            //   能够找到增广路
    {
      m[u]=v;m[v]=u;                       // 设置为匹配边
      return 1;
    }
  }
  return 0;                                 // 找不到增广路了，返回0
}
```

5.3 二分图的最大匹配

1. 覆盖集

点覆盖集：即一个点集，使得所有边至少有一个端点在集合里，或者说是"点"覆盖了所有"边"。

极小点覆盖（minimal vertex covering）：本身为点覆盖，其真子集都不是。

最小点覆盖（minimum vertex covering）：点最少的点覆盖。

点覆盖数（vertex covering number）：最小点覆盖的点数。

边覆盖集：即一个边集，使得所有点都与集合里的边邻接，或者说是"边"覆盖了所有"点"。

极小边覆盖（minimal edge covering）：本身是边覆盖，其真子集都不是。

最小边覆盖（minimum edge covering）：边最少的边覆盖。

边覆盖数（edge covering number）：最小边覆盖的边数。

2. 独立集

独立集：即一个点集，集合中任两个结点不相邻，则称 V 为独立集，或者说是导出的子图是零图（没有边）的点集。

极大独立集（maximal independent set）：本身为独立集，再加入任何点都不是。

最大独立集（maximum independent set）：点最多的独立集。

独立数（independent number）：最大独立集的点。

团：即一个点集，集合中任两个结点相邻，或者说是导出的子图是完全图的点集。

极大团（maximal clique）：本身为团，再加入任何点都不是。

最大团（maximum clique）：点最多的团。

团数（clique number）：最大团的点数。

边独立集：即一个边集，满足边集中的任两边不邻接。边独立集就是匹配（matching）。

极大边独立集（maximal edge independent set）：本身为边独立集，再加入任何边都不是。

最大边独立集（maximum edge independent set）：边最多的边独立集。

边独立数（edge independent number）：最大边独立集的边数。

3. 支配集

支配集：即一个点集，使得所有其他点至少有一个相邻点在集合里，或者说是一部分的"点"支配了所有"点"。

极小支配集（minimal dominating set）：本身为支配集，其真子集都不是。

最小支配集（minimum dominating set）：点最少的支配集。

支配数（dominating number）：最小支配集的点数。

边支配集：即一个边集，使得所有其他边至少有一条邻接边在集合里，或者说是一部分的"边"支配了所有"边"。

极小边支配集（minimal edge dominating set）：本身是边支配集，其真子集都不是。

最小边支配集（minimum edge dominating set）：边最少的边支配集。

边支配数（edge dominating number）：最小边支配集的边数。

4. 路径覆盖

最小路径覆盖（path covering）：是"路径"覆盖"点"，即用尽量少的不相交简单路径覆盖有向无环图 G 的所有顶点，即每个顶点严格属于一条路径。路径的长度可能为 0（单个点）。

定理：最小路径覆盖数 = $|G|$ – 最小路径覆盖中的边数。

应该使得最小路径覆盖中的边数尽量多，但是又不能让两条边在同一个顶点相交。

拆点：将每一个顶点 i 拆成两个顶点 X_i 和 Y_i，然后根据原图中边的信息，从 X 部往 Y 部引边。所有边的方向都是由 X 部到 Y 部，因此，所转化出的二分图的最大匹配数则是原图 G 中最小路径覆盖上的边数，所以可由下式解得：

最小路径覆盖数 = 原图 G 的顶点数 – 二分图的最大匹配数

【例 5.2】双子树[1]。方方找到了两棵奇怪的树，由于它们的形态十分相像，方方便把它们命名为"双子树"。身手敏捷的方方爬上其中一棵，摘下一个大大的果实，可就在此时，另一棵却有几个果实坠地。方方细心一看，发现这双子树上的某些果实有一些细丝相连，只要摘下其中一棵树的某一个果实，另一棵树将会有相应的一个或多个（也可能没有）果实坠地而摔坏，这些果实都和摘下的果实有细丝相连。

摔坏的果实当然不能吃了。方方发现，那些细丝无法弄断，由于只有

---

[1] 本题选自 XJOI 1570。

方方一人,他只能眼睁睁地看着它们摔坏,也就是说,方方无法同时摘取任一条细丝两端上的两个果实。于是,不同的摘法最后会得到不同数量的果实,方方将会用随身带的一个容量为 V(表示能装 V 个果实)的大袋子将它们装好。

馋嘴的方方当然希望摘得越多越好,那么,他最多可以得到多少个果实呢?

特别地,任两个果实间最多只会有一条细丝相连,同一棵树上的果实间不会有细丝相连,当袋子装满后,方方的口还可以塞进一个。

输入格式:

第 1 行,四个整数 V、N_1、N_2 和 M,分别表示袋子的容量,第一棵树上的果实个数,第二棵树上的果实个数和细丝总数。为了方便计算,方方人为地把果实分别按 $1 \cdots N_1$ 和 $1 \cdots N_2$ 标号。

接下来有 M 行,每行有两个整数 A 和 B($1 \leq A \leq N_1$,$1 \leq B \leq N_2$),表示第一棵树上的果实 A 和第二棵树上的果实 B 有一条细丝相连。

输出格式:

仅有一个整数,表示方方最多能得到的果实个数。

数据规模:

$0 \leq V \leq 1000$,$0 \leq N_1, N_2 \leq 500$。

输入样例:

```
10 3 3 5
 1 2
 2 1
 2 2
 2 3
 3 2
```

输出样例:

```
4
```

解释样例:

样例中,方方最后摘取了第一棵树上的 1、3 和第二棵树上的 1、3。

分析: 稍作转化,不难发现本题其实是求二分图的最小点覆盖数。

konig 定理: 最小点覆盖数 = 最大匹配数。

证明: 欲证 $A=B$,先证 $A \leq B$,再证 $B \leq A$(或者构造出 $A=B$ 的情况)。

先证明最大匹配 ≤ 最小点覆盖数。显然至少从最大匹配里的每条边都选择一个点才能覆盖最大匹配。

接下来证明最大匹配≥最小点覆盖。我们考虑每一个匹配的左右端点a、b，如果a相连的边有非匹配点x，b相连的边也有非匹配点y，那么$xaby$是一条增广路，这与最大匹配矛盾。那么，对于每对匹配ab，选择ab中有非匹配边相连的点就可以覆盖所有的边了。

这样，我们调用二分图的最大匹配算法即可解决例5.2。

定理：最小路径覆盖 = $|G|$ - 最大匹配数。

证明：首先，若最大匹配数为0，则二分图中无边，也就是说有向图G中不存在边，那么显然：

$$最小路径覆盖 = |G| - 最大匹配数 = |G| - 0 = |G|$$

若此时增加一条匹配边$<x_1, y_2>$，则在有向图$|G|$中，x到y在同一条路径上，最小路径覆盖数减少一个。继续增加匹配边，每增加一条，最小路径覆盖数减少一个，则公式得证。

【**例5.3**】Air Raid[1]。有n个城镇，有m条街道将城镇两两相连。现在有一些伞兵要游览所有城镇，且不能有两个伞兵游览同一个城镇。每个伞兵游览依次由道路相连的一系列城镇。现在问你至少需要多少个伞兵才能游览所有的城镇。

数据范围：

$n \leq 500$，$m \leq n(n-1)/2$。

分析：本题本质就是求最小路径覆盖数：对于一个DAG（有向无环图），选取最少条路径，使得每个顶点属于且仅属于一条路径。路径长可以为0（即单个点）。

乍看该题和二分图没有关系，实际上我们可以发现，路径数 = n - 边数。我们就是要使得最终路径上的总边数最大。

不妨把每个点拆成两个点，一个进点，一个出点，边表示从出点到入点的路径。根据题意，每个点在最终的路径中最多被进出一次。表现在新图中就是最终选出的边，每个点度数最多为1，这样新图构为二分图。要求最匹配边数，直接调用最大匹配算法即可。时间复杂度为$O(nm)$。

5.4 二分图的最佳匹配

对于具有二部划分(V_1, V_2)的加权完全二分图，其中$V_1 = \{x_1, x_2,$

---

1) 本题选自 UVA 1184。

x_3, …, x_n}, V_2={y_1, y_2, y_3, …, y_n}, 边<x_i, y_j>具有权值 $W_{i,j}$, 该带权二分图中一个总权值最大的完美匹配,称之为最佳匹配。

求最佳匹配的KM算法。KM算法是通过给每个顶点一个标号(称为顶标)来把求最大权匹配的问题转化为求完备匹配的问题的。设顶点 x_i 的顶标为 $A[i]$,顶点 y_i 的顶标为 $B[j]$,顶点 x_i 与 y_i 之间的边权为 $w[i][j]$。在算法执行过程中的任一时刻,对于任一条边<i, j>, $A[i]+B[j] \geq w[i][j]$ 始终成立。若由二分图中满足 $A[i]+B[j]=w[i][j]$ 的边<i, j>构成的子图(称为相等子图)有完备匹配,那么这个完备匹配就是二分图的最大权匹配。

初始时为了使 $A[i]+B[j] \geq w[i][j]$ 恒成立,令 $A[i]$ 为所有与顶点 x_i 关联的边的最大权, $B[j]=0$。如果当前的相等子图没有完备匹配,就按下面的方法修改顶标以使扩大相等子图,直到相等子图具有完备匹配为止。

我们求当前相等子图的完备匹配失败了,是因为对于某个 x 顶点,我们找不到一条从它出发的交错路。这时我们获得了一棵交错树,它的叶子结点全部是 x 顶点。现在我们把交错树中 x 顶点的顶标全都减小某个值 d, y 顶点的顶标全都增加同一个值 d。

如此反复,直到相等子图存在完备匹配。

【例5.4】花店橱窗布置[1]。有 F 束花, V 个花瓶,我们用美学值(一个整数)表示每束花放入每个花瓶所产生的美学效果。为了取得最佳的美学效果,必须使花的摆放取得最大的美学值。

输入格式:
第1行,两个整数 F 和 V。
接下来 F 行,每行 V 个整数,第 i 行第 j 个数表示第 i 束花放入第 j 个花瓶的美学值。

输出格式:
一个整数,即最大美学值。

数据范围:
$F \leq V \leq 100$。

分析:建立二分图,将花与花瓶间连上等于美学效果的边。用KM算法求出最大匹配,就是花的摆放取得的最大的美学值。

参考程序如下:

```
#include<bits/stdc++.h>
using namespace std;
```

---

[1] 本题选自 LUOGU P1854。

```cpp
const int inf=1061109567;
const int M=105;
bool sx[M],sy[M];
int match[M],w[M][M],n,m,d,lx[M],ly[M];
void init()
{
  memset(w,0,sizeof(w));
}
bool dfs(int u)
{
  int v;sx[u]=true;
  for(v=0;v<m;v++)
  {
    if(!sy[v]&&lx[u]+ly[v]==w[u][v])            // 判断边是否可走
    {
      sy[v]=true;
      if(match[v]==-1||dfs(match[v]))           // 找到匹配
      {
        match[v]=u;
        return true;
      }
    }
  }
  return false;
}

int KM()
{
  int i,j,k,sum=0;
  memset(ly,0,sizeof(ly));
  for(i=0;i<n;i++)                              // 初始化顶标
  {
    lx[i]=-inf;
    for(j=0;j<m;j++)
      if(lx[i]<w[i][j])
        lx[i]=w[i][j];
  }
  memset(match,-1,sizeof(match));
  for(i=0;i<n;i++)
  {
```

```
    while(1)
    {
      memset(sx,false,sizeof(sx));
      memset(sy,false,sizeof(sy));
      if(dfs(i))break;                        // 寻找匹配
      d=inf;
      for(j=0;j<n;j++)
        if(sx[j])
          for(k=0;k<m;k++)
            if(!sy[k])d=min(d,lx[j]+ly[k]-w[j][k]);
                                              // 求出顶标的最小修改值
      if(d==inf)return-1;
      for(j=0;j<n;j++)
        if(sx[j])lx[j]-=d;                    // 修改 x 部的顶标
      for(j=0;j<m;j++)
        if(sy[j])ly[j]+=d;                    // 修改 y 部的顶标
    }
  }
  for(i=0;i<m;i++)
    if(match[i]>-1)
      sum+=w[match[i]][i];                    // 统计答案
  return sum;
}

int main()
{
  cin>>n>>m;
  for(int i=0;i<n;i++)
    for(int j=0;j<m;j++)
      scanf("%d",&w[i][j]);
  int ans=KM();
  cout<<ans<<endl;
  return 0;
}
```

5.5 二分图的应用

二分图在信息学竞赛的考察中占了一定的比例。在实际问题中，二分图与二分图的性质往往被表象所掩盖。读者需要认真分析，仔细思考，寻找或构造出二分图来解决实际的二分图相关问题。

【例5.5】矩阵游戏[1]。小Q是一个非常聪明的孩子，除了国际象棋，他还很喜欢玩一个电脑益智游戏——矩阵游戏。矩阵游戏在一个$N×N$黑白方阵进行（如同国际象棋一般，只是颜色是随意的）。每次可以对该矩阵进行两种操作：

（1）行交换操作：选择矩阵的任意两行，交换这两行（即交换对应格子的颜色）。

（2）列交换操作：选择矩阵的任意两列，交换这两列（即交换对应格子的颜色）。

即通过若干次操作，使得方阵的主对角线（左上角到右下角的连线）上的格子均为黑色。对于某些关卡，小Q百思不得其解，以致他开始怀疑这些关卡是不是根本就是无解的！！于是小Q决定写一个程序来判断这些关卡是否有解。

分析：我们发现，题目模型可以进行转换。题目就是叫我们求是否存在一些1，这些1所在的行和列互不相同。

证明：假设我们选出了一个n个点的坐标。如果这n个点所在的行、列互不相同，那么，我们一定可以通过交换来完成任务。比如：依次把每一行的1通过列交换交换到相应位置。考虑到两个同行的格子不可能最终到不同行上，列也一样。最终我们要求每行每列上都有棋子，所以我们最终找到的n个点必然在一开始横纵坐标就互不相同。

这就成了一个行和列的匹配问题。转化成二分图匹配，使用匈牙利算法即可解决。时间复杂度为$O(n^3)$。

【例5.6】最强战队[2]。有n个学生，第i个学生在俱乐部c_i，并拥有一个能力值a_i。在接下来的d天中，每天会有一位学生离开他所在的俱乐部。并且，每天学校负责人都会从每个俱乐部中选出一个学生来组成一支战队，战队的战力为该战队学生能力值的集合中最小的没有出现的自然数。请求出每天的战力分别为多少。

数据范围：

$n \leqslant 5000$，$a_i \leqslant 10^9$。

分析：首先把整个问题倒过来做，把删除变为加入，就变成了n次加入边，每加完一次边就求一次答案。

1）本题选自 ZJOI 2007。

2）本题选自 CF1139E。

5.5 二分图的应用

建立一张二分图，左侧是俱乐部，右侧是权值。学生代表一条俱乐部向权值连的边（比如5号俱乐部一位权值为3的学生对应了左边的5->右边的3这样一条边）。特别需要注意的是，因为题目的特殊性质最终答案不会超过n，所以我们只需要把大于n的权值和n取较小值即可。

从0到n依次尝试增广，我们维护一个数值i，表示现在所能达到的最大答案，如果加入了当前这个学生之后权值为i的点第一次能够增广出一条增广路，那么我们把当前的答案和$i+1$取max，然后把i加上1，接着考虑是否能继续增广，以此类推，每次增广到不能增广时的i就是本次询问的答案。

注意到只需要增广n次，每次增广的时间复杂度为$O(n)$，因此总时间复杂度为$O(n^2)$。

参考程序如下（-std=C++11）：

```cpp
#include<bits/stdc++.h>
using namespace std;
const int N=5010;
vector<int>adj[N];
int mat[N],chk[N],c[N],p[N],di[N],ans[N];
bool Do(int u)                                    // 匈牙利算法
{
  chk[u]=1;                                       // 标记已访问
  for(auto&x: adj[u])                             // 枚举出边
  {
    if(mat[x]==-1||!chk[mat[x]]&&Do(mat[x]))
                                                  // 检查是否可行
    {
      mat[x]=u;return true;
    }
  }
  return false;
}
int main()
{
  int n,m;scanf("%d%d",&n,&m);
  for(int i=0;i<m;i++)mat[i]=-1;
  for(int i=0;i<n;i++)scanf("%d",p+i);
  for(int i=0;i<n;i++)scanf("%d",c+i),c[i]--;
  int d;scanf("%d",&d);
```

```
    for(int i=0;i<d;i++)
    {
      scanf("%d",di+i);di[i]--;
      chk[di[i]]=1;
    }
    for(int i=0;i<n;i++)
    {
      if(chk[i])continue;
      adj[p[i]].push_back(c[i]);
    }
    int cur=0;                              // 计算 d 天之后的答案
    while(1)
    {
      memset(chk,0,sizeof(chk));
      if(Do(cur))
      {
        cur++;continue;
      }
      else break;
    }
    ans[d]=cur;
    for(int i=d;i--;)                       // 倒序枚举
    {
      int j=di[i];
      adj[p[j]].push_back(c[j]);            // 加入第 i 天离开的人
      while(1)
      {
        memset(chk,0,sizeof(chk));
        if(Do(cur))                         // 更新答案
        {
          cur++;continue;
        }
        else break;
      }
      ans[i]=cur;
    }
    for(int i=1;i<=d;i++)printf("%d\n",ans[i]);
}
```

【例5.7】二分点集覆盖[1]。给出一张有 n 个点，m 条边的无向图 G。

下面给出顶点覆盖的定义。设 V 是 G 的点的集合，如果 G 的每一条边的至少一个端点属于 V，那么称 V 是 G 的一个顶点覆盖。

问是否可以把 G 的所有顶点划分为两个集合 A 和 B，使 A 和 B 都是 G 的顶点覆盖。

分析：假设把顶点划分为 A 和 B 两个集合。我们把属于 A 的顶点染成黑色，属于 B 的顶点染成白色。如果存在一条边的两个端点颜色相同，那么，另一种颜色所对应的集合，在这条边上就不满足顶点覆盖的条件，于是这个划分不是满足要求的。反之，如果每条边的两个端点颜色都不同，那么通过对每条边的验证，可以证明两个集合都是顶点覆盖，这个划分是满足要求的。所以，一个满足条件的划分对应了图 G 的一个黑白染色方案，存在满足条件的划分当且仅当图 G 是二分图。于是，我们只要用上面的二分图判定算法即可，时间复杂度为 $O(n)$。

本章小结

本章我们从最基本的二分图的存储结构讲起，先熟悉了二分图的判定方法，然后讲到增广路，进而引出了求解二分图最大匹配的匈牙利算法，最后介绍了其他二分图上有趣的性质以及一些其他的建模方法。OI 的问题中常常用到二分图的思想，希望大家能够认真学习二分图的内容，这对你的 OI 征途会大有裨益。

1）本题选自 Codeforces 687A。

第6章 哈希表及其应用

我们先看这样一个问题：

读入 n（$n \leq 10^5$）个正整数，查询某个数是否在这 n 个数中出现，一共查询 m（$m \leq 10^5$）次。显然，这题可以先对 n 个数进行快速排序，然后对于每次询问，用二分查找解决，时间复杂度为 $O(n\log_2 n)$。

但这种解法只适合离线情况，对在线询问，需要多次快排，效率并不高。例如将上述问题修改如下：

在线加入 n 个正整数进入队列，并需要在读入数据的过程中能随时查找某个数是否在这 n 个数中出现，一共查询 m 次。

这时，我们需要设计一个能随时快速查找某个队列元素的数据结构。实际上我们可以根据数值建立某种关系的映射，将读入的离散数据映射到某张有序表中来，如图6.1所示，这样就可以实现快速定位查找，这种方法称为**散列**，俗称**哈希表**（Hash）。

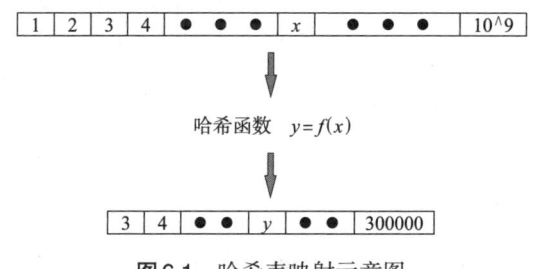

图6.1 哈希表映射示意图

6.1 数值的哈希

Hash 函数的作用就是通过对数据进行计算，得出存放该数据的对应位置，使得数据和存放位置相对应，完成高效的查找。因此 Hash 表的各种操作能否做到常数时间的关键就是 Hash 函数的构造。

下面介绍整数情况下，几种常用的 Hash 函数的构造方法（设 $h(k)$ 表示关键值 k 对应的 Hash 函数值）。

1. 取余法

用关键字 k 除以 M，取余数作为在 Hash 表中的位置。函数表达式可以写成：$h(k)=k\%P$。

不难发现，如果 P 的取值不好，就会使得很多不同的 k 得到相同的 $h(k)$，这样会使得在 Hash 表里面数据分布不均匀，同一位置堆砌了较多数据，很容易影响各个操作的效率，因此我们需要选择较好的 P，来保证 Hash 的效率不减退。在经验上我们一般选择在 k 的不同取值数的 1~2 倍范围内的素数。比如：k 的不同取值只有 600 种，那么 $M=701$ 即为一个不错的选择。

这类函数主要适用于整数。

2. 乘积取整法

用关键字 k 乘以一个在 $(0,1)$ 中的实数 A（最好是无理数），得到一个 $(0,k)$ 之间的实数；取出其小数部分，乘以 M，再取整数部分，即得 k 在 Hash 表中的位置。函数表达式可以写成：

$$h(k)=\lfloor M(kA\bmod 1)\rfloor$$

其中 $kA\bmod 1$ 表示 kA 的小数部分，即 $kA-\lfloor kA \rfloor$。例如，表容量 $M=12$，种子 $A=\dfrac{\sqrt{5}-1}{2}$（$A=\dfrac{\sqrt{5}-1}{2}$ 是一个实际效果很好的选择），关键值 $k=100$，那么 $h(k)=9$。

这类函数主要适用于小数。

6.2 冲突的处理

散列会有冲突，即多个不同的键值可能对应一个相同的索引，所以需要设计一些结构去解决这些冲突。

1. 挂链法（Separate Chaining）

挂链法是一种解决冲突的方法，具体来说就是当有两个不同键值对应的索引相等时，用链表去把他们连起来。

当查询/插入/删除一个元素时，只需要进入对应的链表内暴力查询/插入/删除即可。

代码如下：

```
void get_hash(int key)                                    // 加入一个元素
```

```
  {
    int buckets=f(key,array_size);              // 哈希函数
    int node=++tot_node;
    value[node]=key;
    next[node]=list[buckets];
    list[buckets]=node;
  }
  int check(int key)                            // 查询一个元素是否存在于散列表中
  {
    int buckets=key%array_size;
    for(int p=list[buckets];p;p=next[p])
      if(value[p]==key)
        return true;
    return false;
  }
```

在每个元素的键值基本均匀分布的前提下，挂链法查询/删除/插入操作时间复杂度为 $O(n\text{length}(\text{Hash table}))$。

2. 开放定址法

在开放定址法中，所有的元素都被直接存储于散列表中，而非像挂链法一样在每个散列表的位置上再挂出去一条链，所以我们需要散列表的大小不能小于插入的元素个数。

开放定址法依赖于一个特殊的函数 $H(x, k)$，它指明了如果前 k 次尝试访问位置都被占住，那么下一个应该尝试访问哪个位置。

特殊的，开放定址法的删除非常有意思。我们不能简单地将一个元素从散列表中删除，因为这可能会使部分元素将不再能被查询到。所以我们只能将它打上删除标记，即标记为"已删除"，当尝试插入"已删除"的位置时就插入，而查询时则并不在"已删除"的位置停下，而是接着通过 $H(x, k)$ 尝试下一次访问，就好像这个位置的元素并没有被删除一样。

（1）线性探查法：线性探查是开放定址法中一种解决冲突的方法，满足

$$H(x, k)=(x+1)\%\text{array\_size}$$

（2）二次探查法：二次探查法是开放定址法的另一种实现方法，满足

$$H(x, k)=(x+k^2)\%\text{array\_size}$$

（3）双哈希法：尽管都属于开放定址法，但双哈希法与上述两种方法有较大的不同，具体体现在需要引入一个新的散列函数 $newH(x)$，并满足

$$H(x, k)=(x+k\text{new}H(x))\%\text{array\_size}$$

三种方法各有各的优点，而实现方法类似，代码如下：

```
void get_hash(int key)              // 加入一个元素
{
  int buckets=f(key,array_size);
  while(value[buckets]!=key&&value[buckets])
  {
    buckets=(buckets==array_size-1?0:buckets+1);
  }
  value[buckets]=key;
}

int check(int key)                  // 查询一个元素是否存在于散列表中
{
  int buckets=f(key,array_size),opercnt=0;
  while(value[buckets]!=key&&value[buckets])
  {
    buckets=H(buckets,opercnt++);
  }
  return value[buckets]==key;
}
```

在每个元素的键值都是均匀分布的前提下，开放定址法进行一次查询/删除/插入操作的时间复杂度为 $O(\text{length}(\text{Hash table})/(\text{length}(\text{Hash table})-n))$。

而在三个不同的实现方法中，线性探查法有着最优秀的缓存访问和计算消耗，二次探查法虽然在以上两个方面都劣于线性探查法，但是却又都优于双哈希法。然而前两者都会被聚集所困扰，即大量散列函数值接近的元素的操作。

【例6.1】 找整数。给出 n 个正整数，有 m 个询问，每个询问一个正整数，询问该正整数是否在 n 个正整数中出现过。

输入格式：

第1行，两个正整数 n 和 m。

接下来 n 行，每行一个正整数，表示已有的数。

再接下来 m 行，每行一个正整数，表示一次询问。

输出格式：

共 m 行，每行输出"Yes"或"No"，表示一次询问。

6.2 冲突的处理

数据范围：

$n, m \leq 10^5$。

分析： 只需要一个散列表即可，代码如下：

```cpp
#include<bits/stdc++.h>
using namespace std;

const int maxn=1e5+10,array_size=2*maxn;

int value[array_size],n,m;

int f(int key,int array_size)                  // 随便选取的一个散列函数
{
  return key % array_size;
}

void get_hash(int key)
{
  int buckets=f(key,array_size);               // 初步的散列值
  while(value[buckets]!=key&&value[buckets])   // 线性探测
  {
    buckets=(buckets==array_size-1?0:buckets+1);
  }
  value[buckets]=key;
}

int check(int key)                             // 插入
{
  int buckets=f(key,array_size);
  while(value[buckets]!=key&&value[buckets])   // 线性探测
  {
    buckets=(buckets==array_size-1?0:buckets+1);
  }
  return value[buckets]==key;
}

int main(void)
{
  scanf("%d%d",&n,&m);
  for(int i=1,x;i<=n;i++)                      // 读入
```

```
    {
        scanf("%d",&x);
        get_hash(x);
    }
    for(int i=1,x;i<=m;i++)
    {
        scanf("%d",&x);
        puts(check(x)?"YES":"NO");
    }
    return 0;
}
```

【例6.2】找矩形。给出平面上 n 个互不重合的点的坐标 (x,y)，统计由这些点可以组成多少个正方形。注意：正方形的边不一定平行于坐标轴。

输入格式：

第1行，一个正整数 n，表示点的个数。

接下去 n 行，每行两个整数，表示一个点的坐标，保证点两两不重合。

输出格式：

一行，能组成的正方形数。

数据范围：

$n \leqslant 10^3$，$|x|$，$|y| \leqslant 10^4$。

分析：由于正方形的性质，我们可以枚举其中两个点，求出其他两个点，判断这两个点是否都存在，若存在，则说明可以组成一个正方形。利用散列表来进行判断。

代码如下：

```
#include<bits/stdc++.h>
using namespace std;

const int maxn=1e3+10,array_size=2e4+10;

struct m_point
{
    int x,y;
    bool operator<(const m_point&rhs)const
    {
        return x==rhs.x?y<rhs.y:x<rhs.x;
    }
}s[maxn],tmp;
```

6.2 冲突的处理

```c
int m_hash[array_size],nxt[maxn],n;

int f(int x,int y)                          // 专为这题设计的散列函数
{
  return abs(x+y);
}

void get_hash(int i)                        // 获得哈希值
{
  int value=f(s[i].x,s[i].y);
  nxt[i]=m_hash[value];
  m_hash[value]=i;
}

bool check(int x,int y)
{
  int value=f(x,y);
  int buckets=m_hash[value];
  while(-1!=buckets)                        // 为此题特别设计的探查法
  {
    if((s[buckets].x==x)&&(s[buckets].y==y))
      return true;
    buckets=nxt[buckets];
  }
  return false;
}

int new_x,new_y;

int main(void)
{
  scanf("%d",&n);
  int ans=0;
  memset(nxt,0xff,sizeof nxt);
  memset(m_hash,0xff,sizeof m_hash);
  for(int i=0;i<n;++i)
    scanf("%d%d",&s[i].x,&s[i].y);
  sort(s,s+n);
  for(int i=0;i<n;++i)
```

```
    {
        get_hash(i);
    }
    for(int i=0;i<n;++i)
    {
        for(int j=i+1;j<n;++j)                    // 枚举两个点，找另外两个点
        {
            tmp.x=s[j].x-s[i].x;
            tmp.y=s[j].y-s[i].y;
            new_x=s[i].x+tmp.y;
            new_y=s[i].y-tmp.x;
            if(!check(new_x,new_y))
            {
                continue;
            }
            new_x=s[j].x+tmp.y;
            new_y=s[j].y-tmp.x;
            if(!check(new_x,new_y))
            {
                continue;
            }
            ++ans;
        }
    }
    printf("%d\n",ans/2);                         // 每个正方形会被算两次
    return 0;
}
```

【**例6.3**】找集合。有一个大小为 n 的集合，里面的元素是正整数，如果某个子集是好的，那么就必须满足不存在这样两个数：一个是另一个的 p 倍。现在想知道最大的好的子集有多大。

输入格式：

第1行，两个正整数，表示集合大小 n 和参数 p。

接下去 n 行，每行一个正整数，表示集合的一个元素。

输出格式：

一行，表示最大的好子集有多大。

数据范围：

$n \leq 10^5$，$p \leq 10^9$。

6.2 冲突的处理

分析：每个数都可以看成是 $a \times p^b$，当两个数的 a 相同且 b 正好相差 1，即一个数正好是另一个数的 p 倍，就会发生冲突。而如果两个数的 a 不相同，那么就不可能发生冲突，所以我们只需要解决 a 相同的情况，稍做思考后可以发现应该从小往大取，这引导我们将集合里的元素排序后，用散列表维护即可。

代码如下：

```
#include<bits/stdc++.h>
using namespace std;

const int maxn=1e5+10,array_size=1e7+8;

int n,p,a[maxn],ans;
int num[array_size];

int f(int x)
{
  return x%(array_size-1);
}

void get_hash(int x)
{
  int tmp=x;
  while(tmp%p==0)
    tmp/=p;
  tmp=f(tmp);
  while(1)
  {
    if(!num[tmp])                            // 未出现过的 a
    {
      num[tmp]=x;
      ans++;
      return;
    }else{
      if(x % num[tmp]==0)
      {
        if(x/num[tmp]!=p)                    // 并非 p 倍关系
        {
          ans++;
          num[tmp]=x;
```

```
            }
            return;
        }
        else{                                     // 创建一个新位置
            tmp=tmp==array_size?0:tmp+1;
        }
    }
}

int main(void)
{
    scanf("%d%d",&n,&p);
    for(int i=1;i<=n;i++)
        scanf("%d",&a[i]);
    sort(a+1,a+n+1);                              // 对元素排序
    for(int i=1;i<=n;i++)
        get_hash(a[i]);
    printf("%d",ans);
    return 0;
}
```

6.3 字符串的哈希

字符串哈希使用的方法是，将字符串当成高进制的大整数再对一些大质数取模，将所有的取模后的结果组成的有序对当做它的哈希值。

通常来说，根据"生日悖论"，在采取单质数作为模数时，元素个数不能超过 $O=(\sqrt{P})$ 个。而采用多个大质数为模数时，元素个数则不能超过 $O=(\sqrt{\Pi P})$，而这一数量级远远超过了算法竞赛中可能的规模，因此我们可以认为多模数时是不会发生冲突的。所以，可以认为哈希值相同的字符串就是相同的。

而关于进制的选择，我们通常并不会将进制的大小设为太大或太小，一般来说字符集大小是个不错的选择。

值得一提的是，由于取模运算时间消耗较大，有时候我们让它自然溢出，相当于对 2^n 取模，这会让程序的运行时间大大减小。但是随之而来的是，我们可以构造数据，使得自然溢出一定错误。

【例 6.4】最短明文。有一个小写英文字母串加密而得的密文（同样由

小写英文字母组成），现在以密文在前，明文在后的方式拼接起来得到一个新的串，再截取这个串的前缀，保证这个前缀一定包含整个密文。

现在告诉你加密方式和这个前缀，输出最短的可能的明文。

输入格式：
第1行，一个长度为26的字符串 t，表示加密方式。
第2行，一个字符串 s，表示前缀。

输出格式：
一行，一个字符串，表示最短明文。

数据范围：
$|s| \leq 10^5$。

分析：只需要依据字符串哈希的定义，截取某个子串的哈希值就行了。

代码如下：

```cpp
#include<bits/stdc++.h>
using namespace std;

const int maxn=1e5+10,base=163;
typedef unsigned long long ull;
ull Hash1[maxn],Hash2[maxn],p[maxn];
char s[maxn],t[30],r[maxn];
int T,c[30];

void init(void)
{
  p[0]=1;
  for(int i=1;i<=100000;i++)              // 初始化字符哈希数组
    p[i]=p[i-1]*base;
}

ull get(int l,int r,ull g[])              // 用到了 ull 的自然溢出
{
  return g[r]-g[l-1]*p[r-l+1];
}

void work(void)
{
  for(int i=0;i<26;i++)
    c[t[i]-'a']=i;
```

```
    int n=strlen(s+1),ans=n;
    Hash1[0]=Hash2[0]=0;
    for(int i=1;i<=n;i++)                       // 对字符哈希
    {
      Hash1[i]=Hash1[i-1]*base+(s[i]-'a');
      Hash2[i]=Hash2[i-1]*base+(c[s[i]-'a']);
    }
    for(int i=n;i<n*2;i++)
    {
      if(i&1)continue;
      int tmp=i/2,len=n-tmp;
      ull s1=get(1,len,Hash2);                  // 从头开始的哈希
      ull s2=get(n-len+1,n,Hash1);              // 从尾开始的哈希
      if(s1==s2)
      {
        ans=tmp;
        break;
      }
    }
    for(int i=1;i<=ans;i++)
      printf("%c",c[s[i]-'a']+'a');
    puts("");
}

int main(void)
{
    scanf("%d",&T);
    init();
    while(T--)
    {
      scanf("%s%s",t,s+1);
      work();
    }
    return 0;
}
```

【例6.5】背单词。玲玲有 n 个想背的单词,每个单词长度不超过10,而一篇文章则由 m 个单词构成。给出这 m 个单词的出现顺序,她想在文章中找出连续的一段,其中包含最多的她想要背的单词(重复的只算一个)。并且在背诵的单词量尽量多的情况下,还要使选出的文章段落尽量短,这

样她就可以用尽量短的时间学习尽可能多的单词了。

输入格式：

第1行，一个整数 n，表示想背的单词个数。

接下来 n 行，每行表示一个单词。

再一行，一个整数 m，表示文章中的单词数。

接下来 m 行，每行表示文章中的一个单词。

输出格式：

第1行，表示最多能背的单词数。

第2行，表示在背诵单词最多的情况下的最短文章段落长度。

数据范围：

$n \leq 2 \times 10^4$，$m \leq 2 \times 10^4$。

分析：首先把所有串哈希一下，对 n 个串排序，枚举一遍 m 个串，对每个串二分查找，记录在 n 个串中出现的位置，同时记录一下出现次数。然后用尺取法，因为只让求满足出现最多单词的区间，很好判断。注意特判边界的情况。

代码如下：

```
#include<bits/stdc++.h>
using namespace std;

const int maxn=2e5+10;

char A[maxn];

long long solve(long long len)                                    // 哈希
{
  long long ans=0;
  for(long long i=1;i<=len;i++)
  {
    ans=ans*27+A[i]-'a';
  }
  return ans;
}

long long n,m,ne[maxn],sum[maxn];
bool used[maxn];
long long tot,lenth=2147483647,cnt[maxn];
```

```
int main(void)
{
  scanf("%lld",&n);
  for(long long i=1;i<=n;i++)
  {
    scanf("%s",A+1);
    ne[i]=solve(strlen(A+1));                    // 将前缀压成哈希值
  }
  sort(ne+1,ne+n+1);
  scanf("%lld",&m);
  for(long long i=1;i<=m;i++)
  {
    scanf("%s",A+1);
    int temp=solve(strlen(A+1));
    long long loc=lower_bound(ne+1,ne+n+1,temp)-ne;
                                                 // 二分求解
    if(ne[loc]!=temp)
    {
      sum[i]=0;
    }
    else{
      sum[i]=loc;
      if(!used[loc])tot++;                       // 计算答案
      used[loc]=true;
    }
  }
  printf("%lld\n",tot);
  if(!tot)
  {
    printf("0");
    return 0;
  }
  long long l=1,r=1,num=0;
  if(sum[1]!=0)num++;
  cnt[sum[1]]=1;
  while(r<=m)
  {
    if(num==tot)
    {
      lenth=min(lenth,r-l+1);
```

```
            cnt[sum[l]]--;
            if(!cnt[sum[l]])
            {
               if(sum[l]!=0)num--;
            }
            l++;
         }
         else{
            cnt[sum[++r]]++;
            if(sum[r]&&cnt[sum[r]]==1)num++;
         }

   }
   printf("%lld",lenth);
   return 0;
}
```

6.4 排列的哈希

排列的哈希主要应用了变进制数。变进制数能够用来实现全排列的哈希，并且该Hash函数能够实现完美的防碰撞和空间利用（不会发生碰撞，且所有空间被完全使用，不多不少）。这种全排列Hash函数也被称为全排列数化技术。下面，我们就来看看这种变进制数。

我们考查这样一种变进制数：第1位逢2进1，第2位逢3进1，…，第n位逢$n+1$进1，它的表示形式为：

$$K=a_1 \times 1!+a_2 \times 2!+a_3 \times 3!+\cdots+a_n \times n!$$ （其中$0 \leq a_i \leq i$）

与p进制表示相对应也可以扩展为如下形式：

$$K=a_0 \times 0!+a_1 \times 1!+a_2 \times 2!+a_3 \times 3!+\cdots+a_n \times n!$$ （其中$0 \leq a_i \leq i$）

因为按定义a_0始终为0，所以两种形式一样，后文所说的变进制数均指这种形式，且采用第一种表示法。

先让我们来考查一下该变进制数的进位是否正确。假设变进制数K的第i位a_i为$i+1$，需要进位，而$a_i \times i!=(i+1) \times i!=1 \times (i+1)!$，即向高位进1正确。这说明该变进制数能够正确进位，因此是一种合法的计数方式。

n位变进制数能够表示0到$(n+1)!-1$的范围内的所有自然数，共$(n+1)!$个。

从数的角度来看，全排列和变进制数都用到了阶乘。如果我们能够用

0 到 $n!-1$ 这 $n!$ 个连续的变进制数来表示 n 个元素的所有排列，那么就能够把全排列完全地"数化"，建立起全排列和自然数之间一一对应的关系，也就实现了一个完美的 Hash 函数。那么，我们的想法能否实现呢？答案是肯定的，下面将进行讨论。

假设有 b_0，b_1，b_2，b_3，…，b_n 共 $n+1$ 个不同的元素，并假设各元素之间有一种次序关系 $b_0 < b_1 < b_2 < \cdots < b_n$，共有 $(n+1)!$ 种不同的排列。对于产生的任一排列 c_0，c_1，c_2，…，c_n，其中第 i 个元素 c_i（$1 \leq i \leq n$）与它前面的 i 个元素构成的逆序对的个数为 d_i（$0 \leq d_i \leq i$），那么我们得到一个逆序数序列 d_1，d_2，…，d_n（$0 \leq d_i \leq i$）。这不就是前面的 n 位变进制数的各个数位么？

于是，我们用 n 位变进制数 M 来表示该排列：

$$M = d_1 \times 1! + d_2 \times 2! + \cdots + d_n \times n!$$

这样，每个排列都可以按这种方式表示成一个 n 位变进制数。

下面，我们来考查 n 位变进制数能否与 $n+1$ 个元素的全排列建立起一一对应的关系。

由于 n 位变进制数能表示 $(n+1)!$ 个不同的数，而 $n+1$ 个元素的全排列刚好有 $(n+1)!$ 个不同的排列，且每一个排列都已经能表示成一个 n 位变进制数。任意两个不同的排列可产生两个不同的变进制数，因此可以得出如下结论：$n+1$ 个元素的全排列的每一个排列对应着一个不同的 n 位变进制数。

【例 6.6】任意输入一个 n 个元素的排列，求它在全排列中的序号。

分析：一个排列和一个变进制数一一对应，因此只要求出该排列的变进制数即可，时间复杂度为 $O(n\log_2 n)$。

参考程序如下：

```
int tree[N],n;
inline void add(int x)                    // 利用树状数组在 O(Nlog₂N)
                                          的时间复杂度内求逆序对
{
   for(;x<=n;x+=x&-x)
      tree[x]++;
}

inline int ask(int x)
{
   int ans=0;
   for(;x;x-=x&x)
```

```
    ans+=tree[x];return ans;
}

inline long long PermutationToNumber(int s[])
{
  long long result=0,s=1;
  for(int i=1;i<=n;i++,s=s*i)           // 变进制数转化
  {
    result+=ask(s[i])*s;
    add(s[i]);
  }
  return result;
}
```

6.5 数据结构的哈希

当我们想判断某两张图是否同构时,或者某两棵有根树是否相同时,我们就需要一个可行的比较手段,这时我们就又想起了哈希。

在对一个数据结构进行哈希时,需要记住一个重要的原则:理论上可以根据哈希值唯一确定这个数据结构。只有这样才能完美地比较两个数据结构。

但是哈希函数怎么设计呢?可以注意到几乎所有的数据结构的结构特点和信息构成都可以唯一地变为一个字符串。比如对于一棵有根树哈希,一种可行的办法是把这棵树看成括号序列,每次把子树的括号序列按字典序排序后依次串连起来作为根的字符串即可,剩下的部分就是字符串哈希了。

【例6.7】树的同构[1]。树是一种很常见的数据结构。

我们把n个点,$n-1$条边的连通无向图称为树。

若将某个点作为根,从根开始遍历,则其他的点都有一个前驱,这个树就成为有根树。

对于两个树T_1和T_2,如果能够把树T_1的所有点重新标号,使得树T_1和树T_2完全相同,那么这两个树是同构的。也就是说,它们具有相同的形态。

现在,给你m个有根树,请你把它们按同构关系分成若干个等价类。

输入格式:

第1行,一个整数m。

接下来m行,每行包含若干个整数,表示一个树。第一个整数n表示

---

[1] 本题选自BJOI 2015。

点数；接下来 n 个整数，依次表示编号为1到 n 的每个点的父亲结点的编号。根结点父亲结点编号为0。

输出格式：

输出 m 行，每行一个整数，表示与每个树同构的树的最小编号。

数据范围：

$1 \leq n, m \leq 50$。

分析：可以注意到，对于一棵无根树，它的重心个数不超过2。

枚举每个重心，以重心为根求出这棵有根树的最小表示，然后取字典序最大的即可。

对于有根树的最小表示，可以看成括号序列，每次把子树的括号序列按字典序排序后依次串连起来即可。

代码如下：

```cpp
#include<cstdio>
#include<string>
#include<algorithm>
using namespace std;

const int maxn=55;

int T,n,g[maxn],v[maxn<<1],nxt[maxn<<1],ed,f[maxn],son[maxn],mx;
string h[maxn],q[maxn],val[maxn];

inline void link(int x,int y)
{
    v[++ed]=y;nxt[ed]=g[x];g[x]=ed;
}

void findroot(int x,int y)                    // 寻找重心
{
    son[x]=1;
    f[x]=0;
    for(int i=g[x];i;i=nxt[i])
        if(v[i]!=y)
        {
            findroot(v[i],x);
            son[x]+=son[v[i]];
            if(son[v[i]]>f[x])                // 对子树 size 大小比较
```

```
      f[x]=son[v[i]];
    }
  if(n-son[x]>f[x])
    f[x]=n-son[x];
  if(f[x]<mx)
    mx=f[x];
}

void dfs(int x,int y)                        // 括号序列的确定
{
  h[x]="(";
  for(int i=g[x];i;i=nxt[i])
    if(v[i]!=y)
      dfs(v[i],x);
  int t=0;
  for(int i=g[x];i;i=nxt[i])
    if(v[i]!=y)
      q[t++]=h[v[i]];
  sort(q,q+t);
  for(int i=0;i<t;i++)
    h[x]+=q[i];
  h[x]+=")";
}

string solve(void)
{
  string t="";
  scanf("%d",&n);
  ed=0,mx=n;
  fill(g+1,g+n+1,0);
  for(int i=1,x;i<=n;i++)                    // 读入并连边
  {
    scanf("%d",&x);
    if(x)
      link(i,x),link(x,i);
  }
  findroot(1,0);                             // 确定重心
  for(int i=1;i<=n;i++)
    if(f[i]==mx)
    {
```

```
        dfs(i,0);                              // 以i为根进行dfs
        if(h[i]>t)
          t=h[i];
      }
  return t;
}

int main(void)
{
  scanf("%d",&T);
  for(int i=1;i<=T;i++)
    val[i]=solve();
  for(int i=1,who;i<=T;i++)                    // 确定标号
  {
    for(int j=i;j;j--)
      if(val[j]==val[i])
        who=j;
    printf("%d\n",who);
  }
  return 0;
}
```

本章小结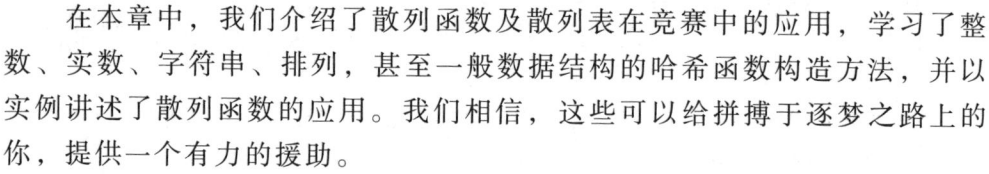

在本章中，我们介绍了散列函数及散列表在竞赛中的应用，学习了整数、实数、字符串、排列，甚至一般数据结构的哈希函数构造方法，并以实例讲述了散列函数的应用。我们相信，这些可以给拼搏于逐梦之路上的你，提供一个有力的援助。

第7章 排序及其应用

在生活中,如果让班级里的人按从矮到高的顺序排成一队,所有人会自主寻找自己的位置。但是对于没有思维的数字,我们又该如何将它们排序呢?你可能已经了解一些简单的排序算法。在本章中,你将复习这些算法,并学习一些新的数值排序算法,以及针对有向图的拓扑排序。

7.1 桶排序

如果让你手工排序一串数,首先你一定会大致观察每一个数的大小,对每个数大致的位置作出估计。桶排序的思想是:桶排序将会按值的大致大小放入几个桶中,在每个桶中做单独的排序,然后将结果从前往后合并起来。图7.1是桶排序的过程示意图。

(1)遍历每一个元素,在权值的桶中装入下标。
(2)遍历所有桶,输出对应的下标。

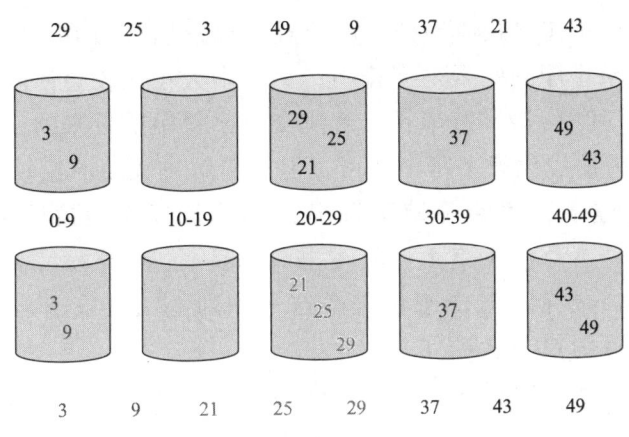

图7.1

值得注意的是,桶排序将排序这个原问题进行了划分,成为几个规模更小的问题,但这些问题仍然是将一些数从小到大排序。可见桶排序并不能从本质上解决排序的问题。但若将接下来介绍的算法嵌套于桶排序中,就可以有效地解决排序问题了。桶排序的时间复杂度主要与嵌套于其中的排序算法的时间复杂度有关，也取决于桶的划分方法。

如果每个桶只存放一种数字，则不需要对桶内数字进行排序，直接从小到大输出每个桶内的数字即可。这种排序算法的总时间复杂度为 $O(n+a)$，其中 a 表示数字大小的范围。这种特殊的桶排序算法被称为计数排序，它只适用于 a 不是特别大的情况。

7.2 插入排序

插入排序是指基于插入的一系列排序方式。本节将介绍简单插入排序、针对字符串的折半插入排序以及希尔排序。

7.2.1 简单插入排序

假如你已得到了一个有序的序列，以及一个待插入的元素。在序列中找到该元素应当插入的位置并插入，就能得到含有该元素的有序序列。若将所有需要排序的数一一插入，就能完成排序。

在最坏情况下，每次插入的时间复杂度为 $O(n)$，该算法的总时间复杂度为 $O(n^2)$。

7.2.2 针对字符串的折半插入排序

简单插入排序在寻找应当插入的位置，以及插入当前元素的复杂度都是 $O(n)$ 的。但如果排序的元素是字符串，字符串大小比较会使两步的复杂度都上升为 $O(ns)$，其中 s 为字符串长。解决交换字符串所带来的额外复杂度并不复杂，只需要用编号代表字符串即可，但如何解决较高的比较复杂度呢？

有一种通过字符串哈希使字符串大小比较复杂度降为 $O(\log_2 s)$ 的算法，但这并不是本章的重点（详见本书第6章）。在插入元素之前，原序列是单调递增的。一个直观的想法是在这个序列上二分找出插入的位置。这样比较次数就降为 $O(\log_2 n)$ 了。

寻找字符串插入位置的时间复杂度为 $O(\log_2(n+s))$，插入字符串的最坏时间复杂度为 $O(n)$，该算法的总时间复杂度为 $O(n^2+n\log_2(n+s))$。

7.2.3 希尔排序

对一个初始就递增的数组进行插入排序时，时间复杂度是 $O(n)$ 的。如果初始数组较为有序，排序的复杂度应当相应地接近 $O(n)$。希尔排序使用了一种变体的插入排序。对于一个定值 GAP，将位置模 GAP 后相同的数加入一个队列中进行简单插入排序，然后将排好的数按位置放回数列中。

表7.1是对数组Shell排序的演示（每次对颜色相同的数字进行插入排序）。

表7.1

	a_1	a_2	a_3	a_4	a_5	a_6	a_7	a_8	a_9	a_{10}	a_{11}	a_{12}
输入数据	62	83	18	53	7	17	95	86	47	69	25	28
以5为GAP排序后	17	28	18	47	7	25	83	86	53	69	62	95
以3为GAP排序后	17	7	18	47	28	25	69	62	53	83	86	95
以1为GAP排序后	7	17	18	25	28	47	53	62	69	83	86	95

如果只取GAP等于1，希尔排序就等价于简单插入排序。一般情况下，希尔排序会从大到小取一系列GAP，并在最后取一次1以确保正确性。希尔排序的时间复杂度与所取的GAP有关。一个有$O(n^{\frac{4}{3}})$复杂度的GAP序列是$GAP(k)=4^k+3\times2^{k-1}+1$，最后添加$GAP=1$。

参考代码如下：

```
int shellsortGo(int p[],int n)    //Gonnet算法，发表于1991年。
{
   int op=0;
   int h,i,j,temp;
   for(h=n;h>1;)
   {
     h=(h<5) ?1:(h*5-1) /11;
     for(i=h;i<n;i++)
     {
       temp=p[i];
       for(j=i-h;j>=0&&p[j]>temp;j-=h)
       {
         p[j+h]=p[j];
         op++;
       }
       p[j+h]=temp;
       op++;
     }
   }
   return op;
}
```

7.3 选择排序

选择排序是最为自然的排序算法,它按从小到大的顺序确定每一个数。本节将介绍两种直接的选择排序算法,以及一种基于数据结构的排序算法。

7.3.1 简单选择排序

简单选择排序每次扫描未被加入答案序列的数,并选择其中最小的数,将它加到答案序列末尾。

选择最小数的时间复杂度为 $O(n)$,该算法的总时间复杂度为 $O(n^2)$。

7.3.2 冒泡排序

冒泡排序也从低到高、从左到右依次确定每一位的值,但是冒泡排序选取最小值的方法与选择排序不同。在每一轮冒泡排序中,使用一个指针从序列末尾向前扫。若当前位比前一位小,则交换两位,否则不交换。同样若反方向从高到低确认每一位的值,也是冒泡排序的实现方式之一。其时间复杂度与简单选择排序相同。

值得注意的是,如果在一轮冒泡排序中没有发生交换操作,说明数组已经有序,可以直接退出循环。

7.3.3 堆排序

二叉堆能够动态维护集合的最小/大值,因此只要进行 n 轮取最小/大值、删除最小/大值的操作即可。要进行堆排序,只需将每一个元素插入到堆中即可。关于堆的内容,详见本书第 2 章关于优先队列的知识。

7.4 分治思想排序

分治思想是解决问题的重要思想。它将原问题划分成了几个可合并的规模更小的问题,分别解决,然后合并。在本节中,我们将探究分治思想在排序中的应用。

7.4.1 快速排序

将两个值域互不相交的序列合并只需简单的合并两个序列。所以我们只需将一个序列分成两个值域不相交的部分然后分别排序后合并就能解决排序的问题。为了将序列分成值域不相交的两部分,可以选取一个值,将小于等于它的视作一个序列，大于它的视作另一个序列即可。

核心代码如下：

```
void Qsort(int arr[],int low,int high)
{
  if(high<=low)return;
  int i=low;
  int j=high+1;
  int key=arr[low];
  while(true)
  {
    while(arr[++i]<key)if(i==high)break;  // 从左向右找比 key 大的值
    while(arr[--j]>key)if(j==low)break;   // 从右向左找比 key 小的值
    if(i>=j)break;
    swap(arr[i],arr[j]);                  // 交换 i,j 对应的值
    swap(arr[low],arr[j]);                // 中枢值与 j 对应值交换
    Qsort(arr,low,j-1);
    Qsort(arr,j+1,high);
  }
}
```

图 7.2 是对简单快速排序的演示。

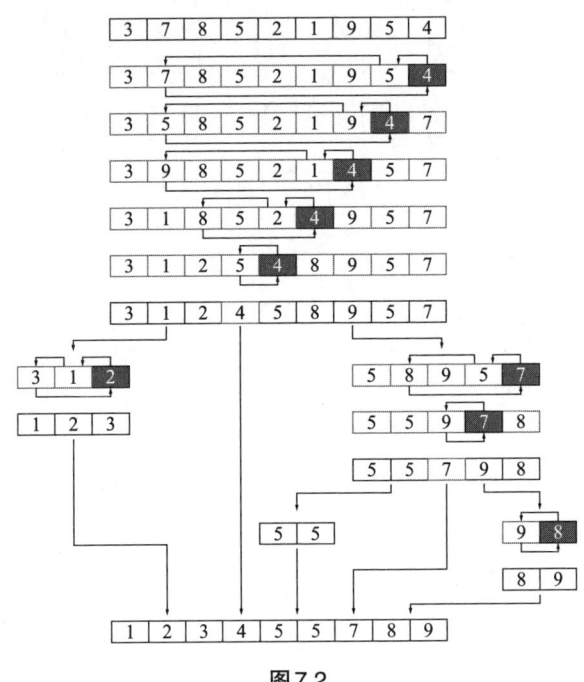

图 7.2

如果每次将序列分成两个长度相近的序列，则递归深度为 $O(\log_2 n)$，而递归每一层分割序列的总复杂度为 $O(n)$，因此在最好情况下，该算法的总时间复杂度为 $O(n\log_2 n)$。然而，在最坏情况下，分割出的两个序列长度相差很大，递归深度变大，该算法的总时间复杂度退化为 $O(n^2)$。在选择的分割点随机的情况下，快速排序的平均时间复杂度为 $O(n\log_2 n)$，因此可以随机选取分割点的值来避免退化。

7.4.2 归并排序

对于两个有序的序列，也存在一种线性的归并方法。每次将两个序列的第一个元素中较小的数加入结果序列然后删去。基于这种方法，也存在一种运用归并思想的排序方法。

图 7.3 是对归并排序的演示。

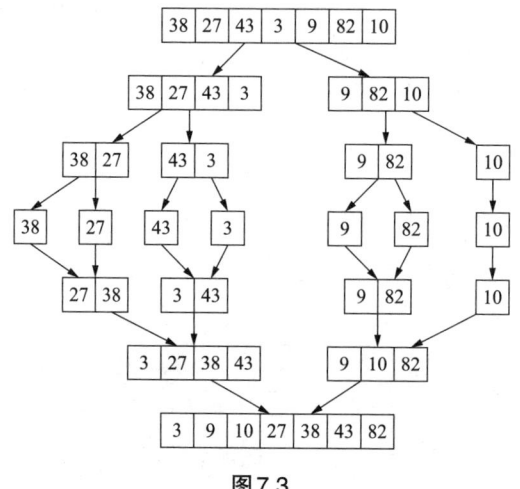

图7.3

代码如下：

```
void merge(int*arry,int left,int mid,int right)
{
    int*temp=new int[right-left];
    int t=0;
    int i=left;
    int j=mid;
    while(i<mid||j<right)
    {
        if(i>=mid)
        {
```

```
        temp[t++]=arry[j++];
      }
      else if(j>=right)
      {
        temp[t++]=arry[i++];
      }
      else
      {
        if(arry[i]<arry[j])
        {
          temp[t++]=arry[i++];
        }
        else
        {
          temp[t++]=arry[j++];
        }
      }
    }
    t=0;
    for(int i=left;i<right;i++)
    {
      arry[i]=temp[t++];
    }
    delete[]temp;
}
```

归并排序的经典应用是求逆序对数量。在归并排序的 merge 过程中，可以同时计算这层分治中跨越前后两部分逆序对数量。将每一层分治的结果求和即为最终结果。

与快速排序的最好情况一样，该算法递归深度为 $O(\log_2 n)$，递归每一次合并序列的总时间复杂度为 $O(n)$，因此该算法的总时间复杂度为 $O(n\log_2 n)$。与快排相比，该算法的优势是不会发生退化现象，因为每次必定将序列分割成两个长度相近的序列。而且，相比于快排和堆排的不稳定，该算法是稳定排序算法。但是，在不考虑栈空间的情况下，该算法仍然需要额外空间来进行序列合并，而快排和堆排则不需要额外空间。

【**例 7.1**】瑞士轮[1]。$2n$ 名编号为 $1\sim 2n$ 的选手共进行 r 轮比赛。每轮比赛开始前，以及所有比赛结束后，都会按照总分从高到低对选手进行一次排

1）本题选自 NOIP 2011。

名。选手的总分为第一轮开始前的初始分数加上已参加过的所有比赛的得分和。总分相同的，约定编号较小的选手排名靠前。

每轮比赛的对阵安排与该轮比赛开始前的排名有关：第1名和第2名、第3名和第4名、…、第$2k-1$名和第$2k$名、…、第$2n-1$名和第$2n$名，各进行一场比赛。每场比赛胜者得1分，负者得0分。也就是说除了首轮以外，其他轮比赛的安排均不能事先确定，而是要取决于选手在之前比赛中的表现。

现给定每个选手的初始分数及其实力值，试计算在r轮比赛过后，排名第q的选手编号是多少。我们假设选手的实力值两两不同，且每场比赛中实力值较高的总能获胜。

输入格式：

第1行，三个正整数n、r、q，表示有$2n$名选手、r轮比赛，以及我们关心的名次q。

第2行，$2n$个非负整数$s_1, s_2, \cdots, s_{2n}$，其中s_i表示编号为i的选手的初始分数。

第3行，$2n$个正整数$w_1, w_2, \cdots, w_{2n}$，其中w_i表示编号为i的选手的实力值。

输出格式：

只有一行，包含一个整数，即r轮比赛结束后，排名第q的选手的编号。

输入样例：

```
2 4 2
7 6 6 7
10 5 20 15
```

输出样例：

```
1
```

数据范围：

$1 \leq n \leq 10^5$，$1 \leq r \leq 50$，$1 \leq q \leq 2n$，$0 \leq s_1, s_2, \cdots, s_{2n} \leq 10^8$，$1 \leq w_1, w_2, \cdots, w_{2n} \leq 10^8$。

分析： 归并法。合并两个有序的线性表，且合并后仍然有序。实践证明，如果单纯排序r次，不管使用哪种基于比较的排序方法，时间复杂度至少为$O(nr\log_2 n)$，结果必然超时。事实上只需进行一次真正意义上的排序即可。在以后的比赛中，按原顺序分成两组，获胜组和失败组，这两组依然是有序的，再把这两组归并成一组就可以了。总的时间复杂度为$O(nr)$。

参考程序如下[1]：

```cpp
#include<cstdio>
#include<algorithm>
using namespace std;
struct P
{
  int num,s,w;
};
int n,r,q;
P ans[200002];                          //ans 存每一轮比赛后的结果
P a[200002],b[200002];                  //a 存赢的，b 存输的
bool pcmp(const P&a,const P&b)
{
  return(a.s==b.s)?(a.num<b.num):(a.s>b.s);// 注意特殊情况的处理
}
void solve()           // 每调用一次 solve()，就会求出下一轮的比赛结果
{
  int ai=1,bi=1;
  for(int i=1;i<=n*2;i+=2)
  {
    if(ans[i].w>ans[i+1].w)             //ans[i] 赢
    {
      ans[i].s++;
      a[ai++]=ans[i];
      b[bi++]=ans[i+1];
    }
    else{                               //ans[i] 输
      ans[i+1].s++;
      a[ai++]=ans[i+1];
      b[bi++]=ans[i];
    }
  }
                                        // 经典的归并代码
  int i=1,j=1,k=1;
  while(i<ai&&j<bi)
  if(pcmp(a[i],b[j]))ans[k++]=a[i++];
  else
  ans[k++]=b[j++];
```

1）程序来源：https://blog.csdn.net/dengping_ss/article/details/49833557。

```
    while(i<ai)ans[k++]=a[i++];
    while(j<bi)ans[k++]=b[j++];
}

int main()
{
    scanf("%d%d%d",&n,&r,&q);
    for(int i=1;i<=n*2;i++)
    {
        scanf("%d",&ans[i].s);
        ans[i].num=i;
    }
    for(int i=1;i<=n*2;i++)scanf("%d",&ans[i].w);
    sort(ans+1,ans+1+2*n,pcmp);
    for(int i=1;i<=r;i++)solve();         //调用r次solve(),求出r
                                          //轮后的结果
    printf("%d\n",ans[q].num);
    return 0;
}
```

【例7.2】 求逆序对。给出一个长度为 n 的序列 $\{a\}$，求满足 $a_i>a_j$，$i<j$ 的数量。

数据范围：

$1 \leqslant n \leqslant 5 \times 10^5$，$0 \leqslant a_i \leqslant 10^9$。

分析： 实际上归并排序的交换次数就是这个数组的逆序对个数，为什么呢？

我们可以这样考虑：归并排序是将数列 $a[l, r]$ 分成两半 $a[l, m]$ 和 $a[m+1, r]$ 分别进行归并排序，然后再将这两半合并起来。在合并的过程中（设 $l \leqslant i \leqslant m$，$m+1 \leqslant j \leqslant r$），我们要统计 $a[i]>a[j]$ 的对数，也就是要对于每个 $a[i]$ 算出在合并后它前面有多少个 $a[j]$。所以当 $a[i] \leqslant a[j]$ 时，对于所有 $m+1 \leqslant k<j$ 都有 $a[k]<a[i]$，所以它的贡献就是 $j-m-1$，时间复杂度为 $O(n\log_2 n)$。

参考程序如下：

```
#include<bits/stdc++.h>
using namespace std;
typedef long long LL;
const int N=500005;
int n;
```

```
int a[N],b[N];
LL ret=0;
void Divide(int l,int r)
{
  if(l==r)return;
  int m=(l+r)/2;
  Divide(l,m);
  Divide(m+1,r);
  for(int i=l,j=m+1,k=l;i<=m||j<=r;)
    if(i<=m&&(j>r||a[i]<=a[j]))
    {
      b[k++]=a[i++];
      ret+=j-m-1;                              // 统计贡献
    }else{
      b[k++]=a[j++];
    }
  for(int i=l;i<=r;++i)
    a[i]=b[i];
  return;
}
int main()
{
  scanf("%d",&n);
  for(int i=1;i<=n;++i)
    scanf("%d",&a[i]);
  Divide(1,n);
  printf("%lld\n",ret);
  return 0;
}
```

7.4.3 搜索树的排序

本书第 2 章已经提及了二叉排序树及其相关知识。它其实也利用了分治的思想。二叉排序树有一个性质：它的中序遍历就是按数字从小到大遍历。利用这个性质，可以将序列中的数全部放进二叉排序树，再对二叉排序树进行中序遍历，就能得到排序后的序列。

将一个数插入到二叉排序树里的时间复杂度为 $O(\log_2 n)$，要进行 n 次插入操作。中序遍历的时间复杂度为 $O(n)$，因此该算法的总时间复杂度为 $O(n\log_2 n)$。

7.5 基数排序

正常的排序算法按从高位到低位比较各位数字，而从低位到高位比较各位数字也能完成排序。

从低到高枚举每一位，按该位的值排序，且不改变该位相同的数的相对顺序（即稳定排序）。由于每一位值的范围 a 有限，可以使用时间复杂度为 $O(n+a)$ 的计数排序。这也能实现将所有数排序。

假设要排序下列数字：8，9，6，11，23，1，9，18，10，213，33，7，87，91，180，35，52，716，106。

先按个位计数排序，如表7.2所示。

表7.2

个位0	个位1	个位2	个位3	个位4	个位5	个位6	个位7	个位8	个位9
10	11	52	23		35	6	7	8	9
180	1		213			716	87	18	9
	91		33			106			

依次取出桶内的数，得到新数组：10，180，11，1，91，52，23，213，33，35，6，716，106，7，87，8，18，9，9。

再按十位计数排序，如表7.3所示。

表7.3

十位0	十位1	十位2	十位3	十位4	十位5	十位6	十位7	十位8	十位9
1	10	23	33		52			180	91
6	11		35					87	
106	213								
7	716								
8	18								
9									
9									

整理得到新数组：1，6，106，7，8，9，9，10，11，213，716，18，23，33，35，52，180，87，91。

最后按百位计数排序，如表7.4所示。

表7.4

百位0	百位1	百位2	百位3	百位4	百位5	百位6	百位7	百位8	百位9
1	106	213					716		
6	180								
7									
8									
9									
9									
10									
11									
18									
23									
33									
52									
87									
91									

最后数组为：1，6，7，8，9，9，10，11，18，23，33，52，87，91，106，180，213，716。

两个数比较大小遵循从高位到低位比较的原则。如果高位相同，则比较低位。基数排序的最后一次排序正是按最高位排序。由于按每一位排序时使用的都是稳定排序，因此在最高位相同的情况下，第二位的数字仍然是递增的（因为这一位已经排过序了）。而在第二位相同的情况下，第三位的数字是递增的。以此类推，可知基数排序的正确性。

时间效率：设待排序为 n 个记录，d 个关键码，关键码的取值范围为 radix，则进行链式基数排序的时间复杂度为 $O(d(n+radix))$，其中，一趟分配时间复杂度为 $O(n)$，一趟收集时间复杂度为 $O(radix)$，共进行 d 趟分配和收集。空间效率：需要 2radix 个指向队列的辅助空间，以及用于静态链表的 n 个指针。

核心代码如下：

```
void radixsort(int data[],int n)              // 基数排序
{
    int d=maxbit(data,n);                     // 求数字最大位数
    int*tmp=new int[n];
    int*count=new int[10];                    // 计数器
```

```
    int i,j,k;
    int radix=1;
    for(i=1;i<=d;i++)                          // 进行 d 次排序
    {
      for(j=0;j<10;j++)count[j]=0;             // 每次分配前清空计数器
      for(j=0;j<n;j++)
      {
        k=(data[j]/radix)%10;                  // 统计每个桶中的记录数
        count[k]++;
      }
      for(j=1;j<10;j++)count[j]=count[j-1]+count[j];
                                               // 将 tmp 中的位置依次分配给每个桶
      for(j=n-1;j>=0;j--)                      // 将所有桶中记录依次收集到 tmp 中
      {
        k=(data[j]/radix)%10;
        tmp[count[k]-1]=data[j];
        count[k]--;
      }
      for(j=0;j<n;j++)data[j]=tmp[j];          // 将临时数组的内容复制
                                               //   到 data 中
      radix=radix*10;
    }
    delete[]tmp;
    delete[]count;
}
```

7.6 拓扑排序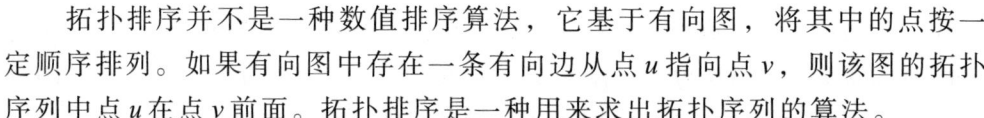

拓扑排序并不是一种数值排序算法，它基于有向图，将其中的点按一定顺序排列。如果有向图中存在一条有向边从点 u 指向点 v，则该图的拓扑序列中点 u 在点 v 前面。拓扑排序是一种用来求出拓扑序列的算法。

可以这样理解：将有向图中的每个点看成一项任务，如果有一条边 $u->v$，说明任务 u 必须在任务 v 之前完成，而拓扑序列就是一种合法的完成任务的顺序。

关于拓扑排序的内容，详见本书第 4 章。

【例 7.3】车站分级[1]。一条单向的铁路线上，依次有编号为 1，2，…，

1）本题选自 NOIP 2013 普及组第四题。

n 的 n 个火车站。每个火车站都有一个级别，最低为1级。现有若干趟车次在这条线路上行驶，每一趟都满足如下要求：如果这趟车次停靠了火车站 x，则始发站、终点站之间所有级别大于等于火车站 x 的都必须停靠。（注意：起始站和终点站自然也算作事先已知需要停靠的站点）

例如，表 7.5 是 5 趟车次的运行情况。其中，前 4 趟车次均满足要求，而第 5 趟车次由于停靠了 3 号火车站（2 级）却未停靠途经的 6 号火车站（亦为 2 级），因此不满足要求。

表 7.5

车站编号	1	2	3	4	5	6	7	8	9
车站级别	3	1	2	1	3	2	1	1	3
车次									
1	始	→	→	停	→	→	停	→	终
2			始	→	→	停	→	终	
3	始					停	→	→	→	→	终
4					始	→	停	→	停	→	停	→	终
5			始	→	→	停	→	→	→	终

现有 m 趟车次的运行情况（全部满足要求），试推算这 n 个火车站至少分为几个不同的级别。

分析：对于一个起点为 l、终点为 r 的车次，如果 l 到 r 中有车站没停，那么它们的级别肯定比停过的级别要低，那么就从没停的向停过的连一条边，表示它的级别相对比较低，最后拓扑排序，并且做一个简单递推即可。

为防止边数过多，我们需要过滤重边，即如果当前已经有这条边，就不用再加了。

参考程序如下[1]：

```
#include<iostream>
#include<cstdio>
#include<cstring>
#include<queue>
#include<vector>
#include<algorithm>
using namespace std;
#define pii pair<int,int>
```

1）程序来源：https://blog.csdn.net/qq_16964363/article/details/77990193。

```cpp
const int e=1e3+5;
int s[e][e],n,m,ans,ru[e],vis[e],tot,pd[e][e];
queue<pii>q;
vector<int>g[e];
inline int getint()                                    // 读入优化
{
  char ch;
  int res=0;
  while(ch=getchar(),ch<'0'||ch>'9');
  res=ch-48;
  while(ch=getchar(),ch>='0'&&ch<='9')
  res=(res<<3)+(res<<1)+ch-48;
  return res;
}
inline void bfs()                                      // 拓扑排序
{
  int i;
  for(i=1;i<=n;i++)
  if(ru[i]==0)
  q.push(make_pair(i,1));                              // 没有入度，级别最低
  ans=1;
  while(!q.empty())
  {
    int u=q.front().first,val=q.front().second;
    // 队列中的每个元素有 2 个关键字，第一个是车站编号，第二个是级别
    q.pop();
    for(i=0;i<g[u].size();i++)
    {
      int v=g[u][i];
      ru[v]--;
      if(ru[v]==0)
      {
        q.push(make_pair(v,val+1));                    // 递推，当前点的级别
                                                       //      为 val+1
        ans=max(ans,val+1);//ans 记录最高级别，也就是不同级别的数量
      }
    }
  }
}
int main()
```

```
{
    int i,j,x;
    n=getint();
    m=getint();
    for(i=1;i<=m;i++)
    {
        s[i][0]=getint();              //s[i][0]为车次i停靠的车站数量
        memset(vis,false,sizeof(vis));
        for(j=1;j<=s[i][0];j++)
        {
            x=getint();
            s[i][j]=x;                 //s[i][j] 表示车次i停靠的第j个车站
            vis[x]=true;               //当前车次有停靠x
        }
        for(j=s[i][1];j<=s[i][s[i][0]];j++)
                                       //枚举经过的所有车站(不一定停靠)
        {
            if(vis[j])continue;        //这条路上所有不停靠的必须
                                       //  比所有停靠的级别低
            for(int k=1;k<=s[i][0];k++)
            if(!pd[j][s[i][k]])        //pd判断这条边是否还没连
            {
                ru[s[i][k]]++;         //入度+1
                g[j].push_back(s[i][k]);
                //j向s[i][k]连边,表示j的级别必须比s[i][k]低
                pd[j][s[i][k]]=true;   //标记为连过的边
            }
        }
    }
    bfs();
    cout<<ans<<endl;
    return 0;
}
```

本章小结

对于数值排序，C++ 的 STL 库里已经有一个非常成熟的 sort 函数，但这并不意味着我们不需要学习其他排序算法。事实上，C++ 里的 sort 函数正是基于快排、插排和堆排——当元素个数小于某个数时使用插排，若递

归深度浅则使用快排，否则使用堆排。这是因为快排在数据量大的时候时间复杂度优势明显，效率最高，但由于其需要递归，在数据量较小时快排的效率反而比不上简单的插入排序。由此可见，了解各种排序算法的思想和原理是十分有必要的。

表7.6列举了几种常见的数值排序算法的特性。

表7.6

排序算法	最优时间复杂度	平均时间复杂度	最劣时间复杂度	额外内存	稳定性	使用思想	备注
插入排序	$O(n)$	$O(n^2)$	$O(n^2)$	$O(1)$	是	插入	复杂度与逆序对个数相关
选择排序	$O(n^2)$	$O(n^2)$	$O(n^2)$	$O(1)$	否	选择	额外 $O(n)$ 空间可使其稳定
冒泡排序	$O(n)$	$O(n^2)$	$O(n^2)$	$O(1)$	是	交换	代码短
堆排序	$O(n\log_2 n)$	$O(n\log_2 n)$	$O(n\log_2 n)$	$O(1)$	否	选择	
快速排序	$O(n\log_2 n)$	$O(n\log_2 n)$	$O(n^2)$	平均$O(\log_2 n)$，最坏$O(n)$	否	分治	常使用 $O(\log_2 n)$ 栈空间
归并排序	$O(n\log_2 n)$	$O(n\log_2 n)$	$O(n\log_2 n)$	$O(n)$	是	归并	

第8章 基础算法及其应用

我们在遇到问题时，总会想出一系列有顺序的步骤去解决这些问题。如果这个方法行而有效，并能保证在执行一定步骤后得到问题的解，我们可以认为这个解决问题步骤和方法就是算法。当然，解决问题的方法并不止一种，我们总是要求某种方法很有效，也就是通常所说的算法效率比较高，或者算法的时间复杂度比较低。本章我们着重介绍一些基础的算法及其应用。

8.1 贪心算法

贪心思想是贪心算法的基础，一个正确而巧妙的贪心，可以快速地解决问题。贪心思想就是通过局部的最优以达到全局的最优，从而得到这个问题的解。例如：你去文具店购买文具，若每种文具有多个品牌，它们价格不同，若你在不考虑文具品质的前提下，要想花最少的钱买到自己所需的文具，那么只要选择每种文具价格最低的那一款即可。这里，买价格最低的文具就是贪心思想。

当然，很多问题并不能简单使用贪心，例如：有一棵带权树，求从根结点到叶子结点的权值最大的路径。如果我们设计这样一个贪心算法：从根结点起，每一步选择权值最大的结点，这个贪心算法是完全错误的，如图8.1所示。按贪心算法答案为25，而设计最优值为109。

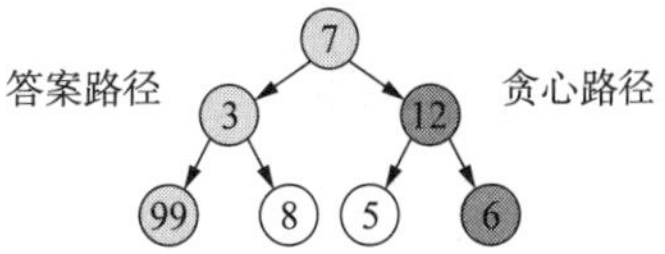

图8.1 贪心反例

因此，要想设计好一个贪心算法，一定要考虑周到，确保正确性。要证明贪心算法的正确性，通常需要较多的数学知识。比如之前所学的Kruskal最小生成树算法和匈牙利算法等，都利用了贪心思想，正确性可以使用拟阵来证明。

通常贪心算法可能包含以下五个部分：

（1）一个候选的系列决策，从中可以求解出最终的结果。

（2）一个可以优选的函数，调用它可以选出当前最优的解来加入最终的结果。

（3）一个判断可行性的函数，用来判断一个决策是否可以加入来对答案产生贡献。

（4）一个估值用的目标函数，用来计算结果，并将其累加到全局或是局部的结果上。

（5）一个解决问题的函数，调用它，我们就可以得到这个问题的解。

在竞赛中，由于时间关系，通常我们使用的贪心算法可能并未真正证明，因为有时贪心的正确性证明往往十分复杂。因此在解题时，一时没有很好的思路，而又想到了某种贪心策略时，不妨采用贪心，这样往往还能获得意想不到的效果。当然，在平时训练中我们仍然要脚踏实地地弄懂每一个贪心背后的原理。

【例8.1】排队打水问题。有 n 个人排队到 r 个水龙头去打水，他们装满水桶的时间 t_1、t_2、$\cdots$、t_n 为整数且各不相等，应如何安排他们的打水顺序才能使他们总共花费的时间最少？

输入格式：

第1行，n 和 r（$n \leqslant 500$，$r \leqslant 75$）。

第2行，n 个人打水所用的时间 T_i（$T_i \leqslant 100$）。

输出格式：

最少的花费时间。

输入样例：

```
3 2
1 2 3
```

输出样例：

```
7
```

分析：由于排队时，对于每一个水龙头，后面打水的人都需要等待前面的打水人，因此越靠前面的打水的人被重复计算的次数就越多，显然越小的排在越前面得出的结果越小，所以这道题可以用贪心法解答，步骤如下：

（1）将输入的时间按从小到大排序。

（2）将排序后的时间按顺序依次放入每个水龙头的队列中。

（3）统计，输出答案。

参考程序如下：

```
#include<cstdio>
#include<algorithm>
using namespace std;
```

```
int a[501]={0};int v[501]={0};
int main()
{
  int n,r,sum=0;
  scanf("%d%d",&n,&r);
  int i;
  for(i=0;i<n;i++)scanf("%d",&a[i]);
  sort(a,a+n);                  // 从小到大排序
  for(i=0;i<n;i++)
  {
    sort(v,v+r);                // 从小到大排序
    sum+=v[0]+a[i];
    v[0]+=a[i];                 // 自己的打水时间加上前面人的打水时间
  }
  printf("%d\n",sum);
  return 0;
}
```

【例8.2】分割矩阵[1]。有一个 $n \times m$ 的正整数矩阵。现在要把矩阵分成 $a \times b$ 块。矩阵先水平地切 $a-1$ 刀，把矩阵划分成 a 块；然后再把剩下来的每一块独立地切 $b-1$ 刀。每块的价值为块上的数字和。求一种方案，使得最小价值块的价值最大。

输入格式：

第1行，4个整数 n、m、a、b。

第 n 行，每行 m 个整数，代表这个矩阵。$1 \leq a \leq n \leq 500$，$1 \leq b \leq m \leq 500$，其他数字小于4000。

输出格式：

一个数字，最小价值块的价值。

输入样例：

　　5 4 4 2
　　1 2 2 1
　　3 1 1 1
　　2 0 1 3
　　1 1 1 1
　　1 1 1 1

1）本题选自 XJOI 1850。

输出样例:

    3

分析: 若给定一个矩阵的数值和,我们可以判断能否找到一个合法的方案,使得能划分出一个这样的矩阵。考虑对每个列维护前缀和,然后我们贪心加列,再贪心判断是否可取。若能够划分出 $a \times b$ 个矩阵,那么说明可行。

我们又发现整个最优化过程是单调的,于是可以对其二分。时间复杂度为 $O(nm\log_2 V)$ (V 表示矩阵中数字和的值域大小)。

参考程序如下:

```cpp
bool is_ok(int l,int r,int _m)           // 对行贪心判断是否足够
{
    int tot=0,p=0;
    for(int i=1;i<=m;i++)
    {
        tot+=sum[r][i]-sum[l-1][i];      // 贪心放置最小可行行数
        if(tot>=_m){tot=0;p++;}
    }
    if(p>=t2)return 1;
    else return 0;
}
bool is_ok_(int _m)                       // 对整体贪心判断
{
    int p=0,l=1;
    for(int i=1;i<=n;i++)
    {
        if(is_ok(l,i,_m)){l=i+1;p++;}     // 在确定了列宽的情况下贪心
    }
    if(p>=t1)return 1;                    // 成功
    else return 0;
}
int main()
{
    for(int i=1;i<=n;i++)for(int j=1;j<=m;j++)
    scanf("%d",&a[i][j]),sum[i][j]=sum[i-1][j]+a[i][j];
                                          // 读入+前缀和
    int l=1,r=1,ans=0;
    for(int j=1;j<=m;j++)r+=sum[n][j];
    for(int i=1;i<=60;i++)                // 二分的推荐写法
    {
```

```
        int m_=(l+r)/2;
        if(is_ok_(m_)){l=ans=m_;}
        else r=m_;
    }
    printf("%d\n",ans);
}
```

【例8.3】Mole Tunnels。鼹鼠们在地下开凿了 n 个洞，由 $n-1$ 条隧道连接，对于任意的 $i>1$，第 i 个洞都会和第 $\lfloor i/2 \rfloor$ 个洞间有一条隧道，第 i 个洞内还有 c_i 个食物能供最多 c_i 只鼹鼠吃。

一共有 m 只鼹鼠，第 i 只鼹鼠住在第 p_i 个洞内，一天早晨，前 k 只鼹鼠醒来了，而后 $n-k$ 只鼹鼠均在睡觉，前 k 只鼹鼠就开始觅食，最终他们都会到达某一个洞，使得所有洞的 c_i 均大于等于该洞内醒着的鼹鼠个数，而且要求鼹鼠行动路径总长度最小。

现对于所有的 $1 \leq k \leq m$，输出最小的鼹鼠行动路径的总长度，保证一定存在某种合法方案。

输入格式：

第1行，两个数 n 和 m（$1 \leq n, m \leq 10^5$），表示有 n 个洞，m 只鼹鼠。

第2行，n 个整数，c_i 表示第 i 个洞的食物数。

第3行，m 个整数，p_i 表示第 i 只鼹鼠所在洞 p_i。

输出格式：

输出一行，m 个整数，第 i 个整数表示当 $k=i$ 时的鼹鼠行动路径总长度最小。

输入样例：

    5 4
    0 0 4 1 1
    2 4 5 2

输出样例：

    1 1 2 4

分析： 考虑一个贪心，我们每次都把鼹鼠送到离它最近的还可以居住的洞里。但是，有一个显然问题是我们没法处理之前的鼹鼠对后续的影响。我们可以这样考虑：每当一只鼹鼠经过一条树边，我们就将其设置一条反方向的权为 -1 的边，表示如果有鼹鼠反向经过，则会抵消其影响，如图 8.2 所示。

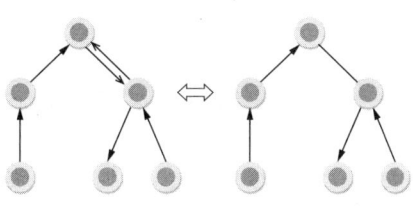

图8.2 反方向边标记示例

那么我们先扫一遍整棵树，用 $f[i]$ 表示在 i 的子树中距离 i 最近的点到 i 的距离，$g[i]$ 表示在 i 的子树中距离 i 最近的点的位置，这两个数组的维护我们都可以直接利用他们的子树信息得到：

$f[i]=\min\{f[v]|v\in i$ 的儿子点集$\}$

$g[i]=f$ 转移用到的那个 v

查询最短路的时候，可以从 $p[i]$ 向上遍历 $p[i]$ 的所有祖先，同时维护经过的距离，不断用当前结点的 f 值＋爬上来的距离更新最短路答案，最后暴力 DP，利用上面提到的转移式重构路径上的所有结点的 f 和 g 值，并且为沿途的路径打上标记。由于对于任意的 $i>1$，第 i 个洞都会和第 $i/2$（取下整）个洞间有一条隧道的题设条件保证了这棵树是一个完全二叉树，也就是树高最多为 $\log_2 n$，且每个点至多有 2 个儿子，所以这个贪心＋暴力复杂度是 $O(n\log_2 n)$。

参考程序如下：

```
scanf("%d%d",&n,&m);
int i,j;
for(i=1;i<=n;i++)scanf("%d",&c[i]);            // 读入＋初始化
memset(f,0x3f,sizeof(f));
for(i=n;i>=1;i--)
{
  if(c[i])f[i]=0,g[i]=i;
  if(f[i>>1]>f[i]+1)f[i>>1]=f[i]+1,g[i>>1]=g[i];
}
for(i=1;i<=m;i++)
{
  scanf("%d",&p[i]);
  minn=1<<30,sum=0;          // 初步处理
  for(j=p[i];j;j>>=1)        // 暴力枚举父亲，得到最短的路径
  {
    if(f[j]+sum<minn)minn=f[j]+sum,pos=g[j],lca=j;
    sum+=(v[j][0]>0)?(-1):1;
  }
  ans=ans+minn;              // 更新答案
  printf("%lld",ans);
  if(i!=m)printf("");
  c[pos]--;                  // 下面对鼹鼠和鼹鼠对应的洞上的路径打标记
  for(j=p[i];j!=lca;j>>=1)v[j][0]?v[j][0]--:v[j][1]++;
                             // 打标记
```

```
    for(j=pos;j!=lca;j>>=1)v[j][1]?v[j][1]--:v[j][0]++;
    for(j=p[i];j!=lca;j>>=1)              // 对发生变化的路径更新
    {
      f[j]=1<<30;
      if(c[j]&&0<f[j])f[j]=0,g[j]=j;       // 暴力修改
      if((j<<1)<=n&&f[j<<1]+(v[j<<1][1]?-1:1)<f[j])
      {
        f[j]=f[j<<1]+(v[j<<1][1]?-1:1);
        g[j]=g[j<<1];
      }
      if((j<<1|1)<=n&&f[j<<1|1]+(v[j<<1|1][1]?-1:1)<f[j])
      {
        f[j]=f[j<<1|1]+(v[j<<1|1][1]?-1:1);
        g[j]=g[j<<1|1];
      }
    }
    for(j=pos;j;j>>=1)                    // 修改 f 的值
    {
      f[j]=1<<30;
      if(c[j]&&0<f[j])f[j]=0,g[j]=j;
      if((j<<1)<=n&&f[j<<1]+(v[j<<1][1]?-1:1)<f[j])
      {
        f[j]=f[j<<1]+(v[j<<1][1]?-1:1)
        g[j]=g[j<<1];
      }
      if((j<<1|1)<=n&&f[j<<1|1]+(v[j<<1|1][1]?-1:1)<f[j])
      {
        f[j]=f[j<<1|1]+(v[j<<1|1][1]?-1:1);
        g[j]=g[j<<1|1];
      }
    }
  }
```

8.2 递推算法

侦探们在破案时，需要通过种种现象，分析出事情的真相，剥丝抽茧，层层递进，最终水落石出，真相大白。这种由浅入深，由简到繁，还原或推导出问题的解的过程就是递推思想，运用递推思想的解题过程就是递推算法。例如：想造个机器人，我们需要先造出机器人的各个部分，而建出

机器人的各个部分，我们又需要许多的零件……

解题者最美妙的事情莫过于看着自己的程序：能用很简单优美的模型解决很复杂的问题。递推能用有限的语句来表现无穷的计算，即使这个程序没有明确的重复，这正是递推的魅力所在。

递推的思想可以采取逐层推进的方法，有顺推和倒推两种，从已知条件出发，逐层推导出结论，称为顺推；反之从结论出发往已知方向推导，称为倒推。由于递推具有子结构的思想，因此递推实现可以采用循环，也可以采用递归。

【例8.4】 错排问题。求有多少个 n 个数的排列，其中第 i 个数不是 i。

输入格式：

一个整数 $n(n \leqslant 20)$。

输出格式：

一个整数，表示答案。

分析： 设 $f(n)$ 为 n 个数的合法排列个数。

第一步，考虑第 n 个元素，把它放在某一个位置，比如位置 k，一共有 $n-1$ 种放法。

第二步，考虑第 k 个元素，这时有两种情况：

（1）把它放到位置 n，那么对于除 n 以外的 $n-1$ 个元素，由于第 k 个元素放到了位置 n，所以剩下 $n-2$ 个元素的错排即可，有 $f(n-2)$ 种放法。

（2）第 k 个元素不放到位置 n，这时对于这 $n-1$ 个元素的错排，有 $f(n-1)$ 种放法。

所以有递推式

$$f(n)=(n-1)(f(n-1)+f(n-2))$$

其中 $f(1)=0$，$f(2)=1$。

参考程序如下：

```
int n,a,b,c;
scanf("%d",n);
a=0;b=1;
for(int i=3;i<=n;i++)
{
   c=(i-1)*a+b;a=b;b=c;            // 根据递推式直接求和
}
printf("%d\n",c);
```

【例8.5】Hanoi。古代有一个梵塔，塔内有A、B、C三个座，A座上有64个盘子，盘子大小不等，大的在下，小的在上。有一个和尚想把这64个盘子从A座移到C座，但每次只能允许移动一个盘子，并且在移动过程中，3个座上的盘子始终保持大盘在下，小盘在上。

大家都对3个座的汉诺塔问题（简称3塔问题）比较熟悉，有没有想过4个座的汉诺塔问题（4塔问题）呢？如图8.3就是一个4塔问题。

现在问题是，在4塔问题的情况下，A座上的20个圆盘至少要移动多少步，才能移动到D座上。

分析：首先考虑3塔问题，N个圆盘要从A座通过B座移动到C座。

我们整体考虑圆盘如何移动。设i个盘子需要$h3(i)$步移动。由于要移走A座上的i个圆盘，必须先将上面的$i-1$个圆盘移走（只能移动到B座），共需要$h3(i-1)$步。那么，A座上的最大圆盘就直接可以移动到C座了，需要1步。剩下的事情就是将B座上的$i-1$个圆盘移动到C座即可，需要$h3(i-1)$步。则

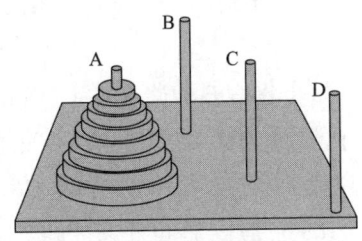

图8.3 汉诺塔

$$h3(i)=2 \times h3(i-1)+1$$

其中$d(1)=1$。

下面考虑4根柱子的情况：设i个圆盘在4柱情况下需要$f(n)$步移动才能从A柱移动到D柱。

我们整体考虑移动方法，将4塔问题转化为3塔问题，则问题转化为先把j个盘子在4塔模式下A->B，然后把$i-j$个盘子在3塔模式下A->D，最后将j个盘子在4塔模式下B->D，则

$$h4(i)=\min\{2 \times h4(j)+h3(i-j)\}$$

其中$1 \leqslant j \leqslant i$，$f(1)=1$。

参考程序如下：

```
#include<cstring>
#include<iostream>
using namespace std;
const int N=20;
int h3[20],h4[20];
int main()
{
```

```
        h3[1]=1;
        for(int i=2;i<N;i++)h3[i]=h3[i-1]*2+1;
        memset(h4,0x3f,sizeof h4);              // 初值设为无穷大
        h4[1]=1;
        for(int i=2;i<N;i++)
          for(int j=1;j<i;j++)
            h4[i]=min(h4[i],2*h4[j]+h3[i-j]);
        for(int i=1;i<N;i++)printf("%d\n",h4[i]);
    }
```

【例8.6】奖励关。你正在玩自己最喜欢的电子游戏，并且刚刚进入一个奖励关。在这个奖励关里，系统将依次随机抛出 k 次宝物，每次你都可以选择吃或者不吃（必须在抛出下一个宝物之前做出选择，且现在决定不吃的宝物以后也不能再吃）。宝物一共有 n 种，系统每次抛出这 n 种宝物的概率都相同且相互独立。也就是说，即使前 $k-1$ 次系统都抛出了宝物（这种情况是有可能出现的，尽管概率非常小），第 k 次抛出各个宝物的概率依然均为 $1/n$。获取第 i 种宝物将得到 P_i 分，但并不是每种宝物都是可以随意获取的。第 i 种宝物有一个前提宝物集合 S_i。只有当 S_i 中所有宝物都至少吃过一次，才能吃第 i 种宝物（如果系统抛出了一个目前不能吃的宝物，相当于白白损失了一次机会）。注意，P_i 可以是负数，但如果它是很多高分宝物的前提，损失短期利益而吃掉这个负分宝物将获得更大的长期利益。假设你采取最优策略，平均情况你一共能在奖励关得到多少分值？

输入格式：

第1行，两个正整数 k 和 n，即宝物的数量和种类。

以下 n 行，分别描述一种宝物，其中第一个整数代表分值，随后的整数依次代表该宝物的各个前提宝物（各宝物编号为1到 n），以 0 结尾。$1 \leq k \leq 100$，$1 \leq n \leq 15$，分值为 $[-10^6, 10^6]$ 内的整数。

输出格式：

一个实数，保留六位小数，即在最优策略下平均情况的得分。

输入样例：

    1 2
    1 0
    2 0

输出样例：

    1.500000

分析：我们发现，如果顺推就会产生很多限制条件，而逆推就避免了这个问题。我们把每个宝物的前提的状态表示成一个二进制串。$F[i][j]$ 表示第 i 轮，状态为 j，对下一轮系统给的宝珠进行枚举。

如果能吃：$F[i][j]=\max\{F[i+1][j], F[i+1][j|(1<<(l-1))]+v[l]\}$。

如果不能吃：$F[i][j]=F[i+1][j]$。

最后除以总的宝物量，答案就是 $F[1][0]$。

核心代码如下：

```
for(int i=1;i<=16;i++)
  p[i]=1<<(i-1);
scanf("%d%d",&N,&K);
for(int i=1;i<=K;i++)
{
  scanf("%d%d",&v[i],&t);
  while(t)
  {
    d[i]+=p[t];
    scanf("%d",&t);
  }
}
for(int i=N;i;i--)                        //倒推
  for(int j=0;j<=p[K+1]-1;j++)
  {
    for(int k=1;k<=K;k++)                 //枚举宝物前提、进行转移
    if((d[k]&j)==d[k])                    //发现可以吃
      F[i][j]+=max(F[i+1][j],F[i+1][j|p[k]]+v[k]);
    else F[i][j]+=F[i+1][j];               //不能吃
    F[i][j]/=K;                           //除以总的宝物量
  }
printf("%.6lf",F[1][0]);
```

8.3 分治算法

现在你拥有 16 枚硬币，其中掺杂了一枚次品，作为次品就是比真币要稍轻，但从外表看不出来。若你拥有一台天平，你能快速找出次品币吗？

有些同学可能很快能想到将这些硬币分成两堆分别放到天平的两端来称量，这样每一次称量就可以减少一半，最快 $\log_2 16=4$ 次即可找出。这种称量的方法我们称为二分法，是分治的思想。

那么为什么要二分，能否三分或四分？到底几分好？能否非等分？这些都是我们需要思考的问题。下面我们就来详细介绍分治算法的解题策略。

分治算法可以用"二，三，四"来描述：

二个字：

（1）分：递归解决较小的问题。

（2）治：然后从子问题的解构建原问题的解。

三个步骤：

（1）分解：将原问题分解为若干规模较小，相互独立，与原问题性质相同的子问题。

（2）解决：递归地解各个子问题；若子问题规模达到最小，则直接求解。

（3）合并：合并每个子问题的解。

四个适用条件：

（1）规模缩小到一定的程度就可以容易地解决。

（2）可以分解为若干个规模较小的性质相同子问题，即该问题具有最优子结构性质。

（3）利用分解出的子问题的解可以合并为该问题的解。

（4）所分解出的各个子问题相互独立，即子问题之间不包含公共部分。

第一条绝大多数问题都可满足；第二条特征是应用分治法的前提；第三条特征是分治的关键，如果具备第一条和第二条特征，而不具备第三条特征，则不能用分治，可以采用贪心算法或动态规划。第四条关乎分治的效率，如果各子问题不独立，则分治法要做许多重复地解公共区域子问题的工作，可以考虑用Hash表来压缩状态来减少多余的运算。

【例8.7】地毯填补[1]。相传在一个古老的阿拉伯国家里有一座宫殿。宫殿里有个四四方方的格子迷宫，国王选择驸马的方法非常特殊，也非常简单：公主站在其中一个方格子上，只要谁能用地毯将除公主站立的地方以外的所有地方盖上，美丽漂亮聪慧的公主就是他的人了。公主这一方格不能用地毯盖住，毯子的形状有所规定，只能有4种选择，如图8.4所示。

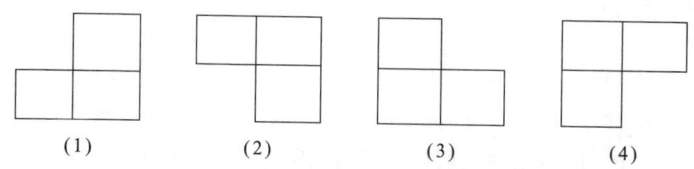

图8.4 地毯的形状

1）本题选自 XJOI 1507。

并且每一方格只能用一层地毯，迷宫的大小为 $(2^k)^2$ 的方形。当然，也不能让公主无限制地在那儿等，所以实现时限为1s。

输入格式：

第1行，k，即给定被填补迷宫的大小为 2^k（$0 < k \leqslant 10$）。

第2行，x 和 y，即给出公主所在方格的坐标（x 为行坐标，y 为列坐标）。

输出格式：

每一行为 x、y、c（x 和 y 为毯子拐角的行坐标和列坐标，c 为使用毯子的形状，具体见图8.4，毯子形状分别用1、2、3、4表示）。输出时按 x 坐标优先，x 坐标相同再按 y 坐标从小到大排序。

输入样例：

3
3 3

输出样例：

1 1 4
1 4 2
1 5 4

分析：首先考虑 $k=1$ 的情况，把某一格放空，方案是唯一的。已知某个正方形和空格，我们按照下面的方法，可以输出方案。首先沿中心，将边长为 2^k 的矩形分为4个边长 2^{k-1} 的矩形。那么那个空出来的格子，一定位于其中的一个，而另外的三个就可以让它们位于原矩形中心的那个角空出来，这是一个子问题的结构，因此可以使用分治算法来解决。

参考程序如下：

```
void solve(ll x,ll y,ll a,ll b,ll l)
{
  if(l==1)return;
  if((x-a)<=(l/2-1)&&(y-b)<=(l/2-1))
  { // 空格子在地毯的左上角
    printf("%lld %lld 1\n",(a+l/2),(b+l/2));
    solve(x,y,a,b,l/2);
    solve(a+l/2-1,b+l/2,a,b+l/2,l/2);
    solve(a+l/2,b+l/2-1,a+l/2,b,l/2);
    solve(a+l/2,b+l/2,a+l/2,b+l/2,l/2);
  }
  else if((x-a)<=(l/2-1)&&(y-b)>(l/2-1))
    // 空格子在地毯的右上角
```

```
    {
      printf("%lld %lld 2\n",(a+l/2),(b+l/2-1));
      solve(a+l/2-1,b+l/2-1,a,b,l/2);
      solve(x,y,a,b+l/2,l/2);
      solve(a+l/2,b+l/2-1,a+l/2,b,l/2);
      solve(a+l/2,b+l/2,a+l/2,b+l/2,l/2);
    }
    else if((x-a)>(l/2-1)&&(y-b)<=(l/2-1))
                                           // 空格子在地毯的左下角
    {
      printf("%lld %lld 3\n",(a+l/2-1),(b+l/2));
      solve(a+l/2-1,b+l/2-1,a,b,l/2);
      solve(a+l/2-1,b+l/2,a,b+l/2,l/2);
      solve(x,y,a+l/2,b,l/2);
      solve(a+l/2,b+l/2,a+l/2,b+l/2,l/2);
    }
    else{                                  // 空格子在地毯的右下角
      printf("%lld%lld 4\n",(a+l/2-1),(b+l/2-1));
      solve(a+l/2-1,b+l/2-1,a,b,l/2);
      solve(a+l/2-1,b+l/2,a,b+l/2,l/2);
      solve(a+l/2,b+l/2-1,a+l/2,b,l/2);
      solve(x,y,a+l/2,b+l/2,l/2);
    }
}
```

【例8.8】没有wifi。一座城市可以视为一个 $L \times W$ 的矩形，其安装了 N 个无线路由器，每个无线路由器给定坐标 x_i，y_i，以及覆盖半径 R_i（可以安装在餐馆外部）。市长邀请了一位神奇程序员来调整无线路由器的发射倍率，可以将所有路由器的覆盖半径乘以一个系数 K，求最小的 K 使得无线覆盖整个城市的同时又最节省成本。

输入格式：

第1行，一个整数 T，表示测试数据组（每组测试数据之间互相独立）。

对于每组数据，第1行包含 n，L，W 三个整数（$1 \leq n \leq 50$，$1 \leq L$，$W \leq 1000$），即雷达的个数，城市的长和宽。以下 N 行，每行三个不超过 1000 的正整数 x_i，y_i，R_i，分别表示雷达的坐标和接收半径。

输出格式：

对于每组数据，输出仅一行，包含一个实数 K，保留小数点后三位。

输入样例：
    1
    1 2 2
    1 1 1
输出样例：
    1.414

分析：本题满足二分性，二分答案后，那么我们可以考虑如何判断。

（1）如果一个矩形的4个点都被同一个圆包含，说明这个矩形毫无问题。

（2）如果一个矩形有1个点不被任何一个圆包含，说明这个矩形没有被包含的机会。

（3）其他情况，我们可以把矩形划分成4块（平分），对每一块分别应用上述算法。

实现时需要注意计算几何的细节问题。

参考程序如下：

```cpp
#include<bits/stdc++.h>
int T,W,L,n;
struct circle
{
    double x,y,r;
}p[110],t[110];

const double eps=1e-6,meps=-eps;

inline double sqr(double x)
{
    return x*x;
}

//point in circle(or on)
inline bool pinc(double x,double y,double cx,double cy,double cr)
{
    return sqr(x-cx)+sqr(y-cy)<sqr(cr);           // 判断点是否在圆内
}

//(x,y)-->(xx,yy)
inline bool chk(double x,double y,double xx,double yy)
{
```

```
    if(xx-x<eps&&yy-y<eps)return 1;        // 底层情形,过小已
                                           没有意义。返回
  bool aa1,aa2,aa3,aa4;
  aa1=aa2=aa3=aa4=0;
  for(int i=1;i<=n;++i)
  {
    bool a1,a2,a3,a4;
    a1=pinc(x,y,t[i].x,t[i].y,t[i].r);
    a2=pinc(xx,yy,t[i].x,t[i].y,t[i].r);
    a3=pinc(x,yy,t[i].x,t[i].y,t[i].r);
    a4=pinc(xx,y,t[i].x,t[i].y,t[i].r);
    aa1|=a1,aa2|=a2,aa3|=a3,aa4|=a4;
    if(a1&&a2&&a3&&a4)return 1;             // 情况1
  }
  double mix=(x+xx)/2,miy=(y+yy)/2;
  if(!aa1||!aa2||!aa3||!aa4)return 0;       // 情况2
  else return chk(x,y,mix,miy)&&chk(x,miy,mix,yy)&&
    chk(mix,y,xx,miy)&&chk(mix,miy,xx,yy);  // 继续分治讨论
}

inline bool check(double k)
{
  for(int i=1;i<=n;++i)
  {
    t[i].x=p[i].x;
    t[i].y=p[i].y;
    t[i].r=p[i].r*k;
  }
  return chk(0.0,0.0,(double)W,(double)L);
}

int main()
{
  scanf("%d",&T);
  while(T--)
  {
    scanf("%d%d%d",&n,&W,&L);
    for(int i=1;i<=n;++i)
      scanf("%lf%lf%lf",&p[i].x,&p[i].y,&p[i].r);
    double le=0.0,ri=1000.0,mi;
```

```
        for(int i=1;i<=60;i++)          //二分,通过枚举次数来提高精度
        {
          mi=(le+ri)/2.0;
          if(check(mi))ri=mi;
          else le=mi;
        }
        printf("%.3lf\n",le);
    }
    return 0;
}
```

【例8.9】Distance on Triangulation。给定一个凸 n 边形,以及它的三角剖分。再给定 q 个询问,每个询问是一对凸多边行上的顶点 (a,b),问点 a 最少经过多少条边(可以是多边形上的边,也可以是剖分上的边)可以到达点 b。

输入格式:

第1行,一个整数 n($n \leq 5 \times 10^4$),代表有 n 个点。点1,2,3,…,n 是凸多边形上是顺时针排布的。

接下来 $n-3$ 行,每行两个整数 (x,y),代表 (x,y) 之间有一条剖分边。

接下来是一个整数 $q(q \leq 10^5)$,代表有 q 组询问。

接下来 q 行,每行是两个整数 (a,b) 表示一组询问。

输出格式:

q 行,每行一个整数代表最少边数。

输入样例:

    6
    1 5
    2 4
    5 2
    5
    1 3
    2 5
    3 4
    6 3
    6 6

输出样例:

    2

```
1
1
3
0
```

分析：我们可以使用分治的思想来简化重复信息的多次计算。我们对当前的多边形进行分治，选取一条分得最均匀的对角线，可以知道，所有跨过这条对角线的一对点的答案，是可以通过仅计算两块拆分后的多边形内的到对角线两端点的最短路，并将两边的结果分类合并得到的，这是因为我们的询问最小值的路径是一定会经过这条边。由于我们分治时每一层都需要知道点和边的信息，且要将所有尚未完成的询问带到下一层，所以要注意内存问题。时间复杂度为 $O(n\log_2 n)$。

参考程序如下：

```
void ins(int u,int v){e[++cnt]=(edge){v,first[u]};first[u]=cnt;}
int find(int l,int r,int x){return lower_bound(id+l,id+r+1,x)-id;}
void bfs(int S,int pl,int pr,int*dis)          //求最短路
{
  int head=0,tail=0;
  for(int i=pl;i<=pr;i++)dis[id[i]]=inf;
  qq[tail++]=S;dis[S]=0;
  while(head!=tail)
  {
    int u=qq[head++];
    for(int i=first[u];i;i=e[i].next)
    {
      int to=e[i].to;
      if(!ok[to])continue;
      if(dis[to]==inf)dis[to]=dis[u]+1,qq[tail++]=to;
    }
  }
}

void work(int dl,int dr,int pl,int pr,int ql,int qr)
{
  if(dl>dr||pl>pr||ql>qr)return;
  int mn=inf,mnid=0;
  for(int i=dl;i<=dr;i++)            //找到最平均的划分
  {
```

```
    x=find(pl,pr,l[i].x);y=find(pl,pr,l[i].y);
    if(x>y)swap(x,y);
    tmp=max(y-x,x-y+pr-pl+1);
    if(tmp<mn)mn=tmp,mnid=i;
}
for(int i=pl;i<=pr;i++)ok[id[i]]=true;
bfs(l[mnid].x,pl,pr,disx);            // 两边分别处理
bfs(l[mnid].y,pl,pr,disy);
for(int i=pl;i<=pr;i++)ok[id[i]]=false;
int t1=0,t2=0,t3=0,t4=0,t5=0,t6=0;
for(int i=ql;i<=qr;i++)
{
    x=q[i].x;y=q[i].y;t=q[i].id;
    if(x==l[mnid].x&&y==l[mnid].y){ans[t]=1;continue;}
    ans[t]=min(ans[t],disx[x]+disx[y]);     // 分类讨论更新答案
    ans[t]=min(ans[t],disy[x]+disy[y]);
    ans[t]=min(ans[t],disx[x]+disy[y]+1);
    ans[t]=min(ans[t],disy[x]+disx[y]+1);
    if(q[i].x>l[mnid].x&&q[i].y<l[mnid].y)h1[++t1]=q[i];
                                             // 划分
    else if((q[i].x<l[mnid].x||q[i].x>l[mnid].y)&&
      (q[i].y<l[mnid].x||q[i].y>l[mnid].y))h2[++t2]=q[i];
}
for(int i=1;i<=t1;i++)q[ql+i-1]=h1[i];
for(int i=1;i<=t2;i++)q[ql+t1+i-1]=h2[i];
for(int i=pl;i<=pr;i++)                    // 分类
{
    if(id[i]>=l[mnid].x&&id[i]<=l[mnid].y)q1[++t3]=id[i];
    if(id[i]<=l[mnid].x||id[i]>=l[mnid].y)q2[++t4]=id[i];
}
for(int i=1;i<=t3;i++)id[pl+i-1]=q1[i];
for(int i=1;i<=t4;i++)id[pl+t3+i-1]=q2[i];
for(int i=dl;i<=dr;i++)
{
    if(i==mnid)continue;
    if(l[i].x>=l[mnid].x&&l[i].y<=l[mnid].y)h1[++t5]=l[i];
    else h2[++t6]=l[i];
}
for(int i=1;i<=t5;i++)l[dl+i-1]=h1[i];
for(int i=1;i<=t6;i++)l[dl+t5+i-1]=h2[i];
```

```
        work(dl+t5,dl+t5+t6-1,pl+t3,pl+t3+t4-1,ql+t1,ql+t1+t2-1);
                                                                  // 分治
        work(dl,dl+t5-1,pl,pl+t3-1,ql,ql+t1-1);
}

int main()
{
    n=read();
    for(int i=1;i<=n-3;i++)                                       // 数据读入
    {
        l[i].x=read();l[i].y=read();
        ins(l[i].x,l[i].y);ins(l[i].y,l[i].x);
        if(l[i].x>l[i].y)swap(l[i].x,l[i].y);
    }
    for(int i=1;i<n;i++)ins(i,i+1),ins(i+1,i);
    ins(1,n);ins(n,1);
    m=read();
    for(int i=1;i<=m;i++)
    {
        q[i].x=read();q[i].y=read();q[i].id=i;
        if(q[i].x>q[i].y)swap(q[i].x,q[i].y);
        ans[i]=min(q[i].y-q[i].x,q[i].x-q[i].y+n);
    }
    for(int i=1;i<=n;i++)id[i]=i;
    work(1,n-3,1,n,1,m);                                          // 开始计算
    for(int i=1;i<=m;i++)printf("%d\n",ans[i]);
    return 0;
}
```

8.4 深度优先搜索的优化

深度优先搜索（DFS）是一种遍历搜索树的算法，在图论对该算法已做了一个基本的介绍，本节我们主要介绍深度搜索的原理及其优化策略。

如果我们把搜索的每一个点看成一个状态，DFS能用于求出一些问题在某一状态下的最优解，配合记忆化的思想，可以发挥出巨大的威力。

我们先来回顾一下DFS的算法框架：

```
inline void DFS(int rt)
{
```

```
/*Do something before*/
for(/*visit every vertices near the vertex rt*/)
  if(!vis[x])
  {
    /*Do something*/
    DFS(x);
    /*Do something*/
  }
/*Do something after*/
}
```

可以看出，要对DFS进行优化，就是要在搜索的过程中减少遍历，也就是说对搜索树的某些分支没有必要继续往下搜索，这种方法我们称为剪枝。其情形有两种情况：

（1）从当前分支往下搜索，不可能产生解，也就是说再往下遍历没有任何含义，这种情形为可行性剪枝。

（2）从当前分支往下搜索，可以产生解，但不可能比当前解更优的解，这样在求最优解的情况下再往下遍历也没有任何含义，这种情形为最优性剪枝。

无论是可行性剪枝还是最优性剪枝，都需要一个从当前局面对以往判定的估值以及对后续发展判定的估值，来衡量是否剪枝，这种思想就是启发式搜索$A*$。对搜索的过去值判定一般都能确定，而对未来搜索的发展我们只能进行估计，通常对未来的估计用启发函数h来表示，启发信息越强，则剪枝越多，启发信息越弱，则剪枝越少，但启发函数h不能超过对目标路径最优值的估计$h*$，否则会将最优解的结点剪掉。下面我们以实例说明。

【例8.10】n皇后问题[1]。n皇后摆在$n×n$的棋盘上，但棋盘上有m个坏点（坏点上不能摆皇后），求摆放皇后的方案数，$m \leq n \leq 13$。

输入格式：

第1行，两个正整数n和m。

以后m行，每行两个整数，描述了一个坏点的位置。

输出格式：

方案数K

输入样例：

    4 1

    1 2

1）本题选自 XJOI 1012。

输出样例：

    1

分析：对每一行而言，只能存在一个皇后，那么我们采用DFS的思想，每一层枚举在前几层皇后已放的格局下，皇后能放置的位置，然后，更新当前棋盘的皇后可放位置，进入下一层，若最后方案可行，就把答案累进。这样做，复杂度为$O(n!)$，在$n \leq 13$的数据范围下也可以通过所有的测试数据。

核心代码如下：

```
void Place(int t)
{
  if(t==n+1)                       // 递归边界，n个皇后都放置完毕
  {
    k++;                           // 答案累加
    return;
  }
  for(int i=1;i<=n;i++)            // 枚举第t个皇后的每一个放置的位置
  {
    if(chessboard[i][t]==-1||chessboard[i][t]>0)continue;
                                   // 该位置不能放或已放
    Forbid(i,t,1);                 // 对第t个皇后的第i个位置设置已
                                   //   放标记
    Place(t+1);
    Forbid(i,t,0);                 // t+1个皇后没放好，对第t个皇后的
                                   //   清除已放标记
  }
}
```

【例8.11】 寻觅。有一个$N \times M$的矩阵，矩阵中有一些障碍，我们可以选择消除其中的k个障碍，问从起点到终点需要多少步。

输入格式：

第1行，包含M、N、k三个整数（$0 < M, N < 200$，$0 \leq k < 10$），表示M行N列的地图和可消除的障碍数。

后面是M行N列的地图，其中@代表起点，+代表终点，*代表通路，#代表障碍。

输出格式：

一个整数R，表示最少步数，若无法到达输出-1。

分析：事实上，不必在一开始就选择消除那些障碍，因为可以等走到这些障碍上再选择消除它们。也就是说这些障碍，实际上可以看成需要

耗费 1 点体力才能走上去的点，于是可以设计状态 cost[row][col][tim] 表示在当前的位置（row，col），还可以消除 tim 个障碍，最少需要花了多少时间。

我们以图 8.5 为例进行说明。

假设我们现在在 N 的位置，有着能清除 1 个障碍的能力，这样就已经把所有的有效信息表示出来。

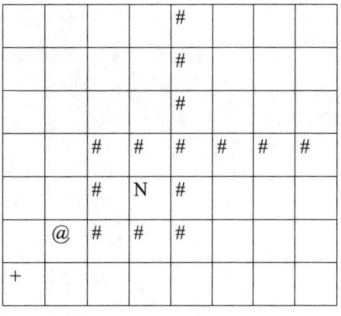

图8.5 路径障碍消除示例

另外，我们还可以设计一个估价函数，表示从当前位置在不考虑障碍情况下直达终点所需花的步数，将它与我们已知的答案进行比较，如果在最理想化的情况下也无法到达终点，或者即使到达终点，其最终答案也不如当前答案优，则可以剪枝。例如，对图 8.5 进行搜索，如果当前找到了一个答案为 2 的方案，若从 N 点出发，即使在不考虑障碍的情况下，仍然找不到比 2 更小的答案，那么，对点 r 的继续搜索就完全没有必要了，这种剪枝叫最优化剪枝。

参考程序如下：

```
void dfs(int i,int j,int life)
{
  if(i==endI&&j==endJ)
  {
    if(total<MinTime)
    {
      MinTime=total;                             // 剪枝
      return;
    }
  }
  for(int k=0;k<4;k++)
  {
    int row=i+dir[k][0];                         // 开始移动
    int col=j+dir[k][1];
    if(row>=0&&row<n&&col>=0&&col<m)
    {
      if(!vis[row][col])
      {
        if((map[row][col]=='*'||map[row][col]=='+')&&life>=0)
        {
```

```
                if(total+1>=MinTime)continue;
                if(total+1>=cost[row][col][life])continue;
                                                     // 剪枝
                vis[row][col]=1;
                total+=1;
                cost[row][col][life]=total;
                dfs(row,col,life);
                total-=1;
                vis[row][col]=0;
            }
            if(map[row][col]=='#'&&life>0)           // 若障碍可走则走
            {
                if(total+1>=MinTime)continue;
                if(total+1>=cost[row][col][life])continue;
                vis[row][col]=1;
                total+=1;
                cost[row][col][life]=total;
                dfs(row,col,life-1);
                total-=1;
                vis[row][col]=0;
            }
        }
    }
}

int main()
{
    cin>>n>>m>>t;
    for(int i=0;i<n;i++)                             // 读入部分
        for(int j=0;j<m;j++)
        {
            cin>>map[i][j];
            if(map[i][j]=='@')
            {
                startI=i;
                startJ=j;
            }
            if(map[i][j]=='+')
            {
```

```
            endI=i;
            endJ=j;
          }
      }
    fill(vis[0],vis[0]+MAXN*MAXN,0);
    for(int i=0;i<MAXN;i++)
      for(int j=0;j<MAXN;j++)
        for(int k=0;k<10;k++)
          cost[i][j][k]=1<<30;
    vis[startI][startJ]=1;
    dfs(startI,startJ,t);
    if(MinTime==1<<30)
      cout<<"-1"<<endl;                                          // 无解
    else
      cout<<MinTime<<endl;
    return 0;
}
```

【例8.12】靶形数独[1]。小城和小华都是热爱数学的好学生,最近,他们不约而同地迷上了数独游戏,好胜的他们想用数独来一比高低。但普通的数独对他们来说都过于简单,于是他们向 Z 博士请教,Z 博士拿出了他最近发明的"靶形数独",作为这两个孩子比试的题目。

靶形数独的方格同普通数独一样,在 9×9 的大九宫格中有 9 个 3×3 的小九宫格(用粗黑色线隔开的)。在这个大九宫格中,有一些数字是已知的,根据这些数字,利用逻辑推理,在其他的空格上填入 1 到 9 的数字。每个数字在每个小九宫格内不能重复出现,每个数字在每行、每列也不能重复出现。但靶形数独有一点和普通数独不同,即每一个方格都有一个分值,而且如同一个靶子一样,离中心越近则分值越高,如图 8.6 所示。

图 8.6 具体的分值分布是:里面一格(▨区域)为 10 分,外面的一圈(▨区域)每个格子为 9 分,再外面一圈(▨区域)每个格子为 8 分,再外面一圈(▨区域)每个格子为 7 分,最外面一圈(▨区域)每个格子为 6 分。

比赛的要求是:每个人必须完成一个给定的数独(每个给定数独可能有不同的填法),而且要争取更高的总分数。而这个总分数即每个方格上的分值和完成这个数独时填在相应格上的数字的乘积的总和。

---

1)本题选自 NOIP 2009。

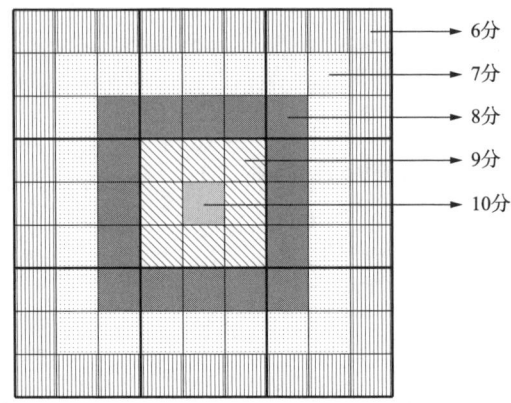

图8.6　靶形数独

如图8.7所示，在以下的这个已经填完数字的靶形数独游戏中，总分数为2829。游戏规定，将以总分数的高低决出胜负。

7	5	4	9	3	8	2	6	1
1	2	8	6	4	5	9	3	7
6	3	9	2	1	7	4	8	5
8	6	5	4	2	9	1	7	3
9	7	2	3	5	1	6	4	8
4	1	3	8	7	6	5	2	9
5	4	7	1	8	2	3	9	6
2	9	1	7	6	3	8	5	4
3	8	6	5	9	4	7	1	2

图8.7　靶形数独的一种解

输入格式：

共9行，每行9个整数（每个数都在0~9的范围内），表示一个尚未填满的数独方格，未填的空格用0表示。每两个数字之间用一个空格隔开。

输出格式：

共1行，输出可以得到的靶形数独的最高分数。如果这个数独无解，则输出-1。

输入样例：

```
7 0 0 9 0 0 0 0 1
1 0 0 0 0 5 9 0 0
0 0 0 2 0 0 0 8 0
```

```
0 0 5 0 2 0 0 0 3
0 0 0 0 0 0 6 4 8
4 1 3 0 0 0 0 0 0
0 0 7 0 0 2 0 9 0
2 0 1 0 6 0 8 0 4
0 8 0 5 0 4 0 1 2
```

输出样例:
```
2829
```

分析：我们可以采用深度优先搜索的方法完成此题。我们对每一个格子的情况进行讨论，填完以后再比较其大小。但是要想通过此题，这样做还是不够的。我们发现实际上可以从情况较少的格子开始讨论，这样将会大大减少状态数。而且我们还可以设计一个估价函数 $S(x)$，表示接下来所有格子都最优化填值的解，如果这个值比现在已有的答案小，那我们就可以直接 return。整体实现较为复杂，需要读者有比较深厚的代码功力。另外数独问题可使用舞蹈链解决，有兴趣的读者可以自行了解。

参考代码如下：

```cpp
#include<bits/stdc++.h>
using namespace std;
#define pb push_back
#define ll long long
int getint()
{
    int x=0,f=1;char ch=getchar();
    while(ch>'9'||ch<'0'){if(ch=='-')f=-f;ch=getchar();}
    while(ch>='0'&&ch<='9'){x=x*10+ch-'0';ch=getchar();}
    return f*x;
}
const int MAXN=12;
const int score[10][10]=
{{0,0,0,0,0,0,0,0,0,0},
{0,6,6,6,6,6,6,6,6,6},
{0,6,7,7,7,7,7,7,7,6},
{0,6,7,8,8,8,8,8,7,6},
{0,6,7,8,9,9,9,8,7,6},
{0,6,7,8,9,10,9,8,7,6},
{0,6,7,8,9,9,9,8,7,6},
```

```
{0,6,7,8,8,8,8,8,7,6},
{0,6,7,7,7,7,7,7,7,6},
{0,6,6,6,6,6,6,6,6,6}};
int row[MAXN][MAXN],col[MAXN][MAXN],area[MAXN][MAXN],
                                    sdk[MAXN][MAXN];
int row_cnt[MAXN],col_cnt[MAXN],cnt,ans=-1;
inline int id(int i,int j){return(i-1)/3*3+1+(j-1)/3;}
inline int calc()
{
   int tmp=0;
   for(int i=1;i<=9;++i)
     for(int j=1;j<=9;++j)
       tmp+=score[i][j]*sdk[i][j];
   return tmp;
}
void dfs(int r,int c,int cpl)
{
   if(cpl==81)
   {
     ans=max(ans,calc());
     return;
   }
   for(int k=1;k<=9;++k)
   {
     if(row[r][k]||col[c][k]||area[id(r,c)][k])continue;
     row[r][k]=true;
     col[c][k]=true;
     area[id(r,c)][k]=true;
     row_cnt[r]++,col_cnt[c]++;
     sdk[r][c]=k;
     int tmpr=-1,nxt_r=0,tmpc=-1,nxt_c=0;
     for(int i=1;i<=9;++i)
       if(row_cnt[i]>tmpr&&row_cnt[i]<9)
         tmpr=row_cnt[i],nxt_r=i;
     for(int j=1;j<=9;++j)
       if(col_cnt[j]>tmpc&&(!sdk[nxt_r][j]))
         tmpc=col_cnt[j],nxt_c=j;
     dfs(nxt_r,nxt_c,cpl+1);
     row[r][k]=false;
     col[c][k]=false;
```

```
      area[id(r,c)][k]=false;
      row_cnt[r]--,col_cnt[c]--;
      sdk[r][c]=0;
    }
  }
}
int main()
{
  for(int i=1;i<=9;++i)
  {
    for(int j=1;j<=9;++j)
    {
      sdk[i][j]=getint();
      if(sdk[i][j]!=0)
      {
        row[i][sdk[i][j]]=true;
        col[j][sdk[i][j]]=true;
        area[id(i,j)][sdk[i][j]]=true;
        row_cnt[i]++,col_cnt[j]++;
        cnt++;
      }
    }
  }
  int tmpr=-1,r,tmpc=-1,c;
  for(int i=1;i<=9;++i)
    if(row_cnt[i]>tmpr&&row_cnt[i]<9)
      tmpr=row_cnt[i],r=i;
  for(int j=1;j<=9;++j)
    if(col_cnt[j]>tmpc&&(!sdk[r][j]))
      tmpc=col_cnt[j],c=j;
  dfs(r,c,cnt);
  cout<<ans<<endl;
}
```

8.5 宽度优先搜索的优化

宽度优先搜索(BFS)是另一种对搜索树遍历的算法，在图论对该算法也做了基本介绍，本节我们重点介绍宽度搜索的原理及其优化策略。

算法基本框架如下：

```
inline void BFS()
```

```
{
    queue<int>q;                         // 宽度优先搜索采用队列存储
    while(!q.empty())
    {
        int st=q.front();q.pop();        // 取出队首,并从队列中删除
        for(…)                           // 从当前点出发,搜索所有与该点相邻接的点
            if(!vis[x])                  // 若该点没被遍历过
            {
                ……                      // 根据题意做相应的操作
                q.push(x);               // 同时将该点加入队列
            }
    }
}
```

BFS主要运用了一个队列存储结点,其中队列中的结点分为已访问和未访问的结点。为了判断队列中的结点是否已访问过,通常会对搜索树中的结点打上标记。也就是说,BFS对每次遍历的结点,都需要在队列中进行判定是否存在。若采用标记法,当然可在$O(1)$的时间内判断,但有时队列元素并非有序,无法用简单地标志数组来存储和判定,这就要求我们要有好的判定方法。

【**例8.13**】山峰和山谷[1]。FGD小朋友特别喜欢爬山,在爬山的时候他就在研究山峰和山谷。为了能够对旅程有一个安排,他想知道山峰和山谷的数量。给定一个地图,为FGD想要旅行的区域,地图被分为$n \times n$的网格,每个格子(i,j)的高度$w(i,j)$是给定的。若两个格子有公共顶点(八连通),那么它们就是相邻的格子。我们定义一个格子的集合S为山峰(山谷)当且仅当:

(1)S的所有格子都有相同的高度。

(2)S的所有格子都联通。

(3)对于s属于S,与s相邻的s'不属于S,都有$ws > ws'$(山峰),或者$ws < ws'$(山谷)。

你的任务是,对于给定的地图,求出山峰和山谷的数量,如果所有格子都有相同的高度,那么整个地图既是山峰,又是山谷。

输入格式:

第1行,包含一个正整数n,表示地图的大小。

---

[1] 本题选自 POI 2007。

接下来一个 $n \times n$ 的矩阵，表示地图上每个格子的高度。

输出格式：

两个数，分别表示山峰和山谷的数量。

输入样例：

```
5
8 8 8 7 7
7 7 8 8 7
7 7 7 7 7
7 8 8 7 8
7 8 8 8 8
```

输出样例：

```
2 1
```

数据范围：

$1 \leq n \leq 1000$，$0 \leq w \leq 10^9$。

分析：直接 BFS，每次从一个点出发，向外 BFS，只能将与当前点的权值相同的点加入队列，如果遇到与之不同的点，那么就判断它和当前点的大小关系，如果当前权值的周围既有比它大的，也有比它小的，那么这一块区域就既不是山峰也不是山谷。不能判断出当前块既不是山峰也不是山谷就退出，因为属于这一块的区间可能还没有找全。遍历过的点就不再遍历了。利用标记数组判重。

核心代码如下：

```
void bfs(int x,int y)
{
  int cnt1=0,cnt2=0;
  vis[x][y]=1;
  q.push(pii(x,y));
  while(!q.empty())
  {
    pii u=q.front();q.pop();
    for(int k=0;k<8;k++)
    {
      x=u.X+dx[k],y=u.Y+dy[k];
      if(x<1||y<1||x>n||y>n)continue;
      if(mp[x][y]==mp[u.X][u.Y]&&!vis[x][y])
        vis[x][y]=1,q.push(pii(x,y));
```

```
        else
            cnt1+=mp[x][y]>mp[u.X][u.Y],    //记录周围比当前点矮的点
            cnt2+=mp[x][y]<mp[u.X][u.Y];    //记录周围比当前点高的点
        }
    }
    ans1+=!cnt1&&cnt2;                       //山峰计数
    ans2+=!cnt2&&cnt1;                       //山谷计数
}
```

【例8.14】魔板。在魔方风靡全球之后不久,Rubik先生发明了它的简化版——魔板。魔板由8个同样大小的方块组成,每个方块颜色均不相同,可用数字1~8分别表示。任意时刻魔板的状态可用方块的颜色序列表示:从魔板的左上角开始,按顺时针方向依次写下各方块的颜色代号,所得到的数字序列即可表示此时魔板的状态。例如,序列(1,2,3,4,5,6,7,8)表示魔板状态为:

1 2 3 4
8 7 6 5

对于魔板,可施加三种不同的操作,具体操作方法如下:

(1)操作A:上下两行互换,状态12348765变换为状态87654321。

(2)操作B:每行同时循环右移一格,状态12348765可变换为41236785。

(3)操作C:中间4个方块顺时针旋转一格,状态12348765可变换为17245368。

给你魔板的初态与末态,请给出由初态到末态变换数最少的变换步骤,若有多种变换方案,则取字典序最小的那种。

输入格式:

每组测试数据包括两行,分别代表魔板的初态与末态。

输出格式:

对每组测试数据输出满足题意的变换步骤。

输入样例:

12345678
17245368
12345678
82754631

输出样例:

C
AC

分析：首先，我们来思考一下只有一组数据我们应当如何完成此题。如果用数字串来直接表示魔板的状态，会发现状态就只有 8！＝40320 种，我们以初态为起点，末态为终点，运行一遍 BFS 算法，并为每个点添加字典序最小的前向结点，即可完成本题。

对于一组数据，时间复杂度为 $O(n)$。不幸的是，如果有 t 组数据，时间复杂度就变成了 $O(tn)$，无法通过本题。我们发现一个有趣的性质：如果把 1、2、3、4、5、6、7、8 做一个置换，并将其应用在初态和末态中，输出的方案实际上是不会改变的。于是可以先与处理好 12345678 到其他所有状态的最短路，再找到初态与 12345678 之间对应的映射，转化好末态以后，直接输出答案，时间复杂度为 $O(n+t \times \text{len})$。

参考程序如下：

```cpp
#define Mod 1000007            //取模的大小，哈希表的大小...
#define Max 100007             //存放的总数
class Hash                     //构造的哈希函数
{
  public:
    int hs[Mod];               //哈希函数为原值%Mod，所以哈希值
                               //  0..Mod-1
    int next[Max];             //链表，解决哈希冲突
    int S[Max];                //存放原值
    string V[Max];             //存放原值对应的 val 值
    int H[Max];                //存放所有哈希值
    int sn;                    //不同原值的数量
    int hn;                    //不同哈希值的数量
    Hash()                     //构造函数：定义 Hash 类变量时初始化
    {
      sn=0;hn=0;
      memset(hs,0,sizeof(hs));
    }
    void clear()               //清空函数
    {
      sn=0;
      for(int i=0;i<hn;i++)hs[H[i]]=0;
      hn=0;
    }
    void add(int s,string val)//加入
    {
      int ha=s%Mod;            //计算哈希值
```

```
        if(hs[ha]==0)H[hn++]=ha;        // 如果该哈希值还未出现过，记
                                         //   录哈希值
        sn++;                            // 0 表示结尾，所以从 1 开始存，
                                         //   原值数量加 1，特别针对 hs 数组
        S[sn]=s;                         // 将原值记录起来
        V[sn]=val;
        next[sn]=hs[ha];                 // 原本原值记录位置
        hs[ha]=sn;
/* 最新原值记录位置，如果从 0 开始存，就无法判断此时是空还是 1 个值
   比如：5 和 10 有一样的哈希值，并且 5 和 10 先后加入那么
   加入 5:next[1]=0;
   hs[5]=1;hs[5] 是哈希值为 5 的头，表示第一个原值在 1 的位置
   加入 10:next[2]=1;
   hs[5]=2; 表示第一个哈希值为 5 的在 2，第二个在 1，第三个不存在
*/
    }
    int find(int s)                      // 查找
    {
        int ha=s%Mod;                    // 计算哈希值
        int k=hs[ha];                    // 头
        while(k!=0)
        {
            if(S[k]==s)return 1;         // 找到
            k=next[k];                   // 下一个结点
        }
        return 0;                        // 表示没找到
    }
    string get(int s)
    {
        int ha=s%Mod;                    // 计算哈希值
        int k=hs[ha];                    // 头
        while(k!=0)
        {
            if(S[k]==s)return V[k];      // 找到
            k=next[k];                   // 下一个结点
        }
        return"";                        // 表示没找到
    }
}
```

```cpp
int change(int s)                               // 循环
{
  return s%10*1000+s%100/10*100+s%1000/100*10+s%10000/1000;
}

int move(int s,int i)
{
  int gao=s/10000;
  int di=change(s%10000);
  if(i==1)return di*10000+change(gao);          // 对操作A进行模拟
  else if(i==2)                                 // 对操作B进行模拟
  {
    gao=gao/10+gao%10*1000;
    di=di/10+di%10*1000;
  }
  else if(i==3)                                 // 对操作C进行模拟
  {
    int tmp1=gao%1000/10*10;
    int tmp2=di%1000/10*10;
    gao-=tmp1;
    di-=tmp2;
    gao+=tmp2/100*100+tmp1/100*10;
    di+=tmp2%100/10*100+tmp1%100/10*10;
  }
  return gao*10000+change(di);
}

string get(int i)                               // 转化类型并输出
{
  if(i==1)return"A";
  else if(i==2)return"B";
  else return"C";
}

Hash hs;
queue<int>q;

void bfs(int s)                                 //BFS模块
{
  hs.add(s,"");
```

```
      q.push(s);
      while(q.size())
      {
        int a=q.front();
        q.pop();
        string ax=hs.get(a);
        for(int i=1;i<=3;i++)              // 对走法枚举
        {
          int b=move(a,i);
          if(hs.find(b)==0)                // 未曾出现过的状态入队列 bfs
          {
            hs.add(b,ax+get(i));
            q.push(b);
          }
        }
      }
    }

    int main()
    {
      bfs(12345678);
      int s,t;
      while(~scanf("%d%d",&s,&t))
      {
        int c[10],k=1;
        for(int i=0;i<8;i++)               // 寻找映射
        {
          c[s/k%10]=8-i;
          k=k*10;
        }
        k=1;
        for(int i=0;i<8;i++)
        {
          t=t-t/k%10*k+c[t/k%10]*k;
          k=k*10;
        }
        cout<<hs.get(t)<<endl;
      }
      return 0;
    }
```

本章小结

　　本章介绍了贪心、递推、分治，深度、宽度优先搜索及其优化，并讲解了其基本应用以及在实际解题中的变形。兵无常势，水无常在，这些基本的算法也仅仅只是一个框架，要想发挥它们最大的威力，还需要我们在实战中多加练习，深入理解、熟练运用。掌握这些算法将为我们的算法知识大厦打下一个坚实的地基。

第9章 动态规划

"洪湖水浪打浪，新浪盖旧浪，旧浪死在沙滩上。"这一场景，非常类似我们解决问题的递推方法。我们知道，递推就是按照递推公式不断往前求解的过程，对于当前，只有一个状态描述当前的值。若某些问题并非由一个状态而是由多个状态不断推导，那么这种方法就是动态规划（Dynamic Programming），简称DP。动态规划是运筹学的一个分支，是将问题分解成各个阶段，由相邻两个阶段根据状态转移方程推导求解的一种方法。

9.1 动态规划的基本原理

【例9.1】数字三角形。给定一个由 $n(1 \leqslant n \leqslant 100)$ 行数字组成的数字三角形，如图9.1所示。设计一个算法，计算出从三角形的底至顶的一条路径，使该路径经过的数字总和最大。

注意：路径的每一步只能向左下或向右下行走。

分析：我们将数字三角形按从上到下、从左到右的坐标进行标记；$a[i][j]$ 记录输入数据第 i 行第 j 列的数值；$f[i][j]$ 记录从起点走到第 i 行第 j 列时的最大路径和。

由于对于每个点只能往左下或右下走，那么对于走到某点的最大路径，有两种选择，如图9.2所示，我们对这两种选择选取一个最大值即可。

我们可以得出如下公式：

$$f[i+1][j]=\max\{f[i+1][j], f[i][j]+a[i+1][j]\} \quad \text{往左下走情形}$$
$$f[i+1][j+1]=\max\{f[i+1][j+1], f[i][j]+a[i+1][j+1]\} \quad \text{往右下走情形}$$

图9.1　数字三角形　　图9.2　数字三角形的状态转移

我们把上述公式叫状态转移方程,其中 $f[i][j]$ 称为状态,向左上或右上走的选择称为决策。显然,该问题的第 i 行有 i 个状态 $f[i][j]$,通过两种决策,可以转移到第 $i+1$ 行的两个状态 $f[i+1][j]$ 和 $f[i+1][j+1]$,这样就实现了状态之间的转移,其中 max 表示取最优决策。我们发现,状态之间的转移是分层的,也就是说第 i 行的状态,只能转移到第 $i+1$ 行的状态,这样我们把每一层的状态看成一个阶段,那么,状态转移方程就是状态按决策分阶段转移。

关键代码如下:

```
int main()
{
  cin>>n;
  for(int i=1;i<=n;i++)
    for(int j=1;j<=i;j++)
      cin>>a[i][j];              //a[i][j]记录输入数据
  f[1][1]=a[1][1];                //f[1][1]为初始状态
  for(int i=1;i<n;i++)
  {
    for(int j=1;j<=i;j++)
    {
      f[i+1][j]=max(f[i+1][j],f[i][j]+a[i+1][j]);
                                  //第一种决策的状态转移
      f[i+1][j+1]=max(f[i+1][j+1],f[i][j]+a[i+1][j+1]);
                                  //第二种决策的状态转移
    }
  }
  for(int j=1;j<=n;j++) ans=max(ans,f[n][j]);
                                  //枚举目标状态的最优值
  cout<<ans<<endl;
}
```

可以看出这种做法非常直观,只要写出了状态转移方程,程序也很容易写,时间复杂度也很低,显然,该问题的时间复杂度为 $O(n^2)$。

事实上,我们还可以这样想:对于状态 $f[i][j]$,只能由 $f[i-1][j-1]$ 和 $f[i-1][j]$ 两个状态转移过来,如图9.3所示。

因此我们可以写成如下状态转移方程:

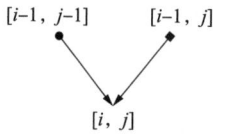

图9.3 数字三角形的状态转移

$$f[i][j] = \max \begin{cases} f[i-1]+[j-1]+a[i][j] & \text{往左下走的情形} \\ f[i-1][j]+a[i][j] & \text{往右下走的情形} \end{cases}$$

关键代码如下：

```
for(int i=1;i<=n;i++)
   for(int j=1;j<=i;j++)
      f[i][j]=max(f[i-1][j-1],f[i-1][j])+a[i][j];
```

【例9.2】给出一个图，相邻两点之间有路径长度，求从起点到终点的路径长度对 k 求余的最小值，点数小于等于100。如图9.4所示，该 $A \sim D$ 路径对 4 求余最小值为 0。

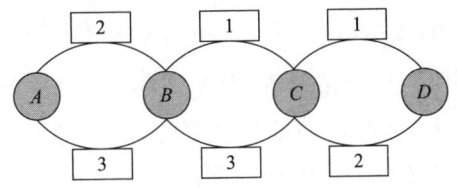

图9.4 MOD 4 最短路

分析：类似求最短路算法，采用动态规划思想。

设 $d[i]$ 表示走到点 i 时，该路径 mod k 的最小值，我们进行松弛操作，即状态转移方程：

$d[i] = \min\{(d[j]+a[i][j]) \bmod k\}$ 其中点 j 到点 i 有道路

我们来求解一下样例：

$d[A] = 0$

$d[B] = \min\{(d[A]+2) \bmod 4, (d[A]+3) \bmod 4\} = 2$

$d[C] = \min\{(d[B]+1) \bmod 4, (d[B]+3) \bmod 4\} = 1$

$d[D] = \min\{(d[C]+1) \bmod 4, (d[C]+2) \bmod 4\} = 2$

显然答案错误，那么造成这种错误的原因是什么呢？

仔细分析可以看出，每次由方程 $d[i] = \min\{(d[j]+a[i][j]) \bmod k\}$ 得出的阶段最优值，并不能决定下一个阶段的最优值的发展。换句话说，按这个方程推导出的当前最优值不能推导出整个问题的最优值。这种状态的描述不具有最优性原理。

所谓的最优性原理是指"多阶段决策过程的最优决策序列具有这样的性质：不论初始状态和初始决策如何，对于前面决策所造成的某一状态而言，其后各阶段的决策序列必须构成最优策略"。

我们将该问题的状态重新描述，对每个阶段的状态并不仅仅只保留 mod k 的最小值，而需要保留 mod k 的所有余数。

设一个数组 can[i][x] 表示走到点 i 路径长度 mod k 余数能否为 x，若能，则返回 true，否则返回 false，则有：

$$\text{can}[i][x] = \text{can}[j][y] \,\&\&\, ((x+a[i][j])\%k == y)$$

下面我们再看看样例：

can[A][0]=true

can[B][2]=true，can[B][3]=true

can[C][0]=true，can[C][1]=true，can[C][2]=true

can[D][0]=true，can[D][1]=true，can[D][2]=true，can[D][3]=true

答案为 can[D][0]，所以最小值为0。

上述状态设计之所以能成功推导结论，是由于每个阶段都记录了所有的最优结果，因此符合最优性原理。同时，我们可以看到，每一个阶段的状态推导到下一个阶段的状态后，当前阶段的状态值以后不会再用，可以删除。换一句话来说：阶段 i 中的状态只能通过阶段 $i+1$ 中的状态通过状态转移方程得来，与其他状态没有关系，特别是与未发生的状态没有关系，这个性质称为无后效性。

9.2 线形动态规划

所谓线形动态规划，就是该问题的模型是线性的，数据结构表现为线性表的形式，对于这种数据类型的动态规划问题，我们看看如何思考。

【例9.3】Chnlkw 的工作。Chnlkw 为了计算一天能干多少事，他将一天划分为 n 个单位时间，并告诉你这天他可以干的 m 项工作，其中第 i 项工作需要从第 S_i 时刻开始连续做 E_i 个时刻才能完成，同时完成这项工作能获得 P_i 的收入。Chnlkw 在某一个时刻只能干一项工作，并且一旦选择某项工作，必须不间断一次性做完，问他一天的工作中能获得最多的收入为多少，请你帮帮他进行工作的选取。

输入格式：

第1行，一个整数 n（$n \leq 5000$）。

第2行，一个整数 m（$m \leq 5000$）。

接下来 m 行，描述 m 件事情，每行包含3个整数 S_i、E_i、P_i。

输出格式：

仅包含一行，为Chnlkw在这一天内所能获得最大收入。

分析：将每一项工作看成一个点，若将m项工作按开始时间排序，那么本题一天内的m个工作就是一条线上的m个点。Chnlkw在一个时间内只能做一项工作，Chnlkw选取哪些工作就相当于在这条线上如何选取哪些点的问题。

设$f[i]$表示到第i个单位时刻为止Chnlkw当前能获得的最大收入。现在考虑决策，对于时刻$i+1$，要么闲着，要么干一件以$i+1$开始的事情。

状态转移方程为：

$$f[i]=\max\{f[i-1], f[S[j]]+p[i](E[j]=i)\}, f[0]=0$$

参考程序如下：

```cpp
int n,m,f[5200]={0};
struct Node
{
  int to,val;
}tmp;
vector<Node>vec[5200];
int main()
{
  cin>>n>>m;
  for(int x,y,z;m--;)
  {
    cin>>x>>y>>z;
    if(y>n||x<0)continue;
    vec[x].push_back((Node){y,z});
  }
  for(int i=0;i<n;i++)
  {
    for(int j=0;j<(int)vec[i+1].size();j++)
    {
      tmp=vec[i+1][j];
      f[tmp.to]=max(f[tmp.to],f[i]+tmp.val);
    }
    f[i+1]=max(f[i+1],f[i]);
  }
  cout<<f[n];
}
```

【例9.4】 最长不下降子序列。给定一个长度为n的序列a，求出这个序列中最长不下降子序列,所谓最长不下降子序列,就是对于$i<j$,有$a[i]<a[j]$。

输入格式:

第1行,1个整数$n(n \leq 5000)$。

下面n行,每行一个整数,其中第$i+1$行的数为序列$a[i]$的值。($a[i] \leq 10^9$)。

输出格式:

第1行,最长不下降子序列长度。

第2行,最长不下降子序列(若有多个,输出一个即可)。

分析: 本题给出的是一个序列,若将该序列的每一个数看成一个点,则数据模型就是一个线性队列。

设$f[i]$表示到当前第i个元素为止最长不下降子序列长度,对于当前的第i个元素,考虑跟之前哪一个子序列能继续构成不下降序列,从而选取决策。有如下状态转移方程:

$$f[i]=\max\{f[i], f[j]+1\} \text{ 满足 } j<i \& a[j] \leq a[i]$$

因为要输出方案,所以在状态转移的时,需要记录一下这个状态是由哪个状态转移过来的,即记录最优决策。$pre[i]=j$表示当前子序列i的前一个为j。

参考程序如下:

```
const int N=5005;
const int inf=0x3f3f3f3f;

int n,len,a[N],f[N],pre[N],ans[N];          // f 为状态描述, pre 记录
                                             //    决策值

int main()
{
  cin>>n;
  for(int i=1;i<=n;i++)cin>>a[i];
  a[0]=-inf;// 尽管 a[0] 不存在,因为 f[1] 要与 a[0] 比较,因此设为最小
  for(int i=1;i<=n;i++)
  {
    pre[i]=0;                                // 初始化决策
    for(int j=1;j<i;j++)
      if(a[j]<=a[i]&&f[j]>f[pre[i]])pre[i]=j;// 记录决策
```

```
        f[i]=f[pre[i]]+1;                          //更新最优值
    }
    int tail=0;
    for(int i=1;i<=n;i++)if(f[tail]<f[i])tail=i;
                                                   //找到最长子序
                                                     列的位置
    for(;tail;tail=pre[tail])ans[++len]=tail;      //将最优子序列逆
                                                     序放入ans中
    cout<<len<<endl;                               //输出长度
    while(len)cout<<a[ans[len--]]<<'';             //输出子序列
    cout<<endl;
}
```

上述算法时间复杂度为 $O(n^2)$，对于该题，若数据再大一点，则会超时，我们需要考虑优化，下面介绍一种利用有序队列优化到时间复杂度为 $O(n\log_2 n)$ 的算法。

我们再来观察一下状态转移方程：

$$f(i)=\max\{f(j)+1\}, \text{ 其中 } j<i \text{ and } a[j]\le a[i]$$

上述式子的含义为：找到 i 之前的某个 j，$a[j]\le a[i]$，对于所有的 j 取 $f(j)$ 的最大值。

我们来看表9.1。

表9.1

i	1	2	3	4	5	6	7	8
$a[i]$	38	27	55	30	29	70	58	65
$f[i]$	1	1	2	2	2	3	3	4

这里的 j，是找到的 $1\sim i$ 之间的所有的 j，其实这里面有很多是无效的查找，那么我们能否快速查找到我们所要更改的 j 呢？

更新需要满足两个条件：

（1） $j<i \&\& a[j]\le a[i]$。

（2） $f(j)$ 尽可能大。

以上两个条件提示我们，后面的值一定要大于等于前面的值。因此我们试着按 $f[i]$ 的增序构建一个 $a[i]$ 不下降的队列。构建过程如表9.2所示。

可以看出，对每一次扫描，我们都是在有序队列查找相应的添加或者更新的位置。因此有序队列的二分查找时间复杂度为 $O(\log_2 n)$，所以该算法的时间复杂度为 $O(n\log_2 n)$。

表9.2

i	1	2	3	4	5	6	7	8	说 明
a[i]	38	27	55	30	29	70	58	65	
i=1	38								f=1
i=2	27								f=1，27＜38,替换38
i=3	27	55							f=2
i=4	27	30							f=2，30＜55,替换55
i=5	27	29							f=2，29＜30,替换30
i=6	27	29	70						f=3
i=7	27	29	58						f=2，58＜70,替换58
i=8	27	29	58	65					f=4

参考程序如下：

```
#include<bits/stdc++.h>

int solve(int a[],int n)
{
  static int s[100001],f[100001];
          //s[i]存储有序队列的下标，f[s[i]]=i,且a[s[i]]最小
  int best,i,low,high,mid;
  memset(s,0x7f,sizeof(s));
  f[1]=s[1]=best=1;
  for(i=2;i<=n;++i)
  {
    /*
    二分查找以a[i]结尾的LIS长度，找到更新的位置
    */
    for(low=1,high=best;low<=high;a[s[mid]]<=a[i])?(low=mid+1):
                              (high=mid-1))
    mid=(low+high)/2;
    /*
    如果f[i]>best则更新best,并设置相应的s[f[i]],否则更新有序队列
    s[f[i]]
    */
    if((f[i]=high+1)>best)
    {
       s[best=f[i]]=i;
    }else{
```

```
      s[f[i]]=a[s[f[i]]]<=a[i])?s[f[i]]:i;
    }
  }
  return best;
}

int main()
{
  static int a[100001];
  int n,i;
  scanf("%d",&n);
  for(i=1;i<=n;++i)
  {
    scanf("%d",&a[i]);
  }
  printf("%d\n%d\n",solve(a,n));
  return 0;
}
```

【例9.5】花店橱窗。我们需要将F种花放置在按顺序排列的V个花瓶中。

每种花都有一个标识,假设杜鹃花的标识数为1,秋海棠的标识数为2,康乃馨的标识数为3,所有的花束在放入花瓶时必须保持其标识数的顺序,即杜鹃花必须放在秋海棠左边的花瓶中,秋海棠必须放在康乃馨左边的花瓶中。如果花瓶的数目大于花束的数目,则多余的花瓶必须空置,且每个花瓶中只能放一束花。

每种花放在不同的瓶子里会产生不同的美观程度,美观程度可能是正数也可能是负数。

上述例子中,花瓶与花束的不同搭配所具有的美观程度如表9.3所示。

表9.3

花 瓶	1	2	3	4	5
1(杜鹃花)	7	23	-5	-24	16
2(秋海棠)	5	21	-4	10	23
3(康乃馨)	-21	5	-4	-20	20

根据表9.3,杜鹃花放在花瓶2中,会显得非常好看;若放在花瓶4中,则显得十分难看。

为取得最大美观程度,你必须在保持花束顺序的前提下,使花束的摆放取得最大的美学值，并求出每种花应该摆放的花瓶的编号。

分析：我们可以按顺序处理每一朵花。

用 $f[i][j]$ 表示已经处理了前 i 种花，且已经使用到了第 j 个花瓶时的最大美观度。

记 $a[i][j]$ 为第 i 种花放到 j 号花瓶的美观度。

此时，我们有两种转移方式：

（1）不使用 $j+1$ 号花瓶，直接转移到 $f[i][j+1]$。

（2）将第 $i+1$ 种花放入 $j+1$ 号花瓶中，即 $f[i][j]+a[i+1][j+1]$ 转移到 $f[i+1][j+1]$。

参考程序如下：

```
#include<cstdio>
#include<cstring>
const int maxn=100;
int n,m,a[maxn+10][maxn+10],f[maxn+10][maxn+10];
bool ischos[maxn+10][maxn+10];
void trace(int x,int y)                        // 递归倒着求方案
{
  if(!x)return;
  if(ischos[x][y])
  {
    trace(x-1,y-1);printf("%d",y);
  }else trace(x,y-1);
}
int main()
{
  scanf("%d%d",&n,&m);
  for(int i=1;i<=n;++i)
  for(int j=1;j<=m;++j)
  scanf("%d",&a[i][j]);
  memset(f,-0x3f,sizeof f);f[0][0]=0;           // 初始化
  for(int i=0;i<=n;++i)
  for(int j=1;j<=m;++j)
  {
    if(i>0&&f[i-1][j-1]+a[i][j]>f[i][j])
    {
      f[i][j]=f[i-1][j-1]+a[i][j];ischos[i][j]=1;
                                                // 转移并记录转移来源
    }
```

```
            if(f[i][j-1]>f[i][j])
            {
                f[i][j]=f[i][j-1];ischos[i][j]=0;
            }
        }
        printf("%d\n",f[n][m]);
}
```

9.3 背包类型动态规划

背包问题：每个物品有其特有的价值和体积，装取体积总和不超过体积上限的一些物品，最大化装取物品的价值总和的问题。

由于背包问题太经典了，往往考的是背包问题的变种，以下给出一个01背包问题及其变种。

【例9.6】采药[1]。辰辰是个天资聪颖的孩子，他的梦想是成为世界上最伟大的医师。为此，他想拜附近最有威望的医师为师。医师为了判断他的资质，给他出了一个难题。医师把他带到一个到处都是草药的山洞里对他说："孩子，这个山洞里有一些不同的草药，采每一株都需要一些时间，每一株也有它自身的价值。我会给你一段时间，在这段时间里，你可以采到一些草药。如果你是一个聪明的孩子，你应该可以让采到的草药的总价值最大。"

如果你是辰辰，你能完成这个任务吗？

输入格式：

第1行，两个整数 T（$1 \leqslant T \leqslant 1000$）和 M（$1 \leqslant M \leqslant 100$），$T$代表总共能够用来采药的时间，$M$代表山洞里的草药的数目。

接下来的M行，每行包括两个在1到100之间（包括1和100）的整数，分别表示采摘某株草药的时间和这株草药的价值。

输出格式：

一行，只包含一个整数，表示在规定的时间内，可以采到的草药的最大总价值。

状态：$f[i][j]$表示前i个草药时间为j的子问题的答案。

转移：对于第x个草药，要么采

$$f[x][y]=f[x-1][y-\text{tim}[x]]+\text{val}[x]$$

1）本题选自 NOIP 2005 普及组 T3。

要么不采

$$f[x][y]=f[x-1][y]$$

即：

$$f[x][y]=\max\{f[x-1][y-\text{tim}[x]]+\text{val}[x], f[x-1][y]\}$$

事实上，我们可以只使用一维数组 f，用 $f[y]$ 记录当前情况下花 y 的时间的最大价值。

当考虑到第 x 棵草药时，我们只需从大到小枚举 y，将 $f[y-\text{tim}[x]]+\text{val}[x]$ 转移到 $f[y]$，可以避免一株草药采多次的情况。

转移部分代码如下：

```
for(int i=1;i<=n;i++)
  for(int j=T;j>=c[i];j--)
    f[j]=max(f[j],f[j-c[i]]+v[i]);  //c[i]为第i株草药花费的
                                     时间，v[i]为价值
```

【例9.7】竞赛真理[1]。TENSHI在经历了无数次学科竞赛的失败以后，得到了一个真理：做一题就要对一题！但是要完全正确地做对一题是要花很多时间（包括调试时间），而竞赛的时间有限。所以开始做题之前最好先认真审题，估计一下每一题如果要完全正确地做出来所需要的时间，然后选择一些有把握的题目先做。当然，如果做完了预先选择的题目之后还有时间，但是这些时间又不足以完全解决一道题目，应该把其他的题目用贪心之类的算法随便做做，争取"骗"一点分数。

输入格式：

第1行，两个正整数 N 和 T，表示题目的总数以及竞赛的时限（秒）。

以下的 N 行，每行四个正整数 W_{1i}、T_{1i}、W_{2i}、T_{2i}，分别表示第 i 题完全正确做出来的得分，完全正确做出来所花费的时间（秒），"骗"来的分数，"骗"分所花费的时间（秒）。

输出格式：

根据每一题解题时间的估计值，确定一种做题方案（即哪些题目认真做，哪些题目"骗"分，哪些不做），使能在限定的时间内获得最高的得分。

数据范围：

$3 \leq N \leq 30$，$2 \leq T \leq 1.08 \times 10^6$，$1 \leq W_{1i}$、$W_{2i} \leq 3 \times 10^4$，$1 \leq T_{1i}$、$T_{2i} \leq T$。

---

[1] 本题选自 XJOI T1306。

状态：$f[i][j]$ 表示有前 i 道题，有 j 秒时间的最优解 (即子问题)。
转移：

$$f[i][j] = \max \begin{cases} f[i-1][j], & \text{第} i \text{道题不做} \\ f[i-1][j-T_{1i}] + W_{1i}, & \text{第} i \text{道题做完全解} \\ f[i-1][j-T_{2i}] + W_{2i}, & \text{第} i \text{道题骗分} \end{cases}$$

同样，可以采用与前一题相同的方法减少数组维数。
所以，可以优化为：

```
for(int j=T;j;j--)
{
  if(j>=t1)f[j]=max(f[j-t1]+v1,f[j]);
  if(j>=t2)f[j]=max(f[j-t2]+v2,f[j]);
}
```

另外，如果这道题要输出方案，有一点需要注意：常见的记录前驱的方法需要保证前驱状态不会被更改(破坏)，当二维数组压空间写成一维数组的时候，由于前驱状态会被破坏，从输出方案的角度还不如写成二维数组方便。
参考程序如下：

```
#include<bits/stdc++.h>
using namespace std;
int n,m,t[3][31],v[3][31],f[1080001];
int main()
{
  scanf("%d%d",&n,&m);
  for(int i=1;i<=n;i++)
  scanf("%d%d%d%d",&v[1][i],&t[1][i],&v[2][i],&t[2][i]);
  for(int i=1;i<=n;i++)                    //枚举组
  for(int j=m;j>0;j--)                     //枚举重量
  for(int k=1;k<=2;k++)                    //枚举做题情况
  if(j>=t[k][i])
  f[j]=max(f[j],f[j-t[k][i]]+v[k][i]);     //转移
  printf("%d",f[m]);
}
```

另外，背包问题主要有以下几种：
（1）01背包：每个物品只能装一个的背包问题，例如之前的例题。
（2）多重背包：即第 i 个物品有 A_i 个的背包问题。对于这种问题，我们可以这样思考，A_i 可以表示为

$$1+2+4+8+\cdots+2^n+x$$

其中，$x \geq 0$，n 为满足 x 小于 2^{n+1} 的最小数。

将原本的 A_i 个物体分裂为这 $n+2$ 个数，通过选取这些物品，我们可以实现选取 $0 \sim A_i$ 个的所有情况，接下来进行 01 背包即可。

转化部分代码如下：

```
for(int i=1;i<=n;i++)                // 转换过程
{
  int x=1;
  while(a[i]>0)
  {//a 为原物品个数，v 为价值，c 为体积，vv 为转换后价值，cc 为转换后体积
    if(a[i]<=x){vv[++nn]=a[i]*v[i];cc[nn]=c[i]*a[i];break;}
    a[i]-=x;vv[++nn]=x*v[i];cc[nn]=c[i]*x;x*=2;
  }
}
```

（3）完全背包：即每个物品无数量限制的背包问题。每种物品有无限个，换句话说，我们在选取过某个物品之后，还能再将这个物品加入背包。我们只需要将 01 背包中 j 的逆序枚举改为顺序，即可实现这个过程。

转移部分代码如下：

```
for(int i=1;i<=n;i++)
for(int j=c[i];j<=T;j++)
f[j]=max(f[j],f[j-c[i]]+v[i]);
```

【例 9.8】 混合背包。背包体积为 V，给出 N 个物品，每个物品占用体积为 V_i，价值为 W_i，每个物品要么至多取 1 件，要么至多取 m_i 件（$m_i > 1$），要么数量无限，在所装物品总体积不超过 V 的前提下所装物品的价值的和的最大值是多少？

输入描述：

第 1 行，两个数 N 和 V。

下面 N 行，每行三个数 V_i、W_i、M_i，表示每个物品的体积、价值与数量，$M_i=1$ 表示至多取一件，$M_i > 1$ 表示至多取 M_i 件，$M_i=-1$ 表示数量无限。

输出描述：

一个数 Ans，表示所装物品价值的最大值。

分析：我们只需运用上述三种背包的知识，针对不同情况进行转移即可。

参考程序如下：

```
#include<bits/stdc++.h>
using namespace std;
```

```
int f[200005],w,v,k,s,n;
int main()
{
  scanf("%d%d",&n,&s);
  while(n--)
  {
    scanf("%d%d%d",&w,&v,&k);
    if(k>=1)                                          //01背包与多重背包
    {
      int x=1;
      while(k>x)
      {
        for(int j=s;j>=x*w;j--)f[j]=max(f[j-w*x]+v*x,f[j]);
        k-=x;x*=2;
      }
      for(int j=s;j>=w*k;j--)f[j]=max(f[j-w*k]+v*k,f[j]);
    }
    else  for(int j=w;j<=s;j++)f[j]=max(f[j-w]+v,f[j]);
                                                      //完全背包
  }
  printf("%d",f[s]);
}
```

【例9.9】金明的预算方案[1]。金明今天很开心，家里购置的新房就要领钥匙了，新房里有一间金明自己专用的很宽敞的房间。更让他高兴的是，妈妈昨天对他说："你的房间需要购买哪些物品，怎么布置，你说了算，只要不超过 N 元钱就行。"今天一早，金明就开始做预算了，他把想买的物品分为两类：主件与附件，附件是从属于某个主件的，表9.4就是一些主件与附件的例子。

表9.4

主件	附件
电脑	打印机，扫描仪
书柜	图书
书桌	台灯，文具
工作椅	无

如果要买归类为附件的物品，必须先买该附件所属的主件。每个主件可以有0个、1个或2个附件。附件不再有从属于自己的附件。金明想买的东西很多，肯定会超过妈妈限定的 N 元。于是，他把每件物品规定了一个重要度，分为5等：用整数1~5表示，第5等最重要。他还从因特网上查到了每件物品的价格（都是10元的整数倍）。他希望在不超过 N 元（可以

1）本题选自 NOIP 2006 提高组。

等于 N 元）的前提下，使每件物品的价格与重要度的乘积的总和最大。

设第 j 件物品的价格为 $v[j]$，重要度为 $w[j]$，共选中了 k 件物品，编号依次为 $j_1, j_2, \cdots\cdots, j_k$，则所求的总和为：

$$v[j_1] \times w[j_1] + v[j_2] \times w[j_2] + \cdots + v[j_k] \times w[j_k]$$

请你帮助金明设计一个满足要求的购物单。

输入格式：

第1行，两个正整数 N 和 m，N 表示总钱数（$<3.2\times10^4$），m 为希望购买物品的个数（<60）。

第2行到第 $m+1$ 行，第 j 行给出了编号为 $j-1$ 的物品的基本数据，每行有3个非负整数 v、p、q，v 表示该物品的价格（$v<10^4$），p 表示该物品的重要度（1~5），q 表示该物品是主件还是附件。如果 $q=0$，表示该物品为主件，如果 $q>0$，表示该物品为附件，q 是所属主件的编号。

输出格式：

一个正整数，为不超过总钱数的物品的价格与重要度乘积的总和的最大值（$<2\times10^5$）。

分析：对于这种有约束的01背包问题，我们可以将有约束的物品放在一起考虑。

换句话说，在我们考虑加入主件的同时也尝试加入附件，而不需要单独考虑附件。

我们在尝试加入某个主件时，枚举附件是否加入，总共最多有 $2\times2+1=5$ 种转移方法。

转移时，与例9.7类似。

参考程序如下：

```cpp
#include<bits/stdc++.h>
using namespace std;
int m,n,v[70],p[70],q[70],x,num[70],s[32000];
int f[70][5][3],ff[70];           // f[i][j][1]存储价值,f[i][j][2]
                                  // 存储代价,ff[i]记录选取方法数
void pre()                        // 处理分组约束情况
{
    for(int i=1;i<=n;i++)
    {
        if(num[i]==1)ff[i]=1;     // 主件没有附件时,有1种选取方案
        if(num[i]==2)ff[i]=2;     // 主件有1个附件时,有2种选取方案
        if(num[i]>=2)f[i][2][1]+=f[i][1][1];
```

```
        f[i][2][2]+=f[i][1][2];      //带第1个附件
        if(num[i]==3)
        {
           ff[i]=4;                    //主件有2个附件时,有4种选取方案
           f[i][3][1]+=f[i][1][1];f[i][3][2]+=f[i][1][2];
                                      //带第2个附件
           f[i][4][1]=f[i][2][1]+f[i][3][1]-f[i][1][1];
                                      //带2个附件
           f[i][4][2]=f[i][2][2]+f[i][3][2]-f[i][1][2];
        }
     }
  }
}
int main()
{
   scanf("%d%d",&m,&n);
   for(int i=1;i<=n;i++)
   {
      scanf("%d%d%d",&v[i],&p[i],&q[i]);
      if(!q[i])
      {
         num[i]++;
         f[i][1][1]=v[i]*p[i];
         f[i][1][2]=v[i];
      }else
      {
         num[q[i]]++;                 // num[i]存储第i组主附件中有多少物品
         f[q[i]][num[q[i]]][1]=v[i]*p[i];
         f[q[i]][num[q[i]]][2]=v[i];
      }
   }
   pre();
   for(int i=1;i<=n;i++)if(num[i]>0)
   for(int j=m;j>=0;j--)
   for(int k=1;k<=ff[i];k++)
   {
      if(f[i][k][2]<=j)
      s[j]=max(s[j],s[j-f[i][k][2]]+f[i][k][1]);
   }
   printf("%d\n",s[m]);
}
```

9.4 区间类型动态规划

所谓区间问题,就是给出的问题是进行按区间的性质进行,要么合并,要么分解为区间操作。

下面我们来看看区间类型的动态规划解题思路。

【例9.10】合并石子。有 n 堆石子排成一排,其中第 i 堆的石子的重量为 A_i,现要将石子有次序地合并成一堆。规定每次只能选相邻的 2 堆合并成新的一堆,形成的新石子堆的重量以及消耗的体力都是两堆石子的重量之和。

求把全部 N 堆石子合并成一堆最少需要消耗多少体力。

输入格式:

第 1 行:一个整数 n($1 \leq n \leq 100$),表示石子的数量。

第 2 行:n 个整数,每个整数均小于 10^4,表示各堆石子的数量。

输出格式:

仅一行,一个整数,表示最小的归并代价。

分析:这个问题看上去是两堆相邻石子合并,其本质是相邻区间的合并,用 $f[i][j]$ 表示已经把第 i 堆到第 j 堆石子合并的最优值。

对于两个状态 $f[i][j]$ 与 $f[j+1][k]$,它们代表的是相邻两堆石子可以进行合并操作,即 $f[i][j]+f[j+1][k]+w[i]+w[i+1]+\cdots+w[k]$ 转移到 $f[i][k]$。

对于石子重量和,我们可以用前缀和来优化复杂度。

参考程序如下:

```cpp
#include<iostream>
#include<cstring>
using namespace std;
int dp[101][101],w[101],n;
int qz[101];                                              //前缀和
int main()
{
    cin>>n;
    for(int i=1;i<=n;i++)
    {
        cin>>w[i];
        dp[i][i]=0;
        qz[i]=qz[i-1]+w[i];
    }
    for(int len=2;len<=n;len++)                           //枚举长度
```

```
                {
                    for(int i=1;i<=n-len+1;i++)
                    {
                        int j=i+len-1;
                        int minn=0x3f3f3f3f;
                        for(int k=i;k<j;k++)                    // 枚举区间分割点
                        {
                            minn=min(dp[i][k]+dp[k+1][j]+qz[j]-qz[i]+w[i],minn);
                                                                // 转移
                        }
                        dp[i][j]=minn;
                    }
                }
                cout<<dp[1][n]<<endl;
                return 0;
            }
```

在这种题目中，状态的表示为处理好一个区间的情况，转移时也往往涉及相邻区间的合并，这样的 DP 类型被称为区间 DP。

【例 9.11】 凸包的路径[1]。按顺时针给出一个凸包（凸多边形），任意两点之间有一条直的边，求经过每个点恰好一次的最长不自交路径。

分析：首先，我们可以注意到，如果从 i 点连线到 j 点，则所有的点被分为两份之间不可以连线。

而对于其中一份，我们必须从 i 或 j 点出发，按题目要求经过其中的每个点。

不妨设我们现在考虑的是第 $i+1$ 个点到第 $j-1$ 个点，从 i 点出发。

可以发现，我们只有两个选择：

（1）连到 $i+1$，并以该点为起点经过 $i+2$ 到 $j-1$。

（2）连到 $j-1$，并以该点为起点经过 $i+1$ 到 $j-2$。

其他情况类似，注意特殊考虑区间跨过 1 号点与 n 号点的情况。

由此，我们可以这样进行动态规划：

状态：$f[i][j]$ 表示经过第 i 个点到第 j 个点间的所有点恰好一次的不自交路径中，以第 i 个点为起点的最长路径。$g[i][j]$ 表示经过第 i 个点到第 j 个点间的所有点恰好一次的不自交路径中，以第 j 个点为起点的最长路径。

转移：

$$f[i][j]=\max(dis(i,i+1)+f[i+1][j],dis(i,j)+g[i+1][j])$$

1）本题选自 Codeforces 838E。

$$g[i][j]=\max(\text{dis}(i,j)+f[i][j-1],\text{dis}(j-1,j)+g[i][j-1])$$

有一个小技巧，可以将环形的信息转化成长度为两倍的链，这样环形的问题就变成的线形的问题。

但是，对于这道题，如果转化为长度两倍的链，那么空间就变为原来的4倍，这将会导致算法常数大大增大。

我们观察到，$f[i][j]$只从区间长度是$i-j$的状态转移而来，所以我们可以改一下状态的定义，使得可以使用滚动数组。

定义：$f[i][j]$表示经过第i个点到第$i+j$个点间的所有点恰好一次的不自交路径中，以第i个点为起点的最长路径，$g[i][j]$表示经过第i个点到第$i+j$个点间的所有点恰好一次的不自交路径中，以第$i+j$个点为起点的最长路径。

转移：

$$f[i][j]=\max(\text{dis}(i,i+1)+f[i+1][j-1],\text{dis}(i,i+j)+g[i+1][j-1])$$
$$g[i][j]=\max(\text{dis}(i,i+j)+f[i][j-1],\text{dis}(i+j-1,i+j)+g[i][j-1])$$

这样，把第二维设为外层阶段，并利用循环数组进行优化，即可省下空间。
参考程序如下：

```cpp
#include<bits/stdc++.h>
using namespace std;

struct node
{
  double x,y;
}a[3000];

double pw(double x)
{
  return x*x;
}
double dist(node a,node b)
{
  return sqrt(pw(a.x-b.x)+pw(a.y-b.y));
}

double f[2][3000],g[2][3000];   //f[0]、g[0]与f[1]、g[1]互相滚动
int main()
{
  int n;
```

```
        scanf("%d",&n);
        for(int i=0;i<n;i++)
            scanf("%lf%lf",&a[i].x,&a[i].y);
        for(int j=1;j<n;j++)
            for(int i=0;i<n;i++)
        {
            f[j%2][i]=max(f[(j-1)%2][(i+1)%n]+dist(a[i],a[(i+1)%n]),
                          g[(j-1)%2][(i+j)%n]+dist(a[i],a[(i+j)%n]));
            g[j%2][i]=max(g[(j-1)%2][(i-1+n)%n]+dist(a[i],a[(i-1+n)%n]),
                          f[(j-1)%2][(i-j+n)%n]+dist(a[i],a[(i-j+n)%n]));
        }
        double ans=0;
        for(int i=0;i<n;i++)
            ans=max(ans,max(f[(n-1)%2][i],g[(n-1)%2][i]));
        printf("%.10f\n",ans);
        return 0;
    }
```

9.5 矩阵类型动态规划

矩阵类型，就是给出的数据模型就是一个二维矩阵，通常，在问题中给出了明确的决策，即在矩阵中进行操作。

我们可以根据对矩阵的操作。来思考这种类型的动态规划解题思路。

【例9.12】滑雪。Michael喜欢滑雪，这并不奇怪，因为滑雪的确很刺激。可是为了获得速度，滑雪区域必须向下倾斜，而且当你滑到坡底，你不得不再次走上坡或者等待升降机来载你。

Michael想知道在一个区域中最长底滑坡。区域由一个二维数组给出，数组的每个数字代表点的高度。下面是一个例子：

```
 1  2  3  4  5
16 17 18 19  6
15 24 25 20  7
14 23 22 21  8
13 12 11 10  9
```

一个人可以从某个点滑向上下左右相邻四个点之一，当且仅当高度减小。在上面的例子中，一条可滑行的滑坡为24-17-16-1。当然25-24-23-⋯-3-2-1更长。事实上，这是最长的一条。

输入格式：

第1行，表示区域的行数 R 和列数 $C(1 \leqslant R, C \leqslant 100)$。

下面是 R 行，每行有 C 个整数，代表高度 h，$0 \leqslant h \leqslant 10^4$。

输出格式：

输出最长区域的长度。

分析： 本题滑雪模型由矩阵提供，并给出了滑雪规则，高度逐渐连续低。

状态： 用 $f[i][j]$ 表示从 (i, j) 这个点出发到终点的最长路。

转移： 如果点 (x, y) 的上下左右中存在点 (x', y') 比它低，则

$$f[x][y]=\max\{f[x][y], f[x'][y']+1\}$$

直接转移的方法是，将所有点按高度排序，按高度的一定顺序转移。

我们也可以采用记忆化搜索的方式进行动态规划。所谓记忆化搜索，就是通过递归结构由后向前地试图求解子问题，但转移方式与普通动态规划一致。

参考程序如下：

```
const int N=105;
const int u[4]={0,0,1,-1};
const int v[4]={1,-1,0,0};

int R,C,ans,a[N][N],f[N][N];

int Solve(int x,int y)
{
  if(x<1||x>R||y<1||y>C)return 0;
  if(f[x][y])return f[x][y];              // 这一行去掉的话就是搜索了
  f[x][y]=1;
  for(int i=0;i<=3;i++)                    // 枚举方向
  {
    if(a[x][y]>a[x+u[i]][y+v[i]])
      f[x][y]=max(f[x][y],Solve(x+u[i],y+v[i])+1);// 递归转移
  }
  return f[x][y];
}
int main()
{
  cin>>R>>C;
  for(int i=1;i<=R;i++)
```

```
    for(int j=1;j<=C;j++)
        cin>>a[i][j];
for(int i=1;i<=R;i++)
    for(int j=1;j<=C;j++)
        ans=max(ans,Solve(i,j));            // 求全局答案
cout<<ans;
return 0;
}
```

矩阵类动态规划实际上是把线形动态规划搬到了二维网格中，其方法与后者类似。但是，由于多了一维，矩阵类动态规划可以包含更多的内容。

【例9.13】传纸条[1]。小渊和小轩是好朋友也是同班同学，他们在一起总有谈不完的话题。一次素质拓展活动中，班上同学安排做成一个 m 行 n 列的矩阵，而小渊和小轩被安排在矩阵对角线的两端，因此，他们就无法直接交谈了。幸运的是，他们可以通过传纸条来进行交流。纸条要经由许多同学传到对方手里，小渊坐在矩阵的左上角，坐标 (1, 1)，小轩坐在矩阵的右下角，坐标 (m, n)。从小渊传到小轩的纸条只可以向下或者向右传递，从小轩传给小渊的纸条只可以向上或者向左传递。

在活动进行中，小渊希望给小轩传递一张纸条，同时希望小轩给他回复。班里每个同学都可以帮他们传递，但只会帮他们一次，也就是说如果此人在小渊递给小轩纸条的时候帮忙，那么在小轩递给小渊的时候就不会再帮忙。反之亦然。

还有一件事情需要注意，全班每个同学愿意帮忙的好感度有高有低（注意：小渊和小轩的好心程度没有定义，输入时用0表示），可以用一个0~100的自然数来表示，数越大表示越好心。小渊和小轩希望尽可能找好心程度高的同学来帮忙传纸条，即找到来回两条传递路径，使得这两条路径上同学的好心程度只和最大。现在，请你帮助小渊和小轩找到这样的两条路径。

分析：题目的本质是寻找两条不相交路径，使经过的位置权值和最大。

我们可以让两条路径同时从起点出发，并记录当前走到哪里。

因为只能向右下走，所以，我们可以用 $f[i][j][k]$ 来记录状态。其中 i 为当前两条路径已经走到第几条由右上到左下的对角线，j 和 k 表示两条路径目前处于对角线的什么位置。

可以发现，不管向右还是向上，都会移动到下一条对角线中。

---

[1] 本题选自 NOIP 2008 提高组。

所以，我们同时枚举两条路径是向右还是向下走，并加上对应格子的权值进行转移即可。

参考程序如下：

```cpp
#include<iostream>
#include<cstdio>
#include<string>
#include<cstring>
#include<algorithm>
using namespace std;
int n,m,v[55][55],f[105][55][55];
int main()
{
  cin>>m>>n;
  for(int i=1;i<=m;i++)
  {
    for(int j=1;j<=n;j++)
    {
      scanf("%d",&v[i][j]);
    }
  }
  for(int l=2;l<=n+m;l++)                          //枚举对角线
  for(int y=1;y<=m&&y<l;y++)                       //枚举第一条
  {
    for(int i=1;i<=m&&i<l;i++)                     //枚举第二条
    {
      int x=l-y,j=l-i;
      f[l][i][y]=max(max(f[l-1][i][y],f[l-1][i-1][y]),
                  max(f[l-1][i][y-1],f[l-1][i-1][y-1]));
      f[l][i][y]+=v[i][j];
      if(!(i==y&&j==x))f[l][i][y]+=v[y][x];
    }
  }
  cout<<f[m+n][m][m];
  return 0;
}
```

在有些时候，我们遇上的问题往往因为不满足动态规划的某些性质而不能只由一次动态规划得出答案。解决这类问题，我们可以通过分析题目的特性而找到相应的解法，通过多次动态规划解决。

【例9.14】最短路径。有一幢有n层的大厦，每层有m个房间。在一个房间，你可以选择向左或向右走过一个房间，或向上一层。经过穿过(i, j)号房间需要$a[i][j]$（$a[i][j] > 0$）的代价。你现在在大厦的底楼的(n, m)房间，你想知道到达$(1, 1)$房间的最少代价是多少。

分析：我们可以记$f[i][j]$表示到达(i, j)房间的最少代价。但是在转移时就遇到了困难：转移有两个方向，当前DP的值不一定是最优解。但这是否宣告了动态规划的失败呢？实际上没有。我们注意到$a[i][j] \geq 0$，因此不可能经过一个房间两次，那么每层走的一定是连续的一段，方向相同。那么如果我们从左向右DP一次，再从右向左DP一次，就一定能得出正确的答案。

```
for(int j=2;j<=n;j++)
    f[i][j]=min(f[i][j],f[i][j-1]+a[i][j]);
for(int j=n-1;j;j--)
    f[i][j]=min(f[i][j],f[i][j+1]+a[i][j]);
```

仔细分析题目的性质，将帮助我们更好地运用动态规划。

9.6 状态压缩类型动态规划

状态压缩，顾名思义，就是将原本难以存储的状态通过压缩记录下来。

【例9.15】吃豆子[1]。游戏的规则非常简单，在一个$N \times M$（$N, M \leq 10$）的矩阵方格内分布着D（$D \leq 9$）颗豆子，每颗豆有不同的分值V_i。游戏者可以选择任意一个方格作为起始格，每次移动可以随意走到相邻的四个格子，直到最终又回到起始格。最终游戏者的得分为所有被路径围住的豆豆的分值总和减去游戏者移动的步数。

矩阵中某些格子内设有障碍物，任何时刻游戏者不能进入包含障碍物或豆子的格子。游戏者可能的最低得分为0，即什么都不做。

注意路径包围的概念，即某一颗豆在路径所形成的多边形（可能是含自交的复杂多边形）的内部。请最大化得分。

输入格式：

第1行，两个整数N和M，为矩阵的边长。

第2行，一个整数D，为豆子的总个数。

第3行，包含D个整数V_1到V_D，分别为每颗豆子的分值。

---

[1] 本题选自SCOI 2009。

接着N行，有一个N×M的字符矩阵来描述游戏矩阵状态，0表示空格，#表示障碍物。而数字1到9分别表示对应编号的豆子。

输出格式：

一个整数，即最大得分。

分析： 先介绍一下射线法的知识。该知识为计算几何内容，用于判断一个点是否在一个多边形内。

它的主要思想是从这个点向右做一条射线，数数这条射线与四边形的交点有几个。如果有奇数个交点，那么这个点在图形内部；若有偶数个交点，那么它在多边形外部（大多数情况下是这样的，因为还要考虑这条射线经过了多边形的一个内角大于180°的顶点的情况。但是在此题中显然可以不用考虑）。利用这个思想，我们可以根据路径经过某个豆豆右侧射线次数的奇偶性来判断是否被围在路径里。

下面来分析本题。

可以暴力枚举起点。状态的设计受以上启发，不仅需要记录当前的位置，还要记录经过每一个豆豆右射线的奇偶性情况。观察到经过每一个豆豆右射线的奇偶性情况是一个D位01串，不妨将其视为D位的二进制数以方便记录。即状态f[i][j][k]表示当前坐标(i, j)，并且经过第t个豆豆右射线的奇偶性为k>>t&1（1为奇数，0为偶数）。

另外，在实现方面，这道题显然写成DFS形式比较简单。

参考程序如下：

```
int dp[11][11][1050],f[11][11],x[11],y[11],v[11],ans=0;
int n,m,d,dx[]={1,-1,0,0},dy[]={0,0,1,-1};

struct Node
{
  int x,y,z;
}tem;

int gc(int a,int b)
{
  for(char t=getchar();;t=getchar())
  {
    if(t=='#')return-1;
    if(t>='0'&&t<='9')
      {x[t-'0']=a,y[t-'0']=b;return t-'0';}
  }
```

9.6 状态压缩类型动态规划

```
}

queue<Node>q;
int in[11][11][1050];
void doit(int stx,int sty)
{
  memset(dp,0,sizeof dp);
  memset(in,0,sizeof in);
  dp[stx][sty][0]=0;
  q.push({stx,sty,0});
  int tx,ty,tz,tq,cross;
  while(!q.empty())
  {
    tem=q.front();
    q.pop();
    for(int dir=0;dir<4;dir++)        //枚举方向
    {
      tx=tem.x+dx[dir];ty=tem.y+dy[dir];tz=tem.z;
      if(tx<=0||ty<=0||tx>n||ty>m||f[tx][ty]!=0)
        continue;
      tq=dp[tem.x][tem.y][tem.z]-1;
      if(dir<2)                       //只有上下移动才会经过右射线
      {
        cross=min(tx,tem.x);
        for(int i=1;i<=d;i++)         //枚举豆子
        {
          if(x[i]!=cross||y[i]>ty)
            continue;
          if(tz>>i-1&1)tq-=v[i];
          else tq+=v[i];
          tz=tz^(1<<(i-1));           //改变经过次数奇偶性
        }
      }
      if(!in[tx][ty][tz]++)
      {
        dp[tx][ty][tz]=tq;
        q.push((Node){tx,ty,tz});
      }
    }
  }
}
```

```
  for(int i=0;i<1<<d;i++)if(in[stx][sty][i])
    ans=max(ans,dp[stx][sty][i]);
}

int main()
{
  scanf("%d%d%d",&n,&m,&d);
  for(int i=1;i<=d;i++)
    scanf("%d",&v[i]);
  for(int i=1;i<=n;i++)
    for(int j=1;j<=m;j++)
      f[i][j]=gc(i,j);
  for(int i=1;i<=n;i++)
    for(int j=1;j<=m;j++)if(!f[i][j])
      doit(i,j);
  printf("%d",ans);
}
```

动态规划其实很灵活，不仅是实现方面，状态的设置也可以千奇百怪，状态压缩是比较常见的一种。

【例9.16】哈密尔顿回路。给定一个 $n \times m$（$1 \leqslant n, m \leqslant 11$）的网格图，其中有一些障碍，求用不交叉哈密顿回路（可以有多个）覆盖除了障碍格子之外的所有格子的方案数（图9.5）。

分析：棋盘规模较小，我们可以考虑使用状态压缩，按照从上到下从左到右一个格子一个格子地转移（如同阅读文字的顺序一般）。

如图9.6所示，黑色的线为划分已处理部分和未处理部分的轮廓线，(3，3)格子是我们正要处理的格子。

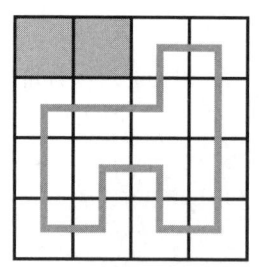 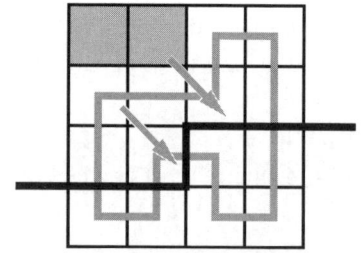

图9.5 一种合法的回路　　图9.6 状态转移示意图

我们定义"插头"，即每条（共 $m+1$ 条）黑边上的对应格子是否向该边连线（图中绿色箭头所指的地方）。我们记0为没有插头，1为有插头。

图中的状态压缩之后即表示为$(11101)_2=29$。

黑边上方的格子中，假设我们已经满足当前处理过的每个非障碍格都满足向且仅向两条边连线（且没有向障碍格连线），则除了与其相邻的n个格子外，其他的格子的状态不再需要考虑。所以，我们表示当前状态只需要记录"插头"以及当前要处理的格子。

所以，图中的状态即为[3][3][29]。

那么我们DP的过程就是不断将插头合并和创建新的插头。

记当前处理格子上面的一条的插头为x，左边的为y。那么我们有几种情况需要讨论：

（1）$x=0$，$y=0$时，由于每个格子必须被覆盖，必须在格子的下方与右方新建2个插头，如图9.7所示。

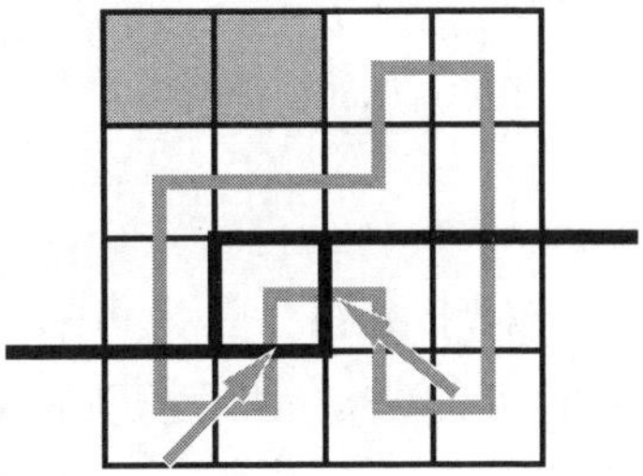

（2）$x=1$，$y=1$时，该格子必须与上方和左方格子连通，即这两个插头必须在此处交汇，这个格子下方与左方不再有插头。

图9.7

（3）$x=1$，$y=0$或$x=0$，$y=1$时，新格子要与两个格子中的一个相连通，所以在下方与左方只能有一个插头，但是可以随意选择是向右还是向下。

设DP[i][j][k]表示当前做到第i行第j个格子，$(m+1)$个插头的状态二进制为k。

参考程序如下：

```
dp[0][n][0]=1;
for(i=1;i<=m;i++)
{
for(j=0;j<(1<<n);j++)
  dp[i][0][j<<1]=dp[i-1][n][j];
for(j=1;j<=n;j++)
{
  for(k=0;k<(1<<(n+1));k++)
  {
    int p=1<<j;
    int q=1<<(j-1);
    bool x=k&p;
    bool y=k&q;
    if(mat[i][j])
    {
```

```
              if((x==0&&y==0)||(x==1&&y==1))
                dp[i][j][k^p^q]+=dp[i][j-1][k];      //转移1与2
              if(x!=y)                                //转移3
              {
                dp[i][j][k^p^q]+=dp[i][j-1][k];
                dp[i][j][k]+=dp[i][j-1][k];
              }
            }else{
              if(x==0&&y==0)dp[i][j][k]=dp[i][j-1][k];
              else dp[i][j][k]=0;
            }
          }
        }
      }
```

对于本题，因为可有多个闭环，情况较为简单。对于其他连通性问题，我们可能需要记录插头间的连通关系，转移也将更为复杂，需要考虑更多的情况。

这就是所谓的"插头动态规划"。它是一种特殊的状态压缩动规，常被我们用来解决一类基于连通性状态压缩的动态规划问题，常见于网格图中，用于统计覆盖，闭合回路方案数等问题。

9.7 树形动态规划

前面我们学习了在线上和面上的动态规划，下面我们来学习一下在树上的动规。

【例9.17】没有上司的舞会。某大学有N个职员，编号为1~N。他们之间有从属关系，也就是说他们的关系就像一棵以校长为根的树，父结点就是子结点的直接上司。现在有个周年庆宴会，宴会每邀请来一个职员都会增加一定的快乐指数R_i，但是呢，如果某个职员的上司来参加舞会了，那么这个职员就无论如何也不肯来参加舞会了。所以，请你编程计算，邀请哪些职员可以使快乐指数最大，求最大的快乐指数。

分析：该问题的数据模型是一棵树。对于每个结点，要么该点参加宴会，要么不参加宴会。

设$f[i][0]$表示以i结点为根的子树，如果i职员不参加，则其子结点可选也可不选，$f[i][0]$由$\sum \max(f[x][0], f[x][1])$转移而来。

设$f[i][1]$表示以i结点为根的子树，如果i职员参加，则其子结点都不能参加（不可选），$f[i][1]$ 即由 $\Sigma f[x][0]$ 转移而来，其中 x 为 i 的儿子结点。

参考程序如下：

```cpp
#include<bits/stdc++.h>
#define inf 0x7fffffff
#define ll long long
using namespace std;

ll read()
{
  ll x=0,f=1;char ch=getchar();
  while(ch<'0'||ch>'9'){if(ch=='-')f=-1;ch=getchar();}
  while(ch>='0'&&ch<='9'){x=x*10+ch-'0';ch=getchar();}
  return x*f;
}

int n,rt;
int r[6005],ind[6005];
int f[6005][2];
vector<int>e[6005];

void dp(int x)
{
  f[x][1]=r[x];
  for(int i=0;i<e[x].size();i++)
  {
    int y=e[x][i];
    dp(y);
    f[x][0]+=max(f[y][0],f[y][1]);          //根结点不参加
    f[x][1]+=f[y][0];                        //根结点参加
  }
}

int main()
{
  n=read();
  for(int i=1;i<=n;i++)r[i]=read();
  for(int i=1;i<n;i++)
  {
    int x=read(),y=read();
    ind[x]++;
```

```
      e[y].push_back(x);
  }
  for(int i=1;i<=n;i++)
    if(!ind[i])rt=i;
  dp(rt);
  printf("%d\n",max(f[rt][0],f[rt][1]));
  return 0;
}
```

9.8 动态规划的状态分析

这里先分析一下动态规划的总的两种形式：

（1）由前向后型，小的状态已经找到最优值后，从小的状态往大的状态转移。

特点：显然常数小，但求出了所有状态的最优值，在有些题目中往往不需要用到所有的状态。

（2）由后向前型（记忆化搜索），只有需要用到的状态才递归求。

特点：和递推型的相反，往往比较好写，并且在理论状态很多实际不满的动态规划中只能用这种写法。

【例9.18】压缩01串[1]。一个01串可以看成是一个正整数集合（S_i=='1' 表示集合中有一个正整数 i），那么一个正整数集合（所有元素不大于 len）恰好对应一个长为 len 的01串（假设集合 A 属于集合 B，那么称 A 对应的01串属于 B 对应的01串）。

定义 $f(s)$ 为将01串进行合法压缩后得到的压缩字符串数。其中合法压缩为对于现在 s 中相等的 $k(k>1)$ 段连续子串 t（这 k 段要求连续且不交），可以替换成 $(t \times k)$。

例如："001001001"可以合法压缩成"(001×3)"，"00(1(0×2)×2)1"，"001001001"。

现在给出一个字符串 $s(|s| \leq 100)$，$g(s)=\Sigma f(t)$（t 属于 s），求 $g(s)$ mod 998244353。

分析：考虑将 $g(s)$ 作为状态，显然状态数有一个上界：pow(2, $|s|$)。考虑转移：对于 s 的最后一个字符 x，它要么不参与压缩，要么参与压缩。不参与压缩的话，方案数就是 $g(s-x) \times (x=='1'?2:1)$，否则，$O(\text{len}^2)$ 复杂度暴

1）本题选自 atcoder AGC 20 E。

力枚举 x 所在压缩的最后一段（记为 $t \times k$），方案数就是 $g(t) \times g(s-t \times k)$。

进一步分析：观察几组数据后，发现状态数难以达到上界，实际需要的状态数量远小于理论上界。所以，我们可以通过记忆化搜索的方法，只去考虑会使用到的状态，这样时间复杂度将大大降低。如果灵活运用散列表，则可以同时降低空间复杂度。

参考程序如下：

```
#define B _int128                              //64位电脑才能用
#define mod 998244353
using namespace std;
map<B,int>mp[111];
int dfs(int l,B S)                             //递归寻找状态
{
  if(!l)return 1;
  if(mp[l].count(S))return mp[l][S];
  int sum=dfs(l-1,S/2)*(S%2+1)%mod;
  B x=0,y;
  for(int i=1;i<=l;i++)
  {
    x=x<<1|1;y=S&x;
    for(int j=i+i;j<=l;j+=i)
      sum=(sum+1ll*dfs(i,y&=S>>j-i)*dfs(l-j,S>>j))%mod;
                                                //转移
  }
  return mp[l][S]=sum;
}
char s[111];int l;
int main()
{
  cin>>s;l=strlen(s);
  B S=0;for(int i=l;i--;)S=S<<1|(s[i]=='1');
  cout<<dfs(l,S);
}
```

关于转移的思路：

比如本题中，求 $g(s)$ 是通过考虑最头上一个字符的决策来转移的。这种方法比较常用，就是分类讨论某一部分（一个元素）的决策，思路比较清楚，而且复杂度比较优越。

还有一种方法是暴力枚举最极端的特殊决策。 比如本题中还有一

种转移方法是暴力枚举最外层的压缩中，最靠左的压缩串。这样转移是 $O(\text{len}^2 \times \log_2 \text{len})$ 的，思路非常清楚，也很容易感受正确性。具体就是枚举的最左的压缩串是 $t \times k$，压缩串左边是 s_l，右边是 s_r。则方案数是 $2^x \times g(t) \times g(s_r)$，其中 x 为 s_l 中 " 1 " 的个数。实践证明在此题中两种转移的效率并没有太大的差距。

为什么状态数这么少呢？我们可以简单考虑一下，在折叠三次及以内的时候，状态数至多 $|s|^3$ 级别，折叠三次以上的时候，状态数最多只有 $2^{|s|/8}$ 级别。所以状态数严格小于 $\max(|s|^3, 2^{|s|/8})$，而且不满。转移需要 $O(\text{len}\log_2\text{len})$（调和级数）的时间复杂度，总复杂度达到 $|s|^4 \times \log_2|s|$，但实际证明总复杂度小于该数值。

这时候，由后向前型动态规划的力量就体现出来了。对于这种类型的动态规划，建议要使用数学证明或者大数据测试，做到有理有据。

本章小结

本章介绍了动态规划的基本概念与使用方法，并讲解了各种类型的动态规划，包括线形、树形、矩阵、区间、状态压缩等。动态规划是 NOIP 提高组及以上竞赛中几乎必定出现的考点之一，覆盖面广，形式多样，有些时候难以轻易解决。解决动态规划问题的关键在于深刻掌握相关知识，理清、理解题目模型，选择合适的动态规划方法进行求解。

第10章 数学在程序设计中的应用

数据结构模型的构建和算法思维从本质上说就是数学思维，可以说，数学是程序设计的核心和基础，可见数学在程序设计中的重要地位，本章着重介绍一些竞赛中常用的数学知识，学好这些知识，有助于思维的深入和程序设计能力的提升。

10.1 函数单调性的应用

函数是在映射的基础上形成的概念，设变量x、y是分属于两个集合的元素，若x在某一范围内的确定的每个值，y都有唯一确定的值与它对应，那么就称y是x的函数。

一般地，设函数$f(x)$的定义域为I：

（1）如果对于属于I内某个区间上的任意两个自变量的值x_1、x_2，当$x_1 < x_2$时都有$f(x_1) < f(x_2)$，那么就说$f(x)$在这个区间上是增函数。

（2）如果对于属于I内某个区间上的任意两个自变量的值x_1、x_2，当$x_1 < x_2$时都有$f(x_1) > f(x_2)$，那么就说$f(x)$在这个区间上是减函数。

如果函数$y=f(x)$在某个区间是增函数或减函数，那么就说函数$y=f(x)$在这一区间具有（严格的）**单调性**，这一区间叫做$y=f(x)$的单调区间，在单调区间上增函数的图像是上升的，减函数的图像是下降的。

若函数f在某个区间$[L，R]$具有单调性，则我们可以采用二分法对该区间求解。

对于递增函数求解步骤如下：

令$l=L$，$r=R$，$mid=(l+r)/2$，对于任意查找的x，若$f(mid) < a$，则修改左边界，$l=mid$，否则修改右边界，$r=mid$。

重复上述步骤直到l和r重合，重合是表示l和r在精度范围（如1E-5）无限接近。

代码如下：

```
double l=L,r=R;
while(r-l>1e-5)
```

```
{
    double mid=(l+r)/2.0;
    if(f(mid)<a)l=mid; else r=mid;
}
return l;
```

若精度的误差设置为某个特定值(如1E-5),上述的二分方法在 l、r 特别大时可能会因精度误差而陷入死循环,所以在实际应用可以人为限定二分次数,而不是逐次逼近法。

代码如下:

```
double l=L,r=R;
for(int i=1;i<=60;i++)          // 人为进行 60 次二分,将区间
                                //   大小缩小到了原来的 1/2^60
{
    double mid=(l+r)/2.0;
    if(f(mid)>a)r=mid;else l=mid;
}
return l;
```

二分法作为一种基础算法,应用非常广泛。对于求解具有单调性的条件下,可以二分答案,将求最值问题转化成判定问题,在实践应用中的用处非常大。

对于区间 $[L, R]$,如果存在两个正数 m_1,$m_2(L \leq m_1 < m_2 \leq R)$,使得区间 $[L, m_1]$ 中函数严格单调增(减),区间 $[m_2, R]$ 中函数严格单调减(增),区间 $[m_1, m_2]$ 中函数值连续,那么就称这个函数有单峰性。

对于一个在区间 $[L, R]$ 中单峰的函数 $f(x)$,我们可以利用三分法求出它的最优值。

步骤如下:

令 $l=L$,$r=R$,$m_1=l+(r-l)/3.0$,$m_2=r-(r-l)/3.0$,如果 $f(m_1)<f(m_2)$,则修改左边界 $l=m_1$,否则修改有边界 $r=m_2$。

重复上述步骤直到 l 和 r 重合(这里的重合是在精度范围内无限接近)。可以通过图10.1来理解这个算法。

代码如下:

```
/* 三分法解方程 f(x) 最大值 */
double l=L,r=R;
while(r-l>1e-5)
{
```

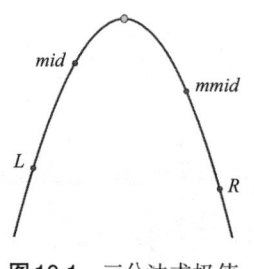

图10.1 三分法求极值

```
        double m1=l+(r-1)/3.0,m2=r-(r-1)/3.0;
        if(f(m1)<f(m2))l=m1;else r=m2;
    }
    return l;
```

我们每进行一次比较，就能将当前区间大小变为原来的2/3，很快就能将区间大小控制到精度要求范围内。同样，我们也可以使用限定三分次数的方式来避免因精度误差而产生的死循环。

【例10.1】求方程的根。输入 m、n、p、a、b，求方程 $f(x) = m^x + n^x - p^x = 0$ 在 $[a, b]$ 内的根。m、n、p、a、b 均为整数，且 $a < b$；m、n、p 都大于等于1。如果有根，则输出，精确到1E-11；第二行输出此时 $f(x)$ 的值，如果无方程根，则输出 "No"。

输入样例：
    2 3 4 1 2

输出样例：
    1.5071265916376433E+0000
    3.511049957716228E-012

分析：$f(x)=a^x$ 为指数函数，当 $a > 1$ 时，为单调递增函数，那么，当 m、n、$p \geq 1$ 时，$f(x) = m^x + n^x - p^x$ 为三个单调递增函数相加减，仍然为单调函数。因此，我们可以利用二分法求区间的解。e^x 的求法可以调用函数 $\exp(x)$，那么

$$y = m^x \Leftrightarrow \ln(y) = \ln(m^x) \Leftrightarrow \ln(y) = x\ln(m) \Leftrightarrow e^{\ln(y)} = e^{\ln(m^x)}$$

所以，m^x 的求解函数为 $\exp(x\ln(m))$。

程序如下：

```c
#include<stdio.h>
#include<stdlib.h>
#include<math.h>
int m,n,p;
double a,b,x,fa,fx;

/* 求 f(x) 的值 */
double f(double m,double n,double p,double x)
{
    return exp(x*log(m))+exp(x*log(n))-exp(x*log(p));
}
```

```
int main()
{
  scanf("%d%d%d%lf%lf",&m,&n,&p,&a,&b);
  /* 两个端点的值同号,则无法穿过 x 轴,无解 */
  if(f(m,n,p,a)*f(m,n,p,b)>0)
  {
    printf("NO\n");
    return 0;
  }
  do{                                              // 二分法求解
    x=(a+b)/2;
    fa=f(m,n,p,a);
    fx=f(m,n,p,x);
    if(fa*fx<0)b=x;else a=x;
  }while(!(fabs(b-a)<1e-11));
  printf("%.10e\n%.10e\n",(a+b)/2,f(m,n,p,(a+b)/2));
  return 0;
}
```

10.2 矩阵的应用

矩阵的大小由它包含的行数和列数来定义。一个矩阵 m 行和 n 列被称为 $m \times n$ 的矩阵,m 和 n 被称为它的维度。

只有一行的矩阵称为**行向量**,只有一列的矩阵称为**列向量**。

行和列数相同的矩阵叫做**方阵**。

1. 矩阵加法

两个行列数均相同的矩阵可以相加减,具体做法是对应元素相加减。例如,若 $C=A+B$,则有 $C_{ij}=A_{ij}+B_{ij}$,如图 10.2 所示。

两个矩阵 A 和 B 的和,是个行数和列数与 A、B 的行数和列数分别相等的矩阵 C。

2. 矩阵的数乘

一个矩阵与一个数相乘,将该数与该矩阵的每一个元素相乘,得到一个与原矩阵一样大的矩阵,如图 10.3 所示。左边数乘和右边数乘相同,$(\lambda A)_{ij}=\lambda (A)_{ij}$。

$$\begin{bmatrix}1&3\\1&0\\1&2\end{bmatrix}+\begin{bmatrix}0&0\\7&5\\2&1\end{bmatrix}=\begin{bmatrix}1+0&3+0\\1+7&0+5\\1+2&2+1\end{bmatrix}=\begin{bmatrix}1&3\\8&5\\3&3\end{bmatrix}$$

$$\begin{bmatrix}1&3\\1&0\\1&2\end{bmatrix}-\begin{bmatrix}0&0\\7&5\\2&1\end{bmatrix}=\begin{bmatrix}1-0&3-0\\1-7&0-5\\1-2&2-1\end{bmatrix}=\begin{bmatrix}1&3\\-6&-5\\-1&-1\end{bmatrix}$$

$$\lambda A = \lambda \begin{pmatrix}A_{11}&A_{12}&\cdots&A_{1m}\\A_{21}&A_{22}&\cdots&A_{2m}\\\vdots&\vdots&\ddots&\vdots\\A_{n1}&A_{n2}&\cdots&A_{nm}\end{pmatrix}=\begin{pmatrix}\lambda A_{11}&\lambda A_{12}&\cdots&\lambda A_{1m}\\\lambda A_{21}&\lambda A_{22}&\cdots&\lambda A_{2m}\\\vdots&\vdots&\ddots&\vdots\\\lambda A_{n1}&\lambda A_{n2}&\cdots&\lambda A_{nm}\end{pmatrix}$$

图10.2 矩阵的加减法   图10.3 矩阵的数乘

3．矩阵的乘法

如果 A 是一个 $n \times m$ 的矩阵，B 是一个 $m \times p$ 的矩阵：

$$A=\begin{pmatrix}A_{11}&A_{12}&\cdots&A_{1m}\\A_{21}&A_{22}&\cdots&A_{2m}\\\vdots&\vdots&\ddots&\vdots\\A_{n1}&A_{n2}&\cdots&A_{nm}\end{pmatrix},B=\begin{pmatrix}B_{11}&B_{12}&\cdots&B_{1p}\\B_{21}&B_{22}&\cdots&B_{2p}\\\vdots&\vdots&\ddots&\vdots\\B_{m1}&B_{m2}&\cdots&B_{mp}\end{pmatrix}$$

则矩阵 A 和 B 的乘积是一个大小为 $n \times p$ 的矩阵，其中的每一项为 $(AB)_{ij}=\sum_{k=1}^{m}A_{ik}B_{lj}$：

$$AB=\begin{pmatrix}(AB)_{11}&(AB)_{12}&\cdots&(AB)_{1p}\\(AB)_{21}&(AB)_{22}&\cdots&(AB)_{2p}\\\vdots&\vdots&\ddots&\vdots\\(AB)_{n1}&(AB)_{n2}&\cdots&(AB)_{np}\end{pmatrix}$$

注意：矩阵乘法不满足交换律。

如果有两个矩阵，分别是

$$A=\begin{pmatrix}a&b&c\\x&y&z\end{pmatrix},B=\begin{pmatrix}\alpha&\rho\\\beta&\sigma\\\gamma&\tau\end{pmatrix}$$

则 $A \times B$ 的结果为：

$$AB=\begin{pmatrix}a&b&c\\x&y&z\end{pmatrix}\begin{pmatrix}\alpha&\rho\\\beta&\sigma\\\gamma&\tau\end{pmatrix}=\begin{pmatrix}a\alpha+b\beta+c\gamma&a\rho+b\sigma+c\tau\\x\alpha+y\beta+z\gamma&x\rho+y\sigma+z\tau\end{pmatrix}$$

而 $B \times A$ 却是：

$$BA=\begin{pmatrix}\alpha&\rho\\\beta&\sigma\\\gamma&\tau\end{pmatrix}\begin{pmatrix}a&b&c\\x&y&z\end{pmatrix}=\begin{pmatrix}\alpha a+\rho x&\alpha b+\rho y&\alpha c+\rho z\\\beta a+\sigma x&\beta b+\sigma y&\beta c+\sigma z\\\gamma a+\tau x&\gamma b+\tau y&\gamma c+\tau z\end{pmatrix}$$

具体实现如下：

```
matrix mult(matrix A,matrix B)                    //A:n*m,B:m*q
{
  matrix C;
  for(int i=0;i<n;++i)
    for(int j=0;j<m;++j)
      for(int k=0;k<q;++k)
        C[i][k]+=A[i][j]*B[j][k];
  return C;
}
```

4. 稀疏矩阵的存储及其运算

当矩阵中的非零元素很少时，为了节省空间，我们可以只存储非零元素。

图论中的邻接表就是最经典的存储稀疏矩阵的方法。但邻接表一般只是用来存储或查询，如果要用来进行矩阵运算，就稍显不足了。

这里，我们介绍一种非常简单的离散存储稀疏矩阵的方法。

用一个三元组来存储每个非零元素，x，y，w，分别表示矩阵中第 x 行第 y 列的元素值为 w。那么矩阵 a 就可以定义为一个矢量了。

稀疏矩阵的存储如下：

```
struct node
{
  int x,y,w;
};
vector<node>a;
```

稀疏矩阵的读入如下：

```
void read(vector<node>&a)                         // 输入 n 个非零元素
{
  int x,y,w,n;
  vector<node>c;
  a.clear();c.clear();
  scanf("%d",&n);
  for(int i=1;i<=n;++i)
  {
    scanf("%d%d%d",&x,&y,&w);
    c.push_back((node){x,y,w});
  }
}
```

对稀疏矩阵排序（按行排序情形）如下：

```
bool cmpx(node a,node b)                  //行相等时情形
{
    return a.x==b.x?a.y<b.y:a.x<b.x;
}
bool cmpy(node a,node b)                  //列相等时情形
{
    return a.y==b.y?a.x<b.x:a.y<b.y;
}
bool operator==(node a,node b)            //行列值都相等情形
{
    return a.x==b.x&&a.y==b.y;
}
sort(c.begin(),c.end(),cmpx);             //将行作为第一关键字排序
for(int i=0,j,k=0;i<c.size();i=j,++k)
{
    a.push_back(c[i]);a[k].w=0;
    for(j=i;j<c.size()&&c[j]==c[i];++j)
        a[k].w+=c[j].w;
    if(a[k].w==0)a.pop_back(),--k;
}
```

稀疏的加法：$d=a+b$

```
void add(vector<node>a,vector<node>b,vector<node>&d)
{
    vector<node>c;
    c=a;d.clear();
    for(int i=0;i<b.size();++i)c.push_back(b[i]);
    sort(c.begin(),c.end(),cmpx);
    for(int i=0,j,k=0;i<c.size();i=j,++k)
    {
        d.push_back(c[i]);d[k].w=0;
        for(j=i;j<c.size()&&c[j]==c[i];++j)
            d[k].w+=c[j].w;
        if(d[k].w==0)d.pop_back(),--k;
    }
}
```

稀疏的乘法：$d=a\times b$

```
void mult(vector<node>a,vector<node>b,vector<node>&d)
```

```cpp
{
    sort(a.begin(),a.end(),cmpy);
    vector<node>c;
    c.clear();d.clear();
    int i=0,lj=0,rj;
    for(rj=lj;rj<b.size()&&b[rj].x==b[lj].x;++rj);
    for(;i<a.size()&&lj<b.size();)
    {
        if(a[i].y==b[lj].x)
        {
            for(int j=lj;j<rj;++j)
                c.push_back((node){a[i].x,b[j].y,a[i].w*b[j].w});
            ++i;
        }else
        if(a[i].y<b[lj].x)++i;
        else{
            lj=rj;
            for(rj=lj;rj<b.size()&&b[rj].x==b[lj].x;++rj);
        }
    }
    sort(c.begin(),c.end(),cmpx);
    for(int i=0,j,k=0;i<c.size();i=j,++k)
    {
        d.push_back(c[i]);d[k].w=0;
        for(j=i;j<c.size()&&c[j]==c[i];++j)
            d[k].w+=c[j].w;
        if(d[k].w==0)d.pop_back(),--k;
    }
}
```

10.3 线性方程组

由 n 个 n 元一次方程组成的方程组,称为线性方程组,如图10.4所示。其中 x_1, x_2, …, x_n 代表未知量,$a_{ij}(1 \leq i \leq m, 1 \leq j \leq n)$ 称为方程的系数,$b_i(1 \leq i \leq m)$ 称为常数项。系数和常数项都是任意的复数或某一个域的元素。

当常数项 b_1, b_2, …, b_n 都等于零时,则方程组称为齐次线性方程组。

线性方程组的系数可以用矩阵 A 和常数向量 B 来描述,其中 $a[i][j]$ 表示在第 i 个线性方程组中第 j 个未知数的系数,$b[i]$ 表示第 i 个线性方程组的常

10.3 线性方程组

数。我们将常数向量和系数矩阵整合在一块称为增广矩阵，如图10.5所示。

$$\left.\begin{array}{l}a_{11}x_1+a_{12}x_2+\cdots+a_{1n}x_n=b_1\\ a_{21}x_1+a_{22}x_2+\cdots+a_{2n}x_n=b_2\\ \cdots\cdots\cdots\cdots\cdots\cdots\cdots\cdots\\ a_{m1}x_1+a_{m2}x_2+\cdots+a_{mn}x_n=b_m\end{array}\right\}$$

$$A=\begin{pmatrix}a_{11}&a_{12}&\cdots&a_{1n}\\a_{21}&a_{22}&\cdots&a_{2n}\\\vdots&\vdots&&\vdots\\a_{m1}&a_{m2}&\cdots&a_{mn}\end{pmatrix},\ \overline{A}=\begin{pmatrix}a_{11}&a_{12}&\cdots&a_{1n}&b_1\\a_{21}&a_{22}&\cdots&a_{2n}&b_2\\\vdots&\vdots&&\vdots&\vdots\\a_{m1}&a_{m2}&\cdots&a_{mn}&b_m\end{pmatrix}$$

图10.4 线性方程组　　　　　图10.5 系数矩阵和增广矩阵

1．矩阵的初等行变换

（1）两方程互换，解不变；⇔交换增广矩阵的任意两行。

（2）一方程乘以非零数 k，解不变；⇔将增广矩阵的任意一行乘以非零数 k。

（3）一方程乘以数 k 加上另一方程，解不变⇔将增广矩阵一行乘以数 k 加到另一行。

可以通过矩阵的初等行变换，将系数矩阵 A 经过一系列的初等行变换变成三角矩阵，其常数向量 B 也同时做相应的变换，如图10.6所示。

$$\begin{pmatrix}a_{11}&a_{12}&\cdots&a_{1n}&\cdots&b_1\\a_{21}&a_{22}&\cdots&a_{2n}&\cdots&b_2\\\vdots&\vdots&&\vdots&&\vdots\\a_{n1}&a_{n2}&\cdots&a_{mn}&\cdots&\cdots\end{pmatrix}\rightarrow\begin{pmatrix}1&a_{12}'&\cdots&a_{1x}'&\cdots&b_1'\\0&1&\cdots&a_{2x}'&\cdots&b_2'\\\vdots&\vdots&&\vdots&&\vdots\\0&0&\cdots&1&\cdots&\cdots\end{pmatrix}$$

图10.6 增广矩阵的初等行变换

2．选主消元法

本算法将消元结果覆盖 A，方程组解 x 存放在 b 内。

（1）对于 $k=1,2,\cdots,n-1$，依次做到第（5）步。

（2）按列选主元，即确定 i_k，使 $|a_{i_k,k}|=\max\limits_{k\leqslant i\leqslant n}|a_{ik}|$。

（3）如果 $a[i_k][k]=0$，则输出无解信息，停机。

（4）如果 $i_k=k$，则转向（5），否则换行：

$a_{kj}\leftrightarrow a_{i_k j}\quad(j=k,k+1,\cdots,n)$

$b_k\leftrightarrow b_{i_k}$

（5）消元过程：

$a_{ik}\leftarrow m_{ik}=\dfrac{a_{ik}}{a_{kk}},\quad (i=k+1,\cdots,n)$

$a_{ij}\leftarrow a_{ij}-m_{ik}a_{kj},\quad (i,j=k+1,\cdots,n)$

$b_i\leftarrow b_i-m_{ik}b_k,\quad (i=k+1,\cdots,n)$

(6)如果 $a[0][0]=0$，则停机。

(7)回代求解：

$$b_n \leftarrow \frac{b_n}{a_{nn}},$$

$$b_i \leftarrow \frac{b_i - \sum_{j=i+1}^{n} a_{ij}b_j}{a_{ii}}, \quad (i=n-1,\cdots,2,1)$$

(8)输出结果 x。

代码如下：

```
/*
矩阵 a 为 N*N 的矩阵，答案放在 result 数组中，result 相当于增广矩阵的 B
*/
bool gauss(double*a,int N,double*result)
{
  double maxValue;
  int nPos=0;
  for(int k=0;k<N-1;k++)                    // 找 k 行的主元
  {
    maxValue=abs(a[k*(N+1)+k]);             // 初始最大值为 a[k][k]
    nPos=k;
    for(int i=k+1;i<N;i++)                  // 找 i_k
      if(abs(a[i*(N+1)+k])>maxValue)
      {
        maxValue=abs(a[i*(N+1)+k]);
        nPos=i;                             // 确定 i_k，即第 nPos 行
      }
      if(maxValue!=0)
        if(nPos!=k)
          for(int l=0;l<N+1;l++)             // 交换 nPos 与 k 行
          {
            double tmp=a[nPos*(N+1)+l];
            a[nPos*(N+1)+l]=a[k*(N+1)+l];
            a[k*(N+1)+l]=tmp;
          }
        else{
          printf(" 方程组无解 \n");
          return false;
        }
      // 消元过程，将第 k 列中 k 行以下的元素全部清 0
```

```
      for(int i=k+1;i<N;i++)
      {
         for(int j=k+1;j<N+1;j++)
            a[i*(N+1)+j]-=a[i*(N+1)+k]/a[k*(N+1)+k]*a[k*(N+1)+j];
      }
   }
   // 回带求解
   result[N-1]=a[(N-1)*(N+1)+N]/a[(N-1)*(N+1)+N-1];
   for(int k=N-1-1;k>=0;k--)
   {
      double tmp=0;
      for(int j=k+1;j<N;j++) tmp+=a[k*(N+1)+j]*result[j];
      result[k]=(a[k*(N+1)+N]-tmp)/a[k*(N+1)+k];
   }
   return true;
}
```

【例10.2】To xor or not to xor[1]。给出 n 个非负整数 A_1，A_2，$\cdots$，A_n，你可以找出任意 k 个 A_{i1}，A_{i2}，$\cdots$，$A_{ik}(1 \leqslant i_1 < i_2 < \cdots < i_k \leqslant n)$，使得这 k 个整数异或（A_{i1} XOR A_{i2} XOR$\cdots$XOR A_{ik}）的值最大。

输入格式：

第1行，整数 $n(1 \leqslant n \leqslant 100)$。

第2行，n 个整数序列 A_1，A_2，$\cdots$，$A_n(0 \leqslant A_i \leqslant 10^{18})$。

输出格式：

k 个整数的最大异或值 A_{i1} XOR A_{i2} XOR$\cdots$XOR A_{ik}。

输入样例：

    5

    10 15 9 7 3

输出样例：

    15

分析：我们把每个数用二进制表示，要使得最后的异或值最大，就是要让高位尽量为1，高位能不能为1就必须用高斯消元判断了。

（1）根据数的二进制表示，建立方程组的矩阵，结果那列置为1。

（2）从下往上高斯消元(高位放下面)，如果该行有未被控制的变元，则该行的结果一定为1，且该变元控制该行。

1）本题选自 SGU 275。

(3)从该行往上依次消掉(异或)该变元。

(4)如果该行没有可以用来控制的变元,若最后一列是0,则该行结果也为1,否则该行结果为0。这里若用来控制的变元的系数全是0,因为在第3步时就消掉该行以上此列的0了,后面0与0以后还是0。所以如果最后一列是0,即该行方程也可以成立,故结果为1。

建立方程:

$$a_{11}x_1+a_{21}x_2\cdots\cdots=d[1]$$

$$a_{12}x_1+a_{22}x_2\cdots\cdots=d[2]$$

……

程序实现如下:

```cpp
#include<bits/stdc++.h>
#define ll long long
using namespace std;
int equ,var;
int n;
int a[62][105];
bool vis[105];

void gauss()                              // 高斯消元
{
  ll ans=0;
  int i,j,k;
  for(i=equ-1;i>=0;i--)                   // 枚举能否将当前最高位置为1
  {
    ans<<=1;
    for(j=0;j<var;j++)
    {
      if(a[i][j]&&!vis[j])                // 当前行的第i位含有1且该
                                          //   行未被使用过
      {
        vis[j]=true;
        ans|=1;
        break;
      }
    }
    if(j==var)
      if(a[i][var]==0)ans|=1;
```

```
      else// 利用该行异或其他行, 将其他行的异或上该行
      for(k=i-1;k>=0;k--)
        if(a[k][j])
        {
          for(int l=0;l<var+1;l++)
          a[k][l]^=a[i][l];
        }
    }
    cout<<ans<<endl;
}

void init()
{
    ll m;
    var=n;                                   //n 个数, 所以 n 个未知数
    equ=0;
    int k;
    for(int i=0;i<n;i++)
    {
      cin>>m;
      k=0;
      while(m!=0)
      {
        int j=m&1;
        a[k++][i]=j;
        m>>=1;                               // 将读入的数用二进制矩阵存储
      }
      if(k>equ)equ=k;
    }
    for(int i=0;i<equ;i++)a[i][var]=1;
}

int main()
{
    scanf("%d",&n);
    memset(a,0,sizeof(a));
    memset(vis,false,sizeof(vis));
    init();
    gauss();
    return 0;
}
```

高斯－约当消去法是一种无回带过程的求解线性代数方程组的直接解法，它在实际应用中被更广泛地应用。这种方法的基本思想是通过一系列的初等行变换，直接将系数矩阵变换成单位矩阵，同样的变换就将常数向量变换成解向量了。这种消元法的基本过程与高斯消去法相同，只是在消元的过程中，不仅将主对角线以下的元素消成0，同时将主对角线以上的元素也消成0，因此，在这种情况下，就不需要回带过程了。

10.4 矩阵的快速幂

矩阵幂问题指的是幂的底数为一个给定方阵时求幂的结果。

简单地说，设 A 为矩阵，你需要快速求出求 A 的 N 次方，N 通常较大。

其实矩阵快速幂算法的核心思想跟数的快速幂完全一样，只是矩阵的乘法运算用上文所提的乘法法则相乘即可。

即要计算 A^n 的值，若 n 为偶数，递归计算 $A^{n/2}$，然后将答案平方；若 n 为奇数，递归计算 A^{n-1}，然后将答案乘上 A 即可；$n=0$ 时，递归结束，返回单位矩阵。

单位矩阵 I：$n \times n$ 的矩阵满足对于所有 $1 \leq i \leq n$，$\text{mat}(i, i)=1$，其他为 0；任何一个矩阵乘以单位矩阵就是它本身，可以把单位矩阵类比为数值运算时的数 1。单位矩阵常用在矩阵快速幂运算中，起关键作用。

$$\begin{bmatrix} 1 & 0 & 0 \\ 0 & 1 & 0 \\ 0 & 0 & 1 \end{bmatrix}$$

图 10.7　单位矩阵示例

如图 10.7 就是一个 3×3 的单位矩阵：

矩阵快速幂代码如下，时间复杂度 $O(\log_2 n)$。

```
int pow(int n)// 这里返回了答案矩阵中的一个值
{
  mat c,res;
  memset(res.a,0,sizeof(res.a));
  c.a[0][0]=1;                              // 给矩阵赋初值
  c.a[0][1]=1;
  c.a[1][0]=1;
  c.a[1][1]=0;
  for(int i=0;i<n;i++)res.a[i][i]=1;        // 单位矩阵
  while(n)
  {
     if(n&1)res=mat_mul(res,c);
     c=mat_mul(c,c);          //mat_mul()函数表示矩阵相乘，需自行定义
     n=n>>1;
```

```
        }
        return res.a[0][1];
}
```

【例10.3】 斐波那契数列。输入 n，求斐波那契数列第 n 项，$n \leqslant 10^9$，答案对10000取模。输入有多组数据以 -1 结尾。

分析：我们熟悉的斐波那契数列，原来是递推求值，可是，这里的 n 很大，递推时间复杂度为 $O(n)$，肯定不行。

下面我们介绍矩阵乘法求斐波那契数列的快速幂算法，这也是矩阵快速幂的经典应用。

每次我们需要存两个数 $f[i-1]$ 和 $f[i-2]$，如何用这两个数推出 $f[i]$ 和 $f[i-1]$ 呢？因为 $f[i]=f[i-1]+f[i-2]$，我们尝试用矩阵乘法构造该公式。

把相邻两个数看成列向量，利用矩阵的乘法，有如下公式：

$$\begin{bmatrix} f[i] \\ f[i-1] \end{bmatrix} = \begin{bmatrix} 1 & 1 \\ 1 & 0 \end{bmatrix} \times \begin{bmatrix} f[i-1] \\ f[i-2] \end{bmatrix}$$

这样，根据上述矩阵的递推公式，不断迭代可以得到 $f[n]$，公式如下：

$$\begin{bmatrix} f[n] \\ f[n-1] \end{bmatrix} = \begin{bmatrix} 1 & 1 \\ 1 & 0 \end{bmatrix}^n \times \begin{bmatrix} f[1] \\ f[2] \end{bmatrix}$$

求矩阵 $\begin{bmatrix} 1 & 1 \\ 1 & 0 \end{bmatrix}^n$，显然可以利用矩阵快速幂来解决，时间复杂度为 $O(\log_2 n)$。

参考程序如下：

```
#include<bits/stdc++.h>
using namespace std;
const int mo=1e4;
const int SZ=2;
struct node
{
    int v[SZ][SZ];
}I,A,B,ans,C,A2,res;

node Get_mul(node a,node b)                              //矩阵乘法
{
    memset(res.v,0,sizeof(res.v));
    for(int i=0;i<SZ;i++)
        for(int j=0;j<SZ;j++)
        {
```

```
            res.v[i][j]=0;
            for(int k=0;k<SZ;k++)
            res.v[i][j]+=a.v[i][k]*b.v[k][j];
            res.v[i][j]%=mo;
        }
    return res;
}

node Pow(int n)
{
    C=I;
    A2=A;
    while(n)
    {
        if(n&1)C=Get_mul(C,A2);//类似整数快速幂，将 n 二进制分解
        n>>=1;
        A2=Get_mul(A2,A2);
    }
    return C;
}

int n;
int main()
{
    memset(I.v,0,sizeof(I.v));
    memset(A.v,0,sizeof(A.v));
    memset(B.v,0,sizeof(B.v));
    I.v[0][0]=I.v[1][1]=1;                  //f1,f2 的初值
    A.v[0][0]=A.v[0][1]=A.v[1][0]=1;        // 快速幂矩阵
    B.v[0][1]=1;
    while(1)
    {
        scanf("%d",&n);
        if(n==-1)break;                     // 特判
        if(n==0)
        {
            printf("0\n");
            continue;
        }
        ans=Get_mul(B,Pow(n));
```

```
        printf("%d\n",ans.v[0][0]);
    }
    return 0;
}
```

10.5 模线性方程

1. 欧几里得算法

辗转相除法，又名欧几里得算法（Euclidean algorithm），是求最大公约数的一种方法。它的具体做法是：用较大数除以较小数，再用出现的余数（第一余数）去除除数，再用出现的余数（第二余数）去除第一余数，如此反复，直到最后余数是 0 为止。如果是求两个数的最大公约数，那么最后的除数就是这两个数的最大公约数。

其原理是基于：n 对 m 的余数与 m 对 $n\%m$ 的余数相等。

```
int gcd(int n,int m)
{
    return m?gcd(m,n%m):n;
}
```

另一种求两数的最大公约数的方法是更相减损法。

2. 扩展欧几里得算法

扩展欧几里得算法（Extended Euclidean algorithm）是欧几里得算法的扩展。已知整数 a、b，扩展欧几里得算法可以在求得 a、b 的最大公约数的同时，能找到整数 x、y（其中一个很可能是负数），使它们满足贝祖等式

$$ax+by=\gcd(a, b)$$

即如果 a、b 是整数，那么一定存在整数 x、y，使得 $ax+by=\gcd(a, b)$。换句话说，如果 $ax+by=m$ 有解，那么 m 一定是 $\gcd(a, b)$ 的若干倍。（可以来判断一个这样的式子有没有解）

有一个直接的应用就是，如果 $ax+by=1$ 有解，那么 $\gcd(a, b)=1$。

要求出这个最大公因数 $\gcd(a, b)$，我们最容易想到的是辗转相除法：这样我们就可以和欧几里得算法类似地进行递归来计算这个方程的一个初始解，这个算法就是扩展欧几里得算法。

但是，对于上面的式子 $ax+by=m$ 来说，我们并不仅仅想要知道有没有解，而是想要知道在有解的情况下这个解到底是多少。

所以，扩展欧几里得当到达递归边界的时候，即 $b=0$，$a=\gcd(a, b)$，这时可以观察出来这个式子的一个解：$a \times 1 + b \times 0 = \gcd(a, b)$，$x=1$，$y=0$，注意这时的 a 和 b 已经不是最开始的那个 a 和 b 了，所以我们如果想要求出解 x 和 y，就要回到最开始的模样。

初步想法：由于是递归的算法，如果我们知道了这一层和上一层的关系，一层一层推下去，就可以推到最开始的。类似数学上的数学归纳法。

假设当前我们在求的是 a 和 b 的最大公约数，而我们已经求出了下一个状态：b 和 $a\%b$ 的最大公因数，并且求出了一组 x_1 和 y_1 使得

$$b \times x_1 + (a\%b) \times y_1 = \gcd(b, a\%b)$$

这时我们可以试着去寻找这两个相邻状态的关系。

我们知道

$$a\%b = a - (a/b) \times b$$

带入下面公式：

$$b \times x_1 + (a - (a/b) \times b) \times y_1 = b \times x_1 + a \times y_1 - (a/b) \times b \times y_1$$
$$= a \times y_1 + b \times (x_1 - a/b \times y_1)$$
$$= \gcd(a, b)$$

发现

$$x = y_1,\ y = x_1 - a/b \times y_1$$

这样我们就得到了每两个相邻状态的 x 和 y 的转化，就可以在求 gcd 的同时对 x 和 y 进行求值了

算法如下：

```
int exgcd(int n,int m,int&a,int&b)
{
  int s;
  if(!m)
    s=n,a=1,b=0;
  else
    s=exgcd(m,n%m,b,a),b-=a*(n/m);
  return s;
}
```

而对于一般的形如 $ax+by=c$ 的不定整数方程，我们可以证明当且仅当 $\gcd(a, b) | c$ 该方程存在整数解。因此，解这种方程的时候，只需要在求出

$ax+by=\gcd(a, b)$ 的解后，把 x, y 同乘以 $c/\gcd(a, b)$ 就可以了。

【例10.4】同余方程[1]。求关于 x 的同余方程 $ax \equiv 1 \pmod{b}$ 的最小正整数解。

输入格式：

第1行，包含 a 和 b 两个正整数。

输出格式：

一个正整数 x_0，即最小正整数解。输入数据保证一定有解。

数据范围：

$2 \leq a, b \leq 2 \times 10^9$。

分析：我们知道 $ax \equiv 1 \pmod{b}$ 等价于 $\gcd(a, b)=1$，那么我们就可以通过 exgcd 求出一组合法 $ax+by=1$ 的解，其中的 x 即为我们所求解。

```
#include<iostream>
using namespace std;
int exgcd(int a,int b,int&x,int&y)
{
   if(b==0){x=1;y=0;return a;}
   else{
      int d=exgcd(b,a%b,x,y);
      int t=x-a/b*y;
      x=y;y=t;
      return d;
   }
}
int main()
{
   int a,b,x,y;
   cin>>a>>b;
   exgcd(a,b,x,y);
   while(x<0)x=x+b;
   cout<<x;
   return 0;
}
```

扩展欧几里得的一个作用是解模型方程 $ax=b \pmod{c}$，这个方程的含义是 ax 与 b 在模 c 意义下相同。这个模型方程和不定方程 $ax+cy=b$ 是等价的，不难发现这个方程有解的充要条件是 b 是 $\gcd(a, c)$ 的倍数。

当方程有解时，我们可以先求出 $ax+cy=\gcd(a, c)$ 的初始解，将初始

1）本题选自 NOIP 2012。

解中的 x 和 y 都乘上 $b/\gcd(a, c)$，便得到了一个初始解。

利用模型方程的特殊情况，我们可以求逆元，数 a 在模 b 意义下的逆元可以定义为 $ax=1(\mod b)$，所以就可以直接使用模型方程的算法在 $O(\log_2 n)$ 的时间复杂度内得到答案。

10.6 模线性方程组

1. 中国剩余定理

求解如下模线方程组：

$$\begin{cases} x \equiv a_1 \mod m_1 \\ x \equiv a_2 \mod m_2 \\ \cdots\cdots \\ x \equiv a_n \mod m_n \end{cases} \qquad 方程组（1）$$

假设整数 m_1，m_2，$\cdots$，m_n 两两互质，则对任意的整数：a_1，a_2，$\cdots$，a_n，方程组（1）有解，并且通解可以用如下方式构造得到：

设 $M = m_1 \times m_2 \times \cdots \times m_n = \Pi_{i=1}^n m_i$ 是整数 m_1，m_2，$\cdots$，m_n 的乘积，设 $M_i = M/m_i$，即 $\forall i \in \{1, 2, \cdots, n\}$ 是除了 m_i 以外的 $n-1$ 个整数的乘积。

设 $t_i = M_i^{-1}$ 为 M_i 模 m_i 的数论倒数（t_i 为 M_i 模 m_i 意义下的逆元），即

$$M_i t_i \equiv 1 \pmod{m_i}, \forall i \in \{1,2,\cdots,n\}$$

方程组（1）的通解形式为：

$$x = a_1 t_1 M_1 + a_2 t_2 M_2 + \cdots + a_n t_n M_n + kM = kM + \sum_{i=1}^n a_i t_i M_i, \ k \in z$$

在模 M 的意义下，方程组（1）只有一个解：

$$x = \left(\sum_{i=1}^n a_i t_i M_i\right) \mod M$$

2. 扩展的中国剩余定理（EX_CRT）

实际上很多问题 m_i 可能不互质，也可能存在无解。

一种方法是先将方程组转换为互质情况，同时判无解。

将每个方程的 m_i 分解质因数，$m=p_i^{c-i}$，将其拆成 $x \equiv a_i (\mod p_i^{c-i})$。

然后，在新的方程组中，对相同的 p_i 只保留最大的 p_i^{c-i}，同时检验别的是否成立，若不成立则无解。

这样就得到了一个满足 m_i 两两互质模线性方程组了。

一种更常见的做法是按使用扩展欧几里得算法对相邻的两个方程合并，例如

$x = k_1 \times m_1 + a_1$
$x = k_2 \times m_2 + a_2$

合并可得

$k_1 \times m_1 + a_1 = k_2 \times m_2 + a_2$

这个方程显然可以使用扩展欧几里得算法解出 x 在模 $\text{lcm}(m_1, m_2)$ 意义下的值，最后合并完所有的方程就得到了 x 在模 $\text{lcm}(m_1, m_2, \cdots, m_k)$ 意义下的解。

【例10.5】LightOJ 1306。求模线方程组的解。

输入格式：

第1行，输入 n。

接下来 n 行，每行输入 a_i、b_i、m_i，表示一个方程 $a_i \times x \equiv b_i (\text{mod } m_i)$。

输出格式：

最小整数解或者"no solution"。

数据范围：

$1 \leq n \leq 100$，$2 \leq m_i \leq 30$。

分析： 对于相邻的两个方程，直接用扩展欧几里算法，转化为 $x \equiv (b/d) \times p(\text{mod}(n/d))$，直接求解即可。

参考程序如下：

```
#include<bits/stdc++.h>
#define LL long long
using namespace std;
int n,m[35],a[35];LL M,ans;

int exgcd(int n,int m,int&a,int&b)
{
    int s;
    if(!m)s=n,a=1,b=0;
    else s=exgcd(m,n%m,b,a),b-=n/m*a;
    return s;
}

int Qx(int a,int b,int&n)
```

```c
{
  int p,q,d=exgcd(a,n,p,q);
  n/=d;if(b%d)return-1;
  return(b/d*p%n+n)%n;
}

int inv(int a,int n)
{
  return Qx(a,1,n);
}

int main()
{
  for(int j=2;j<=30;++j)m[j]=1;
  scanf("%d",&n);
  for(int i=1;i<=n;++i)
  {
    int A,B,P;
    scanf("%d%d%d",&A,&B,&P);
    A=Qx(A,B,P);                                    //进行同余方程转化
    if(A==-1){puts("no solution");return 0;}
    for(int j=2;j<=P;++j)
    if(P%j==0)
    {
      int z=1;
      /*
      将合数分解成质数的幂次,这样就能符合中国剩余定理的条件,并判断不合
      法的情况
      */
      while(P%j==0)z*=j,P/=j;
      if(z<m[j]&&a[j]%z!=A%z||z>=m[j]&&A%z%m[j]!=a[j])
      {puts("no solution");return 0;}
      if(z>m[j])m[j]=z,a[j]=A%z;
    }
  }
  n=0;
  for(int j=2;j<=30;++j)
  if(m[j]>1)m[++n]=m[j],a[n]=a[j];
  M=1;
   for(int i=1;i<=n;++i)M=M*m[i];
```

```
    ans=0;                                  //运用中国剩余定理
    for(int i=1;i<=n;++i)
       (ans+=M/m[i]*inv(M/m[i]%m[i],m[i])*a[i])%=M;
    printf("%lld\n",ans);
    return 0;
}
```

10.7 概率及期望

为了引入随机变量的数学期望的概念，我们先看一个例子。假设有1000根钢筋，其中200根长0.98米，300根长0.99米，400根长1米，100根长1.01米，求其平均长度。

$$\frac{0.98 \times 200 + 0.99 \times 300 + 1 \times 400 + 1.01 \times 100}{1000}$$
$$= 0.98 \times \frac{200}{1000} + 0.99 \times \frac{300}{1000} + 1 \times \frac{400}{1000} + 1.01 \times \frac{100}{1000}$$

而2/10，3/10，4/10，1/10分别是从1000根钢筋中，任意抽取一根的尺寸分别为0.98，0.99，1，1.01的概率。由此可以引出下面的随机变量的数学期望的定义。

数学期望是试验中每次可能结果的概率乘以其结果的总和，它的定义式为

$$E(x) = \sum_{k=1}^{\infty} x_i p_i$$

其中i是所有可能发生的事件，x_i为事件的权值，p_i为事件发生的概率。

例如：甲、乙两选手进行打靶，击中环数为x_1，x_2，它们的分布规律如下表所示。

x_1	7	8	9	10
p_1	0.2	0.3	0.4	0.1
x_2	7	8	9	10
p_2	0.3	0.5	0.1	0.1

试评定他们的成绩好坏。

解：我们计算两者的数学期望，可知

$$E(x_1) = 7 \times 0.2 + 8 \times 0.3 + 9 \times 0.4 + 10 \times 0.1 = 8.4$$
$$E(x_2) = 7 \times 0.3 + 8 \times 0.5 + 9 \times 0.1 + 10 \times 0.1 = 8.0$$

可见，甲的成绩略好于乙。

为了进一步理解概率与期望的关系，我们再看一个例子

按规定某车站每天 8:00~9:00，9:00~10:00 都恰有一辆客车到站，但到站是随机的，且两者到站的事件相互独立，其规律为：

到站时刻	8:10 9:10	8:30 9:30	8:50 9:50
概 率	$\frac{1}{6}$	$\frac{3}{6}$	$\frac{2}{6}$

（1）一旅客 8:00 到站，求他候车时间的数学期望。
（2）一旅客 8:20 到站，求他候车时间的数学期望。

分析：设旅客的候车时间为 x 分钟。

（1）x 的分布规律为：

x	10	30	50
p_k	$\frac{1}{6}$	$\frac{3}{6}$	$\frac{2}{6}$

候车时间的数学期望：

$$E(x) = 10 \times \frac{1}{6} + 30 \times \frac{3}{6} + 50 \times \frac{2}{6} = 33.33 \text{（分）}$$

（2）x 的分布规律为：

x	10	30	50	70	90
p_k	$\frac{3}{6}$	$\frac{2}{6}$	$\frac{1}{6} \times \frac{1}{6}$	$\frac{1}{6} \times \frac{3}{6}$	$\frac{1}{6} \times \frac{2}{6}$

候车时间的数学期望：

$$E(x) = 10 \times \frac{3}{6} + 30 \times \frac{2}{6} + 50 \times \frac{1}{6} \times \frac{1}{6} + 70 \times \frac{1}{6} \times \frac{3}{6} + 90 \times \frac{1}{6} \times \frac{2}{6} = 27.22 \text{（分）}$$

需要注意的是，期望值并不一定等同于常识中的"期望"。"期望值"也许与每一个结果都不相等，它是该变量输出值的平均数，并不一定包含于变量的输出值集合里。

假设一个数有 P_i 的概率等于 A_i，其中，$1 \leq i \leq k$，且 $P_1+P_2+\cdots+P_k=1$，则这个数的期望值为 $P_1 \times A_1+P_2 \times A_2+\cdots+P_k \times A_k$。也可以理解为，带权平均数。

这个式子直接体现了期望的线性特征，即（$x+y$）的期望一定等于 x 的期望加 y 的期望，但注意 $x \times y$ 的期望不一定等于 x 的期望 $\times y$ 的期望（在 x、y 独立时确实相等）。

大数定律规定，随着重复次数接近无穷大，数值的算术平均值几乎肯定地收敛于期望值。

【例10.6】 换教室[1]。有 n 节课，第 i 节课可以选择在教室 C_i 上课，也可以选择申请换教室，到教室 D_i 上课。若选择申请换课，则有 K_i 的概率申请通过，另外 $1-K_i$ 的概率依然留在 C_i 教室。

共有 v 个教室，e 条路径双向连通教室 X_i 和 Y_i，边权为 W_i。在每两节课之间，你要从上一个教室走到下一个教室。

最多提交 m 个申请，并且得在第一节课上课之前一次性提交所有申请（也就是，不能根据某一次申请的通过情况来选择下一次申请），要使自己走的路的期望最小。求最优策略下的总距离的期望。

数据范围：

$1 \leqslant n \leqslant 2000$，$0 \leqslant m \leqslant 2000$，$1 \leqslant v \leqslant 300$，$0 \leqslant e \leqslant 9 \times 10^4$

$1 \leqslant W_i \leqslant 1000$，$0 \leqslant K_i \leqslant 1$

分析：考虑DP，用 $f[i][j][0$ 或 $1]$ 表示前 i 节课申请了 j 次，第 i 次是否申请的期望最小值。

先用Floyd预处理出两个教室之间的最短路长度 $\text{dis}(i,j)$。

现在我们来求 $f[i][j][0]$ 和 $f[i][j][1]$。

首先明确：$f[i][j][0]$ 所记录的状态一定处在教室 $c[i]$，$f[i][j][1]$ 所记录的状态有 $K[i]$ 的概率处在 $d[i]$，另 $1-K[i]$ 的概率处在 $c[i]$。

讨论第 i 次是否申请。P_1，P_2 是临时变量，分别存第 $i-1$ 节课"申请/不申请"两种方案的期望总距离。

若不申请：

$P_1 = f[i-1][j][0] + \text{dis}(c[i-1], c[i])$

$P_2 = f[i-1][j][1] + K[i-1] \times \text{dis}(d[i-1], c[i])$

$\qquad + (1-K[i-1]) \times \text{dis}(c[i-1], c[i])$

则

$f[i][j][0] = \min(P_1, P_2)$

即在两种策略中选取期望值较小的。

若申请：

$P_1 = f[i-1][j-1][0] + K[i] \times \text{dis}(c[i-1], d[i])$

---

[1] 本题选自 NOIP 2016。

$$+(1-K[i]) \times \mathrm{dis}(c[i-1], c[i])$$
$$P_2 = f[i-1][j-1][1] + (1-K[i-1]) \times K[i] \times \mathrm{dis}(c[i-1], d[i])$$
$$+(1-K[i-1]) \times (1-K[i]) \times \mathrm{dis}(c[i-1], c[i])$$
$$+K[i-1] \times K[i] \times \mathrm{dis}(d[i-1], d[i])$$
$$+K[i-1] \times (1-K[i]) \times \mathrm{dis}(d[i-1], c[i])$$

则

$$f[i][j][1] = \min(P_1, P_2)$$

参考程序如下：

```
#include<bits/stdc++.h>
#define inf 1000000007
using namespace std;
int n,m,v,e,a,b,ww;
int c[2020],d[2020],w[330][330];
double k[2020],f[2020][2020][3],ans=1.0*1e9;

int main()
{
  cin>>n>>m>>v>>e;
  for(int i=1;i<=n;i++) cin>>c[i];
  for(int i=1;i<=n;i++) cin>>d[i];
  for(int i=1;i<=n;i++) cin>>k[i];
  // 初始化两点之间的最短路
  for(int i=1;i<=v+10;i++)for(int j=0;j<=v+10;j++)
    w[i][j]=1e9;
  for(int i=0;i<=304;i++)w[i][i]=0;
  for(int i=1;i<=e;i++)
  {
    cin>>a>>b>>ww;
    w[a][b]=w[b][a]=min(ww,w[a][b]);
  }
  //floyd求任意两点之间的最短路
  for(int kk=1;kk<=v;kk++)
    for(int i=1;i<=v;i++)
      for(int j=1;j<=v;j++)
        if(w[i][kk]+w[kk][j]<w[i][j])w[i][j]=w[i][kk]+w[kk][j];
  // 初始化期望
  for(int i=1;i<=n;i++)
```

```
      for(int j=0;j<=m;j++)
          f[i][j][0]=f[i][j][1]=1.0*1e9;      // DP 之前的初值概率均为
                                                   无穷大便于比较
//DP 计算期望
f[1][0][0]=f[1][1][1]=0;                        // DP 初值
for(int i=2;i<=n;i++)
for(int j=0;j<=min(i,m);j++)
{
  f[i][j][0]=min(f[i][j][0],f[i-1][j][0]+w[c[i-1]][c[i]]);
  f[i][j][0]=min(f[i][j][0],f[i-1][j][1]+w[d[i-1]][c[i]]*
              k[i-1]+w[c[i-1]][c[i]]*(1.0-k[i-1]));
  if(j>0)
  {
    f[i][j][1]=min(f[i][j][1],f[i-1][j-1][0]+k[i]*
                w[c[i-1]][d[i]]+(1.0-k[i])*w[c[i-1]][c[i]]);
    f[i][j][1]=min(f[i][j][1],f[i-1][j-1][1]+k[i-1]*k[i]*
                w[d[i-1]][d[i]]+k[i-1]*(1.0-k[i])*w[d[i-1]]
                [c[i]]+(1.0-k[i-1])*k[i]*w[c[i-1]][d[i]]+
                (1.0-k[i-1])*(1.0-k[i])*w[c[i-1]][c[i]]);
  }
}
// 计算答案
for(int i=0;i<=m;i++)ans=min(min(ans,f[n][i][1]),f[n][i][0]);
printf("%.2lf",ans);
return 0;
}
```

10.8 排列与组合

10.8.1 排　列

排列：指从 n 个不同的元素中不重复地取出 m（$m \leq n$）个元素，按顺序排成一列的方案数。由乘法原理显然可知公式为 $n \times (n-1) \cdots (n-m+1)$，即 $n!/(n-m)!$，也即 $n^{\underline{m}}$（读作 n 的 m 阶下降幂）。

可重复排列：指从 n 个不同的元素中取出 m 个元素排成一列，这 m 个元素可以有重复的方案数。显然由乘法原理可知公式为 n^m。

圆排列：从 n 个不同元素中不重复地取出 m（$1 \leq m \leq n$）个元素排列在圆周上。如果一个 $m-$ 圆排列旋转可以得到另一个 $m-$ 圆排列，则认为这两个圆排列相同。

可以发现一种圆排列方式恰好对应 m 种排列方式,且不同的圆排列方式不会有交,并且每一种排列方式都可以找到相应的圆排列,可知公式为排列方案数除以 m 的值。

错位排列:有 n 个元素的排列,若重新排列后所有的元素都不在自己原来的位置上,那么这个排列就称为原排列的一个错排。n 个元素的错排数记为 $D(n)$。

第一步,把第 n 个元素放在一个位置,比如位置 k,一共有 $n-1$ 种方法。

第二步,放编号为 k 的元素,这时有两种情况:

(1)把它放到位置 n,那么,对于剩下的 $n-1$ 个元素,由于第 k 个元素放到了位置 n,剩下 $n-2$ 个元素就有 $D(n-2)$ 种方法。

(2)第 k 个元素不把它放到位置 n,这时,对于这 $n-1$ 个元素,有 $D(n-1)$ 种方法,所以递推公式为

$$D(n)=(n-1)\times[D(n-1)+D(n-2)]$$

10.8.2 组 合

组合:从 n 个不同的元素中,任取 m($m \leq n$)个元素为一组,特别地,我们把这类数称为二项式系数,也称组合数,记作 $\binom{n}{m}$:

$$\binom{n}{m}=\frac{n!}{m!(n-m)!}$$

基本递推公式:

$$\binom{n}{m}=\binom{n-1}{m}+\binom{n-1}{m-1}$$

著名的范德蒙德卷积公式:

$$\binom{n}{s+t}=\sum_k \binom{k}{s}\binom{n-k}{t}$$

以上两个公式可以用组合意义简单理解。

二项式系数还有推广的定义以及大量的令人惊叹的恒等式,有兴趣的同学可以自行查阅相关资料。

10.8.3 二项式定理

二项式定理又称牛顿二项式定理,该定理给出两个数之和的整数次幂诸如展开为类似项之和的恒等式。二项式定理可以推广到任意实数次幂,

即广义二项式定理。

根据此定理，可以将 $x+y$ 的任意次幂展开成和的形式

$$(x+y)^n = \binom{n}{0}x^n y^0 + \binom{n}{1}x^{n-1}y^1 + \binom{n}{2}x^{n-2}y^2 + \cdots + \binom{n}{n-1}x^1 y^{n-1} + \binom{n}{n}x^0 y^n$$

其中每个 $\binom{n}{k}$ 为一个称作二项式系数的特定正整数，其等于 $\dfrac{n!}{k!(n-k)!}$。这个公式也称二项式公式或二项恒等式。使用求和符号，可以把它写作

$$(x+y)^n = \sum_{k=0}^{n}\binom{n}{k}x^{n-k}y^k = \sum_{k=0}^{n}\binom{n}{k}x^k y^{n-k}$$

在算法竞赛中模拟公式进行运算时，通常需要对二项式系数、阶乘数的预处理。二项式系数可以使用递推公式 $O(nm)$ 预处理：

```
C[0][0]=1;
for(int i=1;i<=n;++i)
{
  C[i][0]=1;
  for(int j=1;j<=i;++j)
C[i][j]=(C[i-1][j]+C[i-1][j-1])%mo;
}
```

也可以先对阶乘数及其逆元进行预处理：

```
F[0]=G[0]=1;
for(int i=1;i<=n;++i)F[i]=F[i-1]*i%mo;       //F(i) 表示 i!
G[n]=pow(F[n],mo-2,mo);//pow 就是快速幂，这里用来求逆元
for(int i=n-1;i;--i)G[i]=G[i+1]*(i+1)%mo;   //G(i) 表示 1/(i!)
```

之后就可以调用

```
long long C(int n,int m){return F[n]*G[m]%mo*G[n-m]%mo;}
```

这样我们达到了预处理 $O(n)$，查询 $O(1)$ 的优秀复杂度。

可以看出，在上下指标不大的时候，二项式系数求值很容易，所以关键在于如何应用。

组合计数涉及的内容极其广泛，这里难以涵盖，只介绍两个最基础的经典模型：

（1）从一个点 $(0,0)$ 出发，每次向上或向右走 1，最后走到 (n,m) 的方案数。答案就是 $\binom{n+m}{m}$，即 $n+m$ 步当中，向右走的 n 步是哪 n 步。

（2）现在稍作变换，依然从 $(0,0)$ 出发，每次向左上、左下、右上或

右下走根号二，走k步恰好到(n,m)的方案数。

只要把横坐标与纵坐标独立开，就和前一个问题一样了。

答案是$\binom{k}{\frac{k+n}{2}}\binom{k}{\frac{k+m}{2}}$（当然，$k$，$n$，$m$要同奇偶）。

10.9 容斥原理

有学生45人，每人在暑假里都参加体育训练队，其中参加足球队的有25人，参加排球队的有22人，参加游泳队的有24人，足球、排球都参加的有12人，足球、游泳都参加的有9人，排球、游泳都参加的有8人，问：三项都参加的有多少人？

分析：参加足球队的人数25人为A类元素，参加排球队人数22人为B类元素，参加游泳队的人数24人为C类元素，既是A类又是B类的12人，既是B类又是C类的9人，既是C类又是A类的8人，三项都参加的设为X。

所以答案：$25+22+24-12-9-8+X=45$，$X=3$。

德·摩根定律：设全集为U，其子集为A，B，则，$\overline{A \cup B} = \overline{A} \cap \overline{B}$或$\overline{A \cap B} = \overline{A} \cup \overline{B}$，又叫反演律。

上面用到的就是容斥原理，一般地：

$$|A_1 \cup A_2 \cup \cdots \cup A_m| = \sum_{1 \leq i \leq m} |A_i| - \sum_{1 \leq i < j \leq m} |A_i \cap A_j| + \sum_{1 \leq i < j < k \leq m} |A_i \cap A_j \cap A_k| - \cdots + (-1)^{m-1} |A_1 \cap A_2 \cap \cdots \cap A_m|$$

并且有：

$$|\overline{A_1} \cap \overline{A_2} \cap \cdots \cap \overline{A_n}| = N - |A_1 \cup A_2 \cup \cdots \cup A_n|$$

其中N表示全集大小，$\overline{A}$表示A以外的集合，即我们可以将求交的问题转化为求并的问题解决。

【**例10.7**】导弹拦截。每一枚导弹上都有一个大小为n的正整数的集合，一个好的数的定义为它至少是导弹集合中一个数的倍数，如果你能找出$1\sim m$（包括m）中的好的数的个数，就能拦截导弹。

输入格式：

第1行，两个数 n 和 m。

第2行，n 个数，表示这个集合。

输出格式：

一行，即为答案。

数据范围：

对于100%的数据，$1 \leq n \leq 16$，$m \leq 10^{15}$，$1 \leq$ 集合中的数 ≤ 1000。

分析： 由于 m 巨大（10^{15}）显然不能一一枚举。

例如，$n=2$，$m=20$，集合 $=\{3，4\}$，那么1~m 是3的倍数，共有 20/3=6个；1~m 是4的倍数，共有20/4=5个；其中1~m 既是3又是4的倍数，共有 20/12=1个；因此1~m 中好的数的总个数为6+5-1=10个。显然需要用到容斥原理，如图10.8所示。

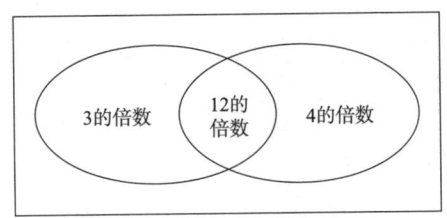

图10.8 容斥原理示意图

容斥原理的求法：

要求容斥原理，首先要解决如何取个数的问题，其次是要解决正负号的问题。

若以简单的枚举来取数，时间复杂度非常高。

设问题包含 n 个选择，那么容斥原理的取数个数正好是所有组合数。由于

$$C(n，0)+C(n，1)+C(n，2)+\cdots+C(n，n)=2^n$$

所以，n 个元素容斥原理的个数正好和 n 位二进制个数一一对应！

n位二进制总个数=2^n ←—一一对应—→ 容斥原理的取数个数=2^n

以3个数为例：

000→全集；001→A_1；010→A_2；011→$A_1 \cap A_2$；100→A_3；

101→$A_1 \cap A_3$；110→$A_2 \cap A_3$；111→$A_1 \cap A_2 \cap A_3$

利用二进制的位运算，容斥原理实现代码如下：

```
long long tmp,cnt,S=1,Ans=0;
  long long N=(1<<n);                  //2^n
  for(int i=1;i<N;++i)
  {
    tmp=i;cnt=0;S=1;
    for(int j=1;j<=n;++j)              // 求出 i 有多少个 1
    {
      if(tmp&1)                        // 最低位是 1
      {
        ++cnt;
        S/=gcd(S,A[j]);                // 求出对应项的最小公倍数
        S*=A[j];
        if(S>m)break;
      }
      tmp>>=1;                         // 右移一位
    }
    if(cnt&1)Ans+=m/S;                 // 如果是奇数则取正，否则取负
    else Ans-=m/S;
  }
  printf("%lld",Ans);
```

【例 10.8】 求错排的个数。求长度为 n 的错位排列个数，对 998244353 取模输出。

数据范围：

$n \leqslant 10^7$。

分析： 当然我们使用上面提到的递推方法就能通过此题了，但我们可以用容斥原理的角度更深地研究这个数列。

错位排列可以认为是 n 个集合的交的大小，其中第 i 个集合表示这位上合法的排列集合，那么根据上面的原理我们可以得到答案等于 $n!$ 减去选了一个位置，强制它不合法后的排列数，加上选两个位置，它们都不合法的方案数……我们发现强制了 a 个位置不合法相当于确定了这些位置都填等于其下标的数，那么方案数当然是 $(n-a)!$，同时这 a 个位置可以任选，因此选 a 个位置对答案的贡献为：

$$\binom{n}{a}(-1)^a(n-a)!$$

因此我们得到了答案表达式为:

$$\sum_{k=0}^{n}\binom{n}{k}(-1)^{k}(n-k)!$$

这样我们同样能够$O(n)$计算一个答案,并且我们可以发现:

$$\sum_{k=0}^{n}\binom{n}{k}(-1)^{k}(n-k)! = n!\sum_{k=0}^{n}\frac{(-1)^{k}}{k!}$$

有些对数学知识了解较多的同学容易发现,等式右边的求和号的值随着n的增大很快地收敛于自然常数e的倒数$1/e$,稍加讨论即可知,当$n>0$时:

$$D(n) = \left[\frac{n!}{e}+\frac{1}{2}\right]$$

即$n!/e$最接近的整数!

虽然这并不有益于我们的计算时间复杂度,但它确乎得到了一个优美的封闭形式和令人惊叹的结果。

参考程序如下:

```cpp
#include<iostream>
#include<cstdio>
#include<cstring>
#include<cmath>
#include<algorithm>
using namespace std;
const int mo=998244353;
const int N=1e7;
int fac[N+10],inv[N+10];
int Sum(int x,int y)              //简单的两个数加法可以如下写,
                                  //避免大常数的取模操作
{
  x+=y;
  return(x>=mo)? x-mo : x;
}
int Sub(int x,int y)              // 减法同理,减少常数
{
  x-=y;
  return(x<0)? x+mo : x;
}
int Mul(int x,int y)
{
  return(long long)x*y % mo;
```

```
    }
    int Pow(int x,int y=mo-2)                        // 快速幂
    {
       int z=1;
       while(y)
       {
          if(y&1)z=Mul(z,x);
          y>>=1;
          x=Mul(x,x);
       }
       return z;
    }
    namespace pre
    {
       void Solve()
       {
          fac[0]=1;
          for(int i=1;i<=N;i++)
             fac[i]=Mul(fac[i-1],i);
          inv[N]=Pow(fac[N]);
          for(int i=N-1;i>=0;i--)
             inv[i]=Mul(inv[i+1],i+1);              // 处理阶乘的逆元
       }
    }
    int n,ans;
    int main()
    {
      pre::Solve();
      scanf("%d",&n);
      ans=0;
      for(int i=0;i<=n;i++)
         if(i&1)ans=Sub(ans,inv[i]);
         else ans=Sum(ans,inv[i]);
      ans=Mul(ans,fac[n]);
      printf("%d\n",ans);                            // 按式子进行计算
      return 0;
    }
```

10.10　鸽巢原理

鸽巢原理也叫抽屉原理，它的内容是如果$n+1$个物体被放进n个盒子，那么至少有一个盒子包含两个或更多的物体，推广来说，把n个物体放进m个盒子，那么至少有一个盒子包含$\left\lceil \dfrac{n}{m} \right\rceil$个或更多的物体。

【例10.9】Gap[1)]。这是一道交互题，在交互库中生成了一个长度为n的严格不降的数组A，数组A的每一项都是$[0，10^{18}]$范围内的整数。

你可以向交互库进行若干次询问，每一次询问给出两个参数$l，r$，交互库会返回A数组中大于l的最小值与小于r的最大值，如果不存在这样的数则返回-1。一次询问的代价是A数组中值在$[l，r]$范围内的数的个数加一。

你需要在总代价至多为$3n$的情况下，求出$A[i]-A[i-1]$的最大值。

分析：先询问$[0，10^{18}]$，这样在支付了$n+1$的代价后，我们得到了$A[1]$和$A[n]$的值。

$A[2]$到$A[n-1]$把区间$[A[1]，A[n]]$给分成了$n-1$段，问题相当于求这$n-1$段的长度最大值。根据鸽巢原理，答案一定不小于$d = \left\lceil \dfrac{a_n - a_1}{n-1} \right\rceil$。

所以我们可以将区间分成$[A[1]，A[n]]$长度不大于d的$n-1$个部分，每一部分内部任意两个数的差都是小于等于d的，所以最长的那一段一定以某一部分中的最小值减去某一部分中的最大值的形式出现（即一定不会被某一部分包含）。

因此我们只需要再询问$n-1$次，求出每一个部分中的最大值和最小值，用这些数相邻两项的差来更新答案就行了，这一部分的代价是$2n-1$。

到此我们就在总代价$3n$的情况下得到了答案。

10.11　矢量基础运算

生活中我们遇到的大部分量都是标量，例如质量、温度等，只有大小，没有方向。而与其相对的矢量，则是有方向的线段，例如速度、力等。记线段端点为$P_1，P_2$，则记P_1到P_2的矢量为$\overrightarrow{P_1P_2}$。设$a = \overrightarrow{P_1P_2}$，则称有向线段的长度为矢量的模，记为$|a|$。

在一些计算几何问题中，矢量和矢量运算的独特性质往往能发挥出十分突出的作用，使问题的求解过程变得简洁高效。

1）本题选自 APIO 2016。

1. 矢量的存储

在算法竞赛中,我们同常用(x,y)表示平面中从原点$(0,0)$指向(x,y)的矢量,如图10.9所示。

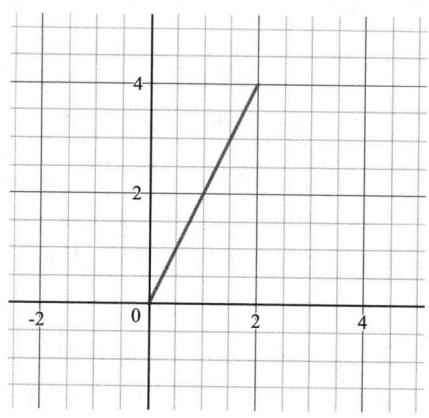

图10.9 矢量$a=(2,4)$示意图

2. 矢量的数乘

矢量的数乘(scalar multiplication of vectors)是与一个实数和一个矢量有关的一种矢量运算,即数量与矢量的乘法运算。记$p=\lambda a$,表示矢量a与实数λ的乘积。我们有以下结论:

(1)$|p|=|\lambda||a|$。

(2)当$\lambda>0$时,p与a方向相同;当$\lambda<0$时,p与a方向相反;$\lambda=0$时,p为0矢量。

矢量的数乘可以看作这个矢量在矢量所在直线上的伸缩和方向转换。我们也可以由此发现两个非零矢量a和b在同一条直线上,当且仅当存在实数λ,使得$a=\lambda b$,如图10.10所示。

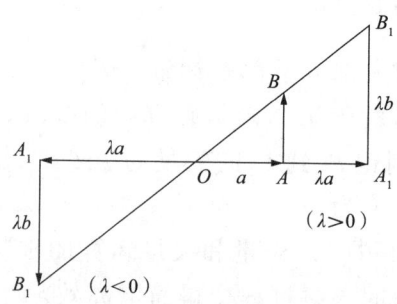

图10.10 矢量的数乘

3. 矢量的加减法

如图 10.11（a）所示，以原点 O 为矢量 a 的起点，以矢量 a 的终点为矢量 b 的起点，这样得到的以 O 为起点，矢量 b 的终点为终点的矢量即为矢量 $c=a+b$。

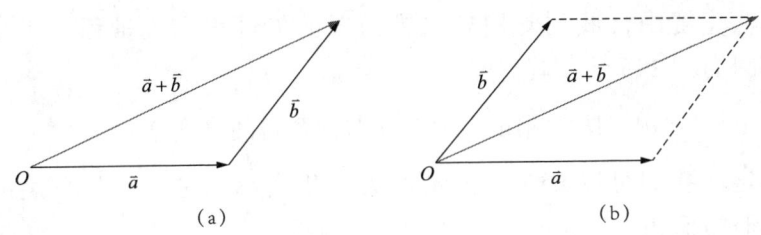

图 10.11 矢量的加法

同时矢量的加减法遵从平行四边形法则。如图 10.11（b）所示，以原点 O 作为公共起点，矢量 a 和矢量 b 作为两边作平行四边形，那么图中的对角线即为矢量 $c=a+b$。

对于矢量减法，我们可以将 $a-b$ 视为 $a+(-b)$，即将 a 和方向与 b 相反、模长与 b 相等的矢量 $-b$ 相加。

显然，

$$a+b=b+a$$
$$a-b=-(b-a)$$

4. 矢量的数量积

两个矢量的数量积，又称为点乘，其结果为一个数。大小等于这两个矢量的模的乘积再乘上他们夹角的余弦：

$$a \cdot b = |a||b|\cos<a, b>$$

根据矢量分解定理，数量积等于两个矢量对应支量乘积之和。

记两个平面矢量

$$a=(x_1, y_1),\ a=(x_2, y_2)$$

则

$$a \cdot b = x_1 x_2 + y_1 y_2$$

下面是数量积的一些有用的性质：

（1）交换律：$a \cdot b = b \cdot a$。

（2）数乘结合律：$(\lambda a) \cdot b = \lambda(a \cdot b) = a \cdot (\lambda b)$。

（3）分配律：$(a+b)\cdot c=a\cdot c+b\cdot c$。

（4）自乘：$a\cdot a=|a|^2$。

（5）$a\perp b$等价于$\cos<a,b>=0$，即$a\cdot b=0$。

5. 矢量的矢量积

在算法竞赛中，我们常用到二维情况的矢量积，矢量积又叫叉积或者叉乘，如图10.12所示，其定义为

$$a\times b=|a|\cdot|b|\cdot\sin\theta\ (\theta\text{为}a\text{与}b\text{之间的夹角})$$

由其定义我们可以发现，矢量的矢量积实际上是两个矢量之间构成的矢量四边形的面积。

叉乘满足的基本的性质如下：

（1）$a\times a=0$，因为夹角是0，所以平行四边形面积也是0，即叉积长度为0。

（2）$a\times b=-(b\times a)$，等式两边的叉积等大反向，模长因为平行四边形不变而相同，方向因为右手法则旋转方向相反而相反。

（3）$(\lambda a)\times b=\lambda(a\times b)$，这点比较好理解，因为：

① 正数λ数乘不会影响a的方向，所以左右的叉积方向一样；负数λ使得a反向了，但也使得左右叉积方向相反。

② 对a进行缩放，平行四边形面积也同等缩放，如图10.12所示。

在解析几何中我们一般运用下式来计算矢量的叉积：

$$(x_1,y_1)\times(x_2,y_2)=x_1y_2-x_2y_1$$

根据定义，矢量积首先可以用于求三角形或者平行四边形面积，但需要注意面积方向，如图10.13所示。

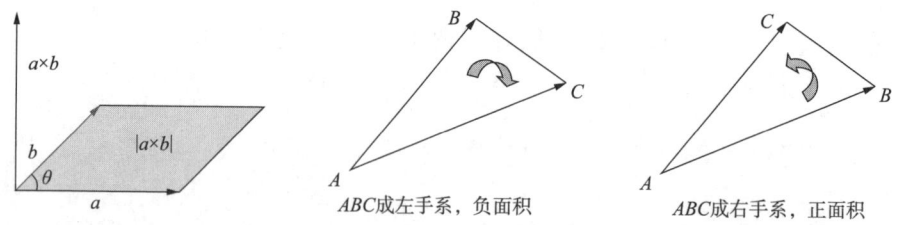

图10.12　矢量积运算　　图10.13　通过右手法则判断矢量积的方向

由此，我们还可以计算多边形的面积。我们把整个多边形三角剖分，以一个端点为起始点，这个多边形可以被划分成$n-2$个三角形，在左手系或者右手系中计算其叉积的面积和即可得到答案$S=\sum A_i$，如图10.14所示。

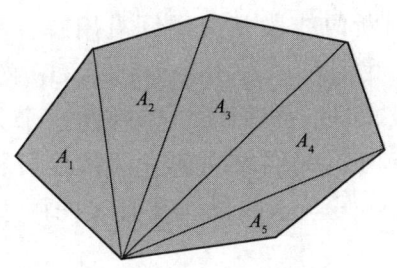

图10.14 用矢量积求多边形面积

说明：由于矢量积有负面积的存在，因此这种计算方法对凹多边形仍然成立。

【**例10.10**】电路板[1]。在电路板上，有许多电路路径。我们知道基本的约束是没有两条路径交叉，否则电路板就会烧坏。现在给出一个电路图，你的任务是查找是否有交叉路径。电路路径定义为平面上的线段，两端分别为 $P_1(x_1,y_1)$ 和 $P_2(x_2,y_2)$。

可以假设没有两条路径在它们的任何端点处相交。

输入格式：

由几个测试用例组成，对于每种情况：

第1行，包含一个整数 n（≤ 2000），即路径的数量。

第 n 行，每行包含四个浮点数 x_1、y_1、x_2、y_2。

输出格式：

如果有两条路径交叉，在一行中输出"burned!"，否则，在一行中输出"ok!"。

输入样例：

```
1
0 0 1 1
2
0 0 1 1
0 1 1 0
```

输出样例：

```
ok!
burned!
```

分析：判断两直线相交是简单的，只需要联立两个直线方程，并求解

---

[1] 本题选自 ZOJ 1648。

即可得到交点。但是判断两线段相交继续沿用解方程的思想则十分繁琐，且有精度误差的问题，我们可以采用一种利用叉积的优秀方法。

根据叉积面积的正负性，我们还可以判断一个矢量在另一个矢量的顺时针方向或者逆时针方向。我们发现如果两条线段相交，那么任意一条线段的两个端点，一定会在另一条线段所在直线的两边，如图10.15所示。

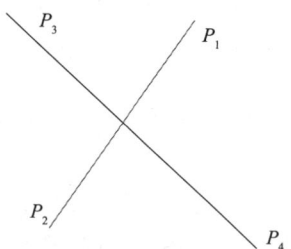

图10.15　矢量的相交

为了减少大多数情况下的分离判定，我们先引入一个叫做**快速排斥实验**的东西：设以线段P_1P_2为对角线的矩形为R_1，以线段P_3P_4为对角线的矩形为R_2，如果两个矩形不相交，那么线段一定不相交；如果两个矩形相交，那么线段不一定相交，如图10.16所示。

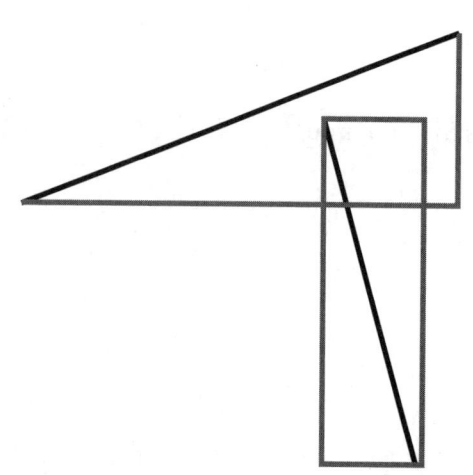
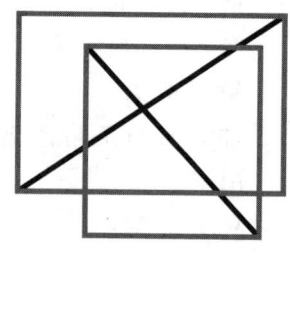

图10.16　快速排斥实验

跨立实验判定：取其中一个向量作为中间向量，中间向量中开始端点作为另外两个向量的起点，根据几个三个向量之间的位置关系的叉积即可判定他们的位置关系，如图10.17所示，小于0时，可判断两线段分离。

10.11 矢量基础运算

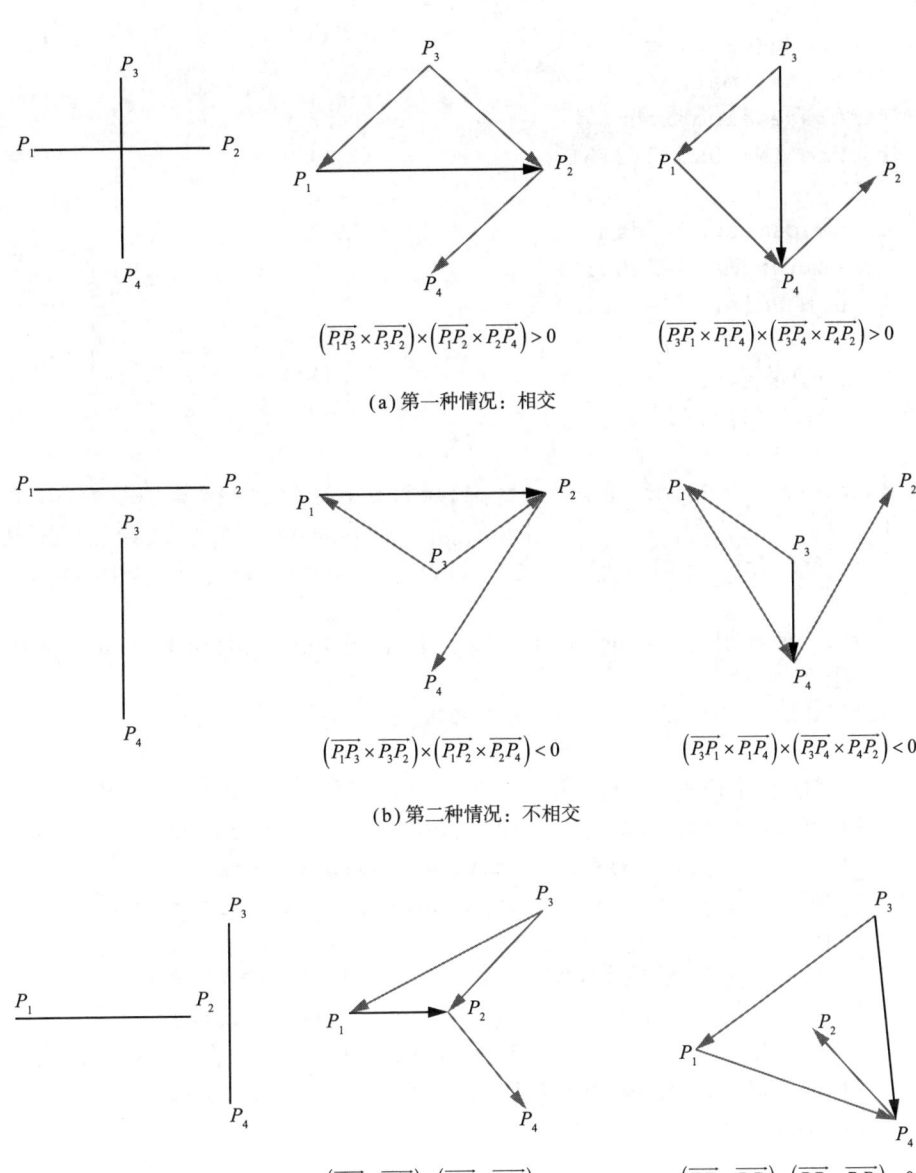

图 10.17 跨立实验判定

参考程序代码[1]：

```
#include<iostream>
#include<cstdio>
```

1）程序来源：https://blog.csdn.net/li1615882553/article/details/80372202。

```cpp
#include<cstring>
#include<cmath>
#include<algorithm>
#define INF 0x3f3f3f3f

using namespace std;
const int MAXN=2100;
struct Point
{
    double x,y;
}line[MAXN][2];

double mult(Point p0,Point p1,Point p2)// 叉积计算,p0 为公用节点
{
    return(p0.x-p1.x)*(p0.y-p2.y)-(p0.y-p1.y)*(p0.x-p2.x);
}
// aa、bb 属于同一个矩形，cc、dd 属于同一个矩形，相交返回 true, 不相交
   返回 false
bool Judge(Point aa,Point bb,Point cc,Point dd)
{
    // 判断两个形成的矩形不相交
    if(max(aa.x,bb.x)<min(cc.x,dd.x))return false;
    if(max(aa.y,bb.y)<min(cc.y,dd.y))return false;
    if(max(cc.x,dd.x)<min(aa.x,bb.x))return false;
    if(max(cc.y,dd.y)<min(aa.y,bb.y))return false;
    // 现在已经满足快速排斥实验，那么后面就是叉积判断两个线段是否相交
    if(mult(aa,cc,bb)*mult(aa,bb,dd)<0)return false;
                    // 正确的话也就是 aa,bb 要在 cc 或者 dd 的两边
    if(mult(cc,aa,dd)*mult(cc,dd,bb)<0)return false;
    return true;
}

int main()
{
    int n;
    while(~scanf("%d",&n))
    {
        bool flag=true;
        for(int i=0;i<n;i++)
```

```
        scanf("%lf%lf%lf%lf",&line[i][0].x,&line[i][0].y,&line[i]
                             [1].x,&line[i][1].y);
    for(int i=0;i<n;i++)
      for(int j=i+1;j<n;j++)
      {
        if(Judge(line[i][0],line[i][1],line[j][0],line[j][1]))
                                  // 判断两条直线是否相交
        {
          flag=false;
          break;
        }
        if(!flag) break;
      }
    if(!flag)printf("burned!\n");
    else printf("ok!\n");
  }
  return 0;
}
```

本章小结

函数的性质	单调性	二分法	*实数二分/三分: 限制循环次数
	单峰性	三分法	
矩 阵	矩阵运算	稀疏矩阵存储与操作	增广矩阵解线性方程组
数论基础	扩展欧几里得	解模型方程 $ax \equiv b \pmod{c}$	
	中国剩余定理	解一元线性同余方程组	
概率论基础		期 望	
排 列	重排列	圆排列	错位排列
组 合	可重复组合	二项式定理	
容斥原理			
鸽巢原理			
矢量的基础运算	矢量的数乘	矢量和	矢量积

CCF中学生计算机程序设计教材

全国著名信息学国际金牌指导教师
NOI 25年十大杰出指导教师
NOI 30年钻石指导教师
倾力打造

《CCF中学生计算机程序设计入门篇》
陈　颖（福建省福州第一中学）
邱桂香（东北育才学校）
朱全民（长沙市雅礼中学）

《CCF中学生计算机程序设计基础篇》
江　涛（佛山市南海区石门中学）
宋新波（中山纪念中学）
朱全民（长沙市雅礼中学）

《CCF中学生计算机程序设计提高篇》
徐先友（杭州学军中学）
朱全民（长沙市雅礼中学）

（审稿中，敬请期待）

《CCF中学生计算机程序设计专业篇》
朱全民、廖晓刚、屈运华（长沙市雅礼中学）
汪星明（北京市十一学校）